DIREITOS PESSOAIS DE GOZO

JOSÉ ANDRADE MESQUITA

DIREITOS PESSOAIS DE GOZO

LIVRARIA ALMEDINA
COIMBRA – 1999

TÍTULO:	DIREITOS PESSOAIS DE GOZO
AUTOR:	JOSÉ ANDRADE MESQUITA
EDITOR:	LIVRARIA ALMEDINA – COIMBRA
DISTRIBUIDORES:	LIVRARIA ALMEDINA ARCO DE ALMEDINA, 15 TELEF. (039) 851900 FAX. (039) 851901 3004-509 COIMBRA – PORTUGAL Livrarialmedina@mail.telepac.pt LIVRARIA ALMEDINA – PORTO R. DE CEUTA, 79 TELEF. (02) 2059773/2059783 FAX. (02) 2026510 4050-191 PORTO – PORTUGAL EDIÇÕES GLOBO, LDA. R.S. FILIPE NERY, 37-A (AO RATO) TELEF. (01) 3857619 1250-225 LISBOA – PORTUGAL
EXECUÇÃO GRÁFICA:	G.C. – GRÁFICA DE COIMBRA, LDA. JANEIRO, 1999
DEPÓSITO LEGAL:	130963/99

Toda a reprodução desta obra, por fotocópia ou outro qualquer processo, sem prévia autorização escrita do Editor, é ilícita e passível de procedimento judicial contra o infractor.

*As convicções são, talvez,
inimigas mais perigosas da
verdade que as mentiras.*

NIETZSCHE

ADVERTÊNCIAS

— O presente trabalho foi apresentado na Faculdade de Direito de Coimbra, em Outubro de 1991, como dissertação para exame no Curso de Mestrado, e discutido em Janeiro de 1995. Para efeitos desta publicação apenas se actualizaram os dados legislativos e algumas notas bibliográficas.

— Nas citações só se identificam sumariamente o autor e a obra em causa. As indicações bibliográficas completas encontram-se no Índice Bibliográfico final. Inclui-se, também, uma lista das abreviaturas e siglas utilizadas.

— Todo o preceito legal mencionado sem indicação do diploma em que se insere pertence ao Código Civil português.

PARTE I

Direitos pessoais de gozo: noção, tipo e estrutura

PARTE I

CAPÍTULO I

A categoria dos direitos pessoais de gozo

SUMÁRIO: 1. Conceito de direito pessoal. 2. Poderes em que se consubstancia o gozo de coisa alheia. 3. Efectivação do gozo de coisa alheia: a imediação. 4. *Cont.*: gozo directo e indirecto; frutos naturais e civis. 5. *Cont.*: paralisações funcionais. 6. *Cont.*: o pretenso gozo de direitos. 7. Imediação e gozo. 8. Impossibilidade de direitos de gozo sobre coisas consumíveis pertencentes a outrem. 9. Conclusão.

1. *Conceito de direito pessoal.* — O conceito de direito pessoal de gozo faz apelo a duas noções — a de *direito pessoal* e a de *gozo de coisa alheia* ([1]) — cujo significado importa precisar.

Quando se qualificam como *pessoais* certos direitos que consistem no gozo de coisa alheia, está a utilizar-se um vocábulo bastante equívoco, na medida em que tanto o legislador como a doutrina lhe atribuem uma pluralidade de sentidos.

Por vezes, fala-se em direito *pessoal* como sinónimo de direito *não patrimonial*, para referir uma categoria que se delimita negativamente, em virtude de implicar a protecção de um interesse irredutível a um montante pecuniário ([2]). A expressão direito *pessoal* surge, noutros casos,

---

([1]) Não há, obviamente, direitos pessoais de gozo sobre coisas próprias.

([2]) MANDRIOLI, *Diritti personali*, p. 868, e BIANCA, *Diritti personali*, p. 729 e s. A utilização do termo pessoal como oposto a patrimonial é comum — *vide*, apenas a título de exemplo, OLIVEIRA ASCENSÃO, *Direito autoral*, p. 327, e MENEZES CORDEIRO, *Teoria geral...*, pp. 172, 461 — mas ALLARA, *Le nozioni fondamentali...*, p. 392, considera que este sentido é equívoco.

com um sentido muito próximo deste. Assim, na *impugnação pauliana* faz-se referência a actos de natureza *pessoal* (art. 610.°, n.° 1), abrangendo os "estreitamente ligados à pessoa do devedor" ([3]), que são, em regra, não patrimoniais ([4]).

Não é certamente neste sentido que se fala em direitos pessoais de gozo. Com efeito, os direitos que consistem no gozo de uma coisa são, em geral, patrimoniais, na medida em que podem traduzir-se numa soma pecuniária. Com este significado — de não patrimonialidade —, só excepcionalmente podem surgir direitos de gozo *pessoais* (por exemplo, no caso de alguém emprestar uma carta, sem qualquer valor de mercado, escrita por um antepassado da pessoa a quem a empresta) ([5]).

Também se qualificam como pessoais os direitos *inseparáveis do titular*. Estatui-se, por exemplo, no regime do contrato-promessa, que os direitos e obrigações não pessoais se transmitem aos sucessores das partes (art. 412.°, n.° 1). O direito do promitente-arrendatário, neste contexto, considera-se, em princípio, pessoal ([6]). Obviamente, quando se fala em direitos pessoais de gozo não se pretende caracterizá-los como inseparáveis do titular.

Outras vezes, utiliza-se a expressão *direito pessoal* como sinónimo de direito de crédito, contrapondo-a, assim, à categoria dos direitos reais ([7]). Este sentido parece mais próximo da etimologia da palavra *pessoal* — proveniente da locução *actiones in personam* ([8]) — e é tomado pela generalidade dos autores para qualificar certos direitos de gozo sobre coisa alheia, pretendendo exprimir a ideia de que há direitos de natureza creditória que conferem o gozo de uma coisa. A equiparação entre pessoal e creditório assenta na divisão, de que o próprio legislador partiu, dos direitos patrimoniais em duas categorias — os *reais*, que incidem sobre

---

([3]) MENEZES CORDEIRO, *Direito das obrigações*, vol. II, p. 490.

([4]) Embora possam acarretar consequências para o património. Cfr. VAZ SERRA, *Responsabilidade patrimonial*, p. 263.

([5]) ANTUNES VARELA, *Das obrigações em geral*, vol. I, 9.ª ed., p. 106.

([6]) PIRES DE LIMA e ANTUNES VARELA, *Código Civil anotado*, vol. I, anot. n.° 1 ao art. 412.° (redacção originária), p. 385.

([7]) MANDRIOLI, *Diritti personali*, p. 870. Utilizando o termo *pessoal* como sinónimo de direito obrigacional, *vide*, a título de mero exemplo, PIRES DE LIMA e ANTUNES VARELA, *Código Civil anotado*, vol. II, anot. n.° 3 ao art. 905.°, p. 197; PEREIRA COELHO, *Arrendamento*, p. 18, e MENEZES CORDEIRO, *Direitos reais*, vol. I, pp. 311 e 502.

([8]) MANDRIOLI, *últ. loc. cit.*, e J. LOS MOZOS, *Derecho Civil...*, p. 312.

Direitos Pessoais de Gozo 11

coisas, e os de *crédito*, que atribuem pretensões em relação a uma ou mais *pessoas* (o devedor ou os devedores) (⁹).

Não deve, todavia, admitir-se este sentido da expressão *direito pessoal* para qualificar direitos de gozo (¹⁰), que assumem, nalguns casos, a estrutura de direitos reais e apresentam, noutros, estrutura essencialmente diversa. Nesta última hipótese deve falar-se em direitos pessoais, mas desde que se entenda que, com tal expressão, não pretende reduzir-se o seu núcleo a uma estrutura creditória. Conforme ulteriormente veremos, os chamados *direitos pessoais de gozo* não revestem natureza real, mas também não se traduzem em figuras de índole exclusivamente creditória (¹¹). Os preceitos legais que aludem a estes direitos devem, para já, ser interpretados com este sentido negativo — de direitos não reais. Quando o legislador menciona, nos artigos 407.° e 1682.°-A, n.° 1, al. *a*), os *direitos pessoais de gozo*, quer referir-se a determinadas figuras — *locação, comodato, "leasing"*, etc. — que, proporcionando o gozo de uma coisa alheia, não foram vistas como direitos reais (¹²). Também o artigo 574.°, n.° 1, ao regular a apresentação de coisas pelo respectivo possuidor ou detentor, contrapõe direito real a pessoal, fazendo entrar neste conceito, pela negativa, os direitos não reais (¹³).

Poderia objectar-se que as duas últimas classificações apresentadas — uma, identificando *pessoal* com *creditório*, a outra separando *pessoal* de *real* — se reconduzem uma à outra. Se o legislador teve em vista uma bipartição dos direitos patrimoniais, os pessoais integrar-se-iam, pelo menos por exclusão de partes, no campo das relações creditórias (¹⁴). A objecção não procede porque, por um lado, o legislador não fez abertamente uma classificação exaustiva dos direitos de natureza patrimonial e, por outro — será demonstrado no presente trabalho —, a referida bipartição revela-

---

(⁹) Repare-se, por exemplo, na formulação da parte final do art. 1306.°, n.° 1.

(¹⁰) No mesmo sentido, Luminoso, *La tutela aquiliana...*, p. 39 e s.

(¹¹) Só no Cap. III se apresentará o exacto recorte dos direitos pessoais de gozo.

(¹²) É com este sentido que Bianca, *Diritti personali*, p. 729, interpreta as normas do Código Civil italiano (por exemplo, o art. 1380) que falam de direitos pessoais de gozo. É também com o mesmo sentido — negativo — que Fragali, em *Affitto...*, p. 739, utiliza a palavra *pessoal* (note-se o tom dubitativo da nota 17).

(¹³) Vaz Serra, *Exibição de coisas ou documentos*, p. 243, e Oliveira Ascensão, *Direito Civil — Reais*, p. 511.

(¹⁴) Henrique Mesquita, *Obrigações reais...*, p. 123, fala em "divisão dicotómica das relações jurídico-patrimoniais". Cfr. também Mirabelli, *La locazione...*, p. 89 e s.; Provera, *Locazione*, p. 40 e s., e Menezes Cordeiro, *Da natureza...*, p. 67.

-se inadequada para enquadrar os direitos pessoais de gozo, tal como resultam da própria lei ([15]).

2. *Poderes em que se consubstancia o gozo de coisa alheia.* — Um direito de gozo pode abranger vários poderes. O artigo 1305.º refere os de *usar, fruir* e *dispor*, como integrando o conteúdo do direito de propriedade. O primeiro abrange apenas a possibilidade de alguém se servir de uma coisa, tomando-a a ela própria como objecto de satisfação de necessidades; o segundo abrange a utilização da coisa como instrumento para obter bens aptos a satisfazer necessidades; o poder de *dispor* abrange poderes *materiais* — de transformação e destruição — e poderes *jurídicos*, como os de alienar, onerar ou renunciar. Contudo, dentro deste poder de dispor apenas o de *transformação* é relevante enquanto fenómeno de gozo ([16]). Os diferentes poderes em que o gozo de uma coisa pode consubstanciar-se variam, por um lado, com a própria natureza da coisa e, por outro, no caso dos direitos de gozo sobre coisa alheia, com a regulamentação contratual estabelecida (dentro dos limites da lei) e, ainda, com a compressão exercida por outros direitos ([17]).

Todos estes *poderes* — de *usar, fruir* e *transformar* — concretizam fenómenos de gozo, apresentando-se, portanto, como aspectos do aproveitamento das utilidades de uma coisa e podendo qualquer deles fazer parte do conteúdo dos direitos pessoais de gozo sobre coisa alheia, apesar de o poder de *transformação* aparecer com pouca frequência. Desta forma, o titular de um direito de gozo sobre coisa alheia não tem necessariamente acesso a todas as utilidades dela extraíveis, havendo uma diversidade quantitativa ([18]) do conteúdo dos poderes de gozo, conforme a modalidade da relação jurídica que constitui a sua fonte.

([15]) Di Majo, *Delle obbligazioni...*, p. 181, reconhece "uma série de fenómenos que não podem ser explicados no âmbito da alternativa *obrigações — direitos reais*" (*maxime*, direitos pessoais de gozo). Cfr., também, p. 131 e s.

([16]) Cfr. Oliveira Ascensão, *Direito Civil — Reais*, p. 175, e Henrique Mesquita, *Obrigações reais...*, p. 75. Menezes Cordeiro, *Da natureza...*, p. 392, refere somente o *uso* e *fruição*, mas, mais à frente (pp. 395 e 405), salienta, relativamente à locação, o poder de *transformar*. Ferrini, *Manuale di Pandette*, p. 473 e s., não se refere ao poder de transformação, falando apenas em *uti* e em *frui*, o mesmo fazendo Giorgianni, *Contributo...*, p. 5 e 8, e Natoli, *Il conflitto dei diritti...*, p. 110. Sobre a origem dos termos *usar* e *fruir*, vide Venezian, *Dell'usufrutto...*, vol. I, p. 1 e s.

([17]) A compressão pode dar-se por efeito de direitos — como a hipoteca (arts. 691.º, n.º 3, e 700.º) — que não conferem qualquer tipo de gozo.

([18]) Giorgianni, *Contributo...*, p. 3 e s.

Direitos Pessoais de Gozo 13

3. *Efectivação do gozo de coisa alheia: a imediação.* — Torna-se necessário explicitar a forma pela qual o titular de um direito pessoal de gozo acede às utilidades proporcionadas pelo seu direito. Só deve falar--se de gozo de coisa alheia quando dela se retiram utilidades que, "segundo a natureza e a destinação económica da própria coisa, constituem a utilização imediata dela" ([19]), sendo, portanto, essas utilidades aproveitadas sem necessidade da colaboração de outrem, ou seja, *imediatamente* ([20]). O titular de um *direito de gozo* pode satisfazer o seu interesse mediante o simples exercício dos poderes que lhe assistem, atingindo *directamente* a coisa que constitui objecto do direito ([21]). A característica da *imediação*, ao contrário do que entende a generalidade da doutrina, que apenas a reconhece aos direitos reais, é imanente a todos os direitos de gozo (sejam *reais* ou *pessoais*).

Segundo GIORGIANNI, que concebe os direitos de gozo como imediatos, uma servidão negativa (pessoal ou real) não entra no conceito de gozo de coisa alheia exactamente por lhe faltar a característica da imediação ([22]).

Esta ideia só poderia sufragar-se se a *utilização imediata* implicasse, necessariamente, contacto *físico* entre o titular e a coisa, o que não é exacto ([23]). Como salienta HENRIQUE MESQUITA, referindo-se às servidões reais negativas, "o proprietário serviente fica com a sua soberania *positiva* limitada (...) e o proprietário dominante aufere, reflexa e correspectivamente — ao abrigo de um direito e não apenas mercê da inércia do proprietário vizinho —, a vantagem que a servidão lhe assegura (a vantagem, *v. g.*, de desfrutar determinadas vistas através do prédio serviente, de ter o seu prédio banhado pelo sol, de beneficiar de uma brisa refrescante no período estival, etc.)" ([24]).

([19]) GIORGIANNI, *Contributo...*, p. 5.

([20]) OLIVEIRA ASCENSÃO, *Direito Civil — Reais*, p. 533.

([21]) MOSCO, *I frutti...*, p. 437 e 456; PERSICO, *Anticresi...*, p. 534; COMPORTI, *Contributo...*, p. 136; DI MAJO, *Delle obbligazioni...*, p. 136, e, por último, relativamente à locação, GABRIELLI, *Fra tipicità e atipicità...*, p. 380.

([22]) *Contributo...*, p. 4 e s.; *L'obbligazione...*, p. 86 a 88; *Diritti reali...*, p. 749, e *Obbligazione...*, p. 601. No mesmo sentido, FUNAIOLI, *Intorno al concetto...*, p. 254; ABERKANE, *Contribution...*, p. 126 e s., e LUMINOSO, *La tutela aquiliana...*, p. 141, em texto e na nota n.º 60.

([23]) *Vide*, sobre este ponto e neste sentido, ANTUNES VARELA, *Das obrigações em geral*, vol. I, 5.ª ed., p. 183 e s.

([24]) *Obrigações reais...*, p. 76. No mesmo sentido, TILOCCA, *La distinzione...*, pp. 16 e 25 em nota.

Ora, resulta de várias passagens da obra de GIORGIANNI que este autor se deixou determinar pelo facto de ter concebido o direito de gozo como aquele em que há um contacto físico, material, entre o titular e a coisa ([25]). Esta necessidade de contacto físico falta no gozo conferido pelas servidões negativas, sem que se altere a estrutura do direito em causa. Importa não confundir *imediação* entre o titular e a coisa, que efectivamente caracteriza os direitos de gozo, com contacto físico, com poderes de facto exercidos sobre a *res* ([26]).

Importa neste momento reter que não pode enquadrar-se determinada figura dentro dos direitos pessoais de gozo se não tiver como conteúdo a utilização *directa* de uma coisa ([27]), isto é, se o titular do direito não retirar, por si próprio, as utilidades, independentemente da actividade de quem quer que seja. Quando alguém, por exemplo, através de um contrato de compra e venda, adquira os frutos que um pomar produzir durante determinado período, não surge um direito de gozo ([28]). Todavia, há direitos de gozo (como o decorrente do arrendamento rural) que permitem exactamente este resultado económico, isto é, a aquisição dos frutos de coisa alheia. Uma das diferenças entre as duas situações é, como se sabe, a de que, em princípio ([29]), no primeiro caso temos uma relação de cooperação (art. 408.º, n.º 2, *in fine*) e, no segundo, o titular do direito pode actuar de forma imediata sobre a coisa. Esta diferença origina — como será salientado ao longo do presente estudo — importantes consequências jurídicas.

4. *Cont.: gozo directo e indirecto; frutos naturais e civis.* — Importa agora analisar os conceitos de gozo *directo* e *indirecto*, uma vez que se relacionam com o problema do acesso imediato à coisa. O titular de um direito de gozo pode retirar da coisa as utilidades por ela naturalmente proporcionadas, e estamos perante o chamado *gozo directo*, ou então pode atribuir esse poder a outro sujeito. Nesta eventualidade, caso o

---

([25]) Cfr., nomeadamente, *Contributo...*, pp. 9 e s., 19 e 25.

([26]) "Nem todos os direitos de gozo permitem o *exercício de poderes de facto sobre a coisa*", salienta OLIVEIRA ASCENSÃO, *Direito Civil — Reais*, p. 171. Cfr., também, p. 532 e s. Por seu turno, MIRABELLI, *Dei contratti in generale*, p. 292, afirma que "a noção de gozo não se identifica com a de detenção e coincide antes com a de utilização".

([27]) "Ao conceito técnico de gozo (de coisa alheia) é imanente a relação do titular com a coisa", afirma GIORGIANNI, *Contributo...*, p. 9.

([28]) Cfr. GIORGIANNI, *Contributo...*, p. 9.

([29]) *Infra*, p. 22 e s.

concedente do gozo receba uma contraprestação, diz-se que esta integra o chamado *gozo indirecto*, isto é, obtido mediante uma relação obrigacional estabelecida com alguém a quem passa a caber o gozo directo.

Estas duas classificações do fenómeno jurídico do gozo têm paralelo na classificação dos frutos em *naturais* e *civis*. *Frutos naturais* são aqueles que — como estabelece o artigo 212.°, n.° 2 — provêm directamente da coisa, não implicando, portanto, uma prestação por parte de outrem ([30]). Os *frutos civis* são definidos no n.° 2 do artigo 212.° como "as rendas ou interesses que a coisa produz em consequência de uma relação jurídica". Pode precisar-se a noção legal afirmando que os frutos civis se obtêm através de uma relação jurídica em virtude da qual um sujeito *passa a ter* sobre a coisa um direito de gozo ([31]), mas sendo obrigado a efectuar uma prestação. Esta última recebe a designação de *fruto civil*, constituindo a contrapartida do gozo *atribuído* ou *concedido* àquele que assume o dever de realizar a prestação ([32]).

Por vezes, o sujeito obrigado a prestar os frutos civis passa a ter sobre a coisa um direito de propriedade. Assim, no *mútuo oneroso*, o mutuário, logo que as coisas lhe sejam entregues, torna-se dono delas (art. 1144.°) e fica obrigado a efectuar uma prestação de juros em favor do mutuante (art. 1145.°), entrando esta, indubitavelmente, no conceito de fruto (cfr. art. 212.°, n.° 2, *in fine*). Trata-se de uma situação que foge à normalidade, por isso que os frutos são prestados pelo proprietário da coisa (o mutuário) àquele que sobre ela não tem qualquer direito (o mutuante). Por este motivo, parece estranho, à primeira vista, qualificar a prestação do mutuário como fruto civil. Acresce que só pode falar-se em frutos (quer naturais, quer civis) quando a coisa que os produz não perde, por esse facto, a sua *substância* ([33]). Assim, o preço pago a pres-

---

([30]) São frutos naturais, por exemplo, o leite, as crias dos animais (*vide*, no entanto, quanto às universalidades de animais, o art. 212.°, n.° 3), a lã, os frutos das árvores, a resina dos pinheiros, as flores, o minério que regularmente se extrai de uma mina, a pedra retirada das pedreiras, etc.

([31]) MANUEL DE ANDRADE, *Teoria geral...*, vol. I, p. 268, fala em uso ou *fruição*, o que não abrange todos os casos, por deixar de fora o poder de *transformação*, que, já foi referido, pode fazer parte do direito de gozo.

([32]) Cfr., por exemplo, MANUEL DE ANDRADE, *Teoria geral...*, vol. I, p. 269 e s. Também o Código Civil italiano, no artigo 820, considera frutos civis aqueles que se retiram da coisa como correspectivo do gozo atribuído a outrem.

([33]) Apesar de ser "inevitável, por razões físicas, a lenta consumição da coisa e o esgotamento da sua força produtiva, em proporções maiores ou menores", como salienta COVIELLO, *Manuale...*, p. 276.

tações não se considera fruto civil da coisa vendida, devido ao facto de esta, em consequência da venda, ter sido consumida *civil* ou *juridicamente* pelo alienante, desaparecendo do seu património, para dar lugar ao correspectivo da alienação ([34]). Poderia pensar-se em reproduzir estas considerações relativamente ao mútuo, porque também aqui a propriedade se transfere para originar uma prestação. Mas a situação é diferente. Os juros devem qualificar-se como frutos atendendo à integral regulamentação do mútuo, nomeadamente ao facto de o mutuante ter direito a receber "outro tanto do mesmo género e qualidade" (art. 1142.°) ([35]).

Feitos estes esclarecimentos, o que verdadeiramente importa salientar, e se apresenta indiscutível, é o facto de os *frutos naturais* resultarem de uma actividade de *gozo directo*, enquanto os *frutos civis* se obtêm através de um *gozo indirecto* ([36]).

Quando se fala em gozo de coisa alheia deve entender-se que apenas se refere o *gozo directo* — também chamado *gozo em sentido técnico* —, porque este tem, como ulteriormente esclareceremos, uma autonomia estrutural que seria afectada ou quebrada caso nele se englobasse também o gozo indirecto ([37]), que se traduz numa relação obrigacional ([38]).

5. *Cont.: paralisações funcionais.* — O titular de um direito pessoal de gozo pode, em certos casos, constituir, em favor de outras pessoas, direitos de gozo. Vejamos alguns desses casos.

"A locação diz-se sublocação, quando o locador a celebra com base no direito de locatário que lhe advém de um precedente contrato locativo", estabelece o artigo 1060.°, ao definir uma das figuras através das quais o titular de um direito pessoal de gozo pode converter o gozo directo em indirecto. Com efeito, ao locatário, uma vez autorizado pelo locador —

([34]) MANUEL DE ANDRADE, *Teoria geral...*, vol. I, p. 254.

([35]) Não se torna necessário rever o conceito de fruto civil, em virtude da específica regulamentação do mútuo. Em sentido dubitativo, cfr. MOSCO, *I frutti...*, p. 466.

([36]) COVIELLO, *Manuale...*, p. 277; FRANCESCO FERRARA, *Trattato...*, p. 843; GIORGIANNI, *Contributo...*, p. 10, e LENER, *La comunione*, p. 271.

([37]) Neste sentido, GIORGIANNI, *Contributo...*, p. 11 e 12; NATOLI, *Il conflitto dei diritti...*, p. 108; LUMINOSO, *La tutela aquiliana...*, p. 46, nota 93; VENEZIAN, *Dell'usufrutto...*, vol. II, pp. 95 e s., e 429, e, entre nós, MENEZES CORDEIRO, *Direitos reais*, vol. I, p. 499, *Direito das obrigações*, vol. I, p. 326, e ainda *Da natureza...*, pp. 115 e s., e 392.

([38]) MOSCO, *I frutti...*, p. 469, e MANUEL RODRIGUES, *A posse...*, p. 354.

art. 1038.°, f), e 44.° do RAU ([39]) —, é lícito sublocar, no todo ou em parte, a coisa que constitui objecto do seu direito ([40]).

O comodatário — autorizado pelo comodante, nos termos da al. *f)* do artigo 1135.° — pode dar em locação a coisa emprestada ([41]), aplicando-se, com as adaptações necessárias, as normas da sublocação.

Quem tiver o direito pessoal de construir e manter uma obra em terreno alheio ([42]), poderá dar a obra de arrendamento a terceiro, se tal não for vedado pelo título de constituição desta superfície irregular.

Se, em virtude de um contrato-promessa de compra e venda, o promitente-comprador receber a coisa objecto do contrato-prometido, pode igualmente dá-la em locação a terceiro.

Em todos estes casos, o titular de um direito pessoal de gozo perde o acesso directo à coisa e passa a gozá-la indirectamente, recebendo uma prestação em virtude da relação obrigacional que constituiu.

O titular do direito pessoal de gozo pode ainda, em todos os exemplos que apresentámos, celebrar um contrato de comodato, perdendo completamente o acesso às utilidades da coisa — quer directas quer indirectas. Aqui, o gozo directo perdido nem sequer é compensado por qualquer forma de gozo indirecto.

Estes casos de desaparecimento do gozo directo, com manutenção do direito que constituía o seu fundamento, impõem algumas reflexões.

Se o *gozo directo* implica — como afirmámos já — autonomia estrutural do direito, parece estranha a manutenção deste quando aquele desapareceu.

Poder-se-ia pôr em causa a utilidade do conceito de gozo em sentido técnico — tal como foi definido —, passando a englobar nos direitos de gozo tanto o *gozo directo* como o *indirecto* ([43]) e ultrapassando assim a dificuldade. Simplesmente, esta construção, além de ser incorrecta, por confundir figuras estruturalmente diferentes, nem sequer explicaria, na totalidade, o fenómeno a que estamos a aludir. Com efeito, surgem situações em que o titular de um direito de gozo em sentido técnico, sem o

---

([39]) A falta de autorização para sublocar é suprida se o senhorio "reconhecer o subarrendatário como tal", estabelece o último dos preceitos citados.

([40]) O subcontrato produz efeitos em relação ao locador se a sublocação lhe for comunicada ou se este reconhecer o sublocatário como tal (art. 1061.°).

([41]) *Vide* PIRES DE LIMA e ANTUNES VARELA, *Código Civil anotado*, vol II, anot. n.° 6 ao art. 1135.°, p. 752.

([42]) *Infra*, p. 57 e ss.

([43]) Cfr. L. BIGLIAZZI GERI, *L'usufrutto...*, p. 170 e s.

perder, deixa de retirar quaisquer utilidades da coisa — mesmo indirectamente —, como acontece quando empresta a coisa [44]. Ainda que se alargue o conceito de gozo em sentido técnico ao gozo directo e indirecto, fica por explicar esta situação em que o titular de um direito de gozo não pode obter quaisquer utilidades da coisa, apesar de manter a titularidade do direito.

Perante esta dificuldade, compreende-se o dilema formulado por GIORGIANNI, segundo o qual ou a estrutura dos direitos de gozo muda pelo facto de o titular não gozar a coisa directamente, ou, pelo contrário, essa estrutura é imutável, mas prescinde do gozo directo [45]. GIORGIANNI tenta resolver o dilema de uma forma demasiado artificiosa, afirmando que "o titular do direito de gozo, quando goza directamente a coisa, não exercita, ou melhor, não exercita exclusivamente o seu direito, antes adquire uma especial posição jurídica, a qual não é imanente ao referido direito. Os actos concretos de gozo devem considerar-se exercício desta posição jurídica e não do próprio direito, no conteúdo do qual não entra o gozo, mas apenas a (abstracta) possibilidade de atingir ou conseguir aquela posição jurídica" [46].

Assim, o direito manter-se-ia sempre incólume, porque os concretos actos de gozo em sentido técnico não seriam exercício do mesmo, mas sim de uma "especial posição jurídica" que, por sua vez, encontraria justificação no direito. Por outras palavras: segundo o ilustre civilista italiano, o direito de gozo possibilita que, através de concretos actos materiais, se atinja uma "especial posição jurídica", a qual, por sua vez, justifica os actos materiais de gozo, que devem conceber-se como exercício dessa posição.

Não se compreende, no entanto, como os concretos actos de gozo possam dar lugar a uma "especial posição jurídica" e, simultaneamente, sejam por esta justificados. A petição de princípio leva a que o primeiro acto material de gozo praticado pelo titular do direito não tenha justificação, porque só a encontraria através da posição jurídica que com ele se adquire. Na realidade, não pode o mesmo acto justificar e ser justificado por algo — neste caso, uma *especial posição jurídica.*

Bem vistas as coisas, a "especial posição jurídica" a que alude GIORGIANNI mais não traduz do que o exercício do direito de gozo.

---

[44] GIORGIANNI, *Contributo...*, p. 14 e s.

[45] *Contributo...*, p. 15.

[46] *Contributo...*, p. 17 e s.

Deve ainda notar-se que a construção em análise, no seu artificialismo, se revela desnecessária, uma vez que, para o fenómeno que através dela se procura enquadrar conceitualmente, se encontra explicação na possibilidade de os direitos de gozo sofrerem *paralisações funcionais*, tornando-se temporariamente inexercitáveis ([47]).

Quando, a partir de um direito de gozo, se constitui outro que esgota todas as possibilidades de gozo directo integradas no primeiro, este sofre uma paralisação funcional que perdura enquanto o respectivo titular não readquirir a faculdade de acesso directo à coisa. Apesar disto, não pode propriamente afirmar-se que o direito de gozo prescinde do gozo directo, ou melhor, esta afirmação necessita de um esclarecimento complementar. O direito de gozo possibilita sempre um acesso imediato à coisa sobre que incide, mas, nomeadamente em virtude de uma decisão do titular, este acesso imediato pode ficar paralisado, continuando o direito, considerado abstractamente, a proporcioná-lo. Deste modo, a imediação pode voltar a efectivar-se a qualquer momento, logo que cesse a causa jurídica que a impediu ou paralisou.

6. *Cont.: o pretenso gozo de direitos.* — Os direitos de gozo incidem sobre coisas. Importa averiguar se também poderão incidir sobre direitos.

Em primeiro lugar, deparam-se-nos situações nas quais só aparentemente existe um gozo de direitos. Quando, em hipóteses já referidas ([48]), o titular de um direito que tem por objecto o gozo directo constitui em favor de outrem um direito de gozo, deve entender-se que este último não incide sobre o primeiro direito, mas antes sobre a coisa. Se o locatário, por exemplo, celebra um contrato pelo qual dá em locação a coisa objecto do seu direito, a sublocação tem como objecto a própria coisa sublocada, e não o direito do sublocador ([49]). Como se referiu, o titular de um direito de gozo pode passar a aceder indirectamente à coisa, ou perder mesmo todas as utilidades que esta lhe proporcionaria, pelo facto de atribuir o gozo directo a outrem. Em hipóteses com semelhante recorte, como nota GIORGIANNI ([50]), o resultado a que se chega — *gozo directo de coisa alheia* por parte de um terceiro que o não tinha — só pode ser atingido se o direito criado incidir sobre a coisa e não sobre o direito do constituinte.

([47]) LUMINOSO fala em "impossibilidade jurídica de exercício" ou *quiescenza*: cfr. *La tutela aquiliana...*, pp. 193 (nota 145), 199, 206 e s., 207 e s. (nota 165).

([48]) *Supra*, p. 16 e ss.

([49]) Neste sentido, MANDRIOLI, *Locazione di cose*, p. 284.

([50]) *Contributo...*, p. 27.

Mas poderá haver direitos tendo por objecto o gozo, em sentido técnico, de outros direitos?

O legislador, ao enunciar o conceito de locação (art. 1022.°), estabelece que "uma das partes se obriga a proporcionar à outra o gozo temporário de uma coisa", omitindo a possibilidade de constituição de uma locação de direitos de crédito. A doutrina estrangeira que se debruça sobre o problema da possibilidade ou impossibilidade da locação de créditos, perante idêntica omissão legislativa, encontra-se dividida [51]. Já em relação ao usufruto não se levantam dúvidas, uma vez que a lei é clara ao permitir a incidência deste sobre direitos (artigos 1439.°, 1446.° e 1463.° e ss.).

Seja qual for a solução que deva dar-se ao problema da locação de créditos, quando se esteja perante um direito que incida efectivamente sobre outro deve entender-se que se trata de uma situação estruturalmente diferente da de um direito de gozo. E as diferenças estruturais impedem a construção unitária dos direitos de gozo que incidem sobre coisas e daqueles outros que incidem sobre direitos [52]. Com efeito, mesmo com grandes esforços conceituais, não se consegue iludir o facto de, através dos direitos sobre direitos, se criar uma situação em que o interesse que a origina não se satisfaz directamente através da actuação do respectivo titular. Bem pelo contrário, nos direitos "de gozo" sobre direitos a satisfação do interesse depende sempre de uma prestação a efectuar pelo obrigado [53]. Se se pensar, por exemplo, no usufruto de créditos (*vide* arts. 1463.° e s.), facilmente se verifica que o usufrutuário satisfaz o seu interesse através da cooperação de alguém obrigado a uma prestação, o que traduz uma estrutura creditória [54].

---

[51] A favor, POLACCO, *Appunti sulle locazioni...*, p. 408 (falando, genericamente, em direitos), e BAUDRY-LACANTINERIE e WAHL, *Du contrat de louage*, p. 86 ("a hipótese de locação de um crédito é juridicamente possível"). Contra, FUBINI e SEQUI, *Locazione...*, p. 1014; GIORGIANNI, *Contibuto...*, p. 26 e s., e TABET, *La locazione — conduzione*, p. 240 e s. (al. *d*)). Por último, PROVERA, *Locazione...*, p. 116, admite falar em locação de um direito apenas como *imagem*, para referir a locação de uma coisa nos limites de um direito menor (nomeadamente, um usufruto).

[52] Neste sentido, GIORGIANNI, *Contributo...*, p. 28.

[53] Não interessa analisar aqui os direitos de *garantia* sobre direitos (arts. 679.° e ss. e 688.°, als. *c*), *d*), e *e*)).

[54] Neste sentido, NICOLÒ e GIORGIANNI, *Usufrutto...*, p. 787; FERRARA jr., *La teoria...*, p. 11 e ss., e, entre nós, OLIVEIRA ASCENSÃO, *Direito Civil — Reais*, p. 423, e, referindo-se também ao *penhor de créditos*, MENEZES CORDEIRO, *Direito das obrigações*, vol I, p. 388, e *Direitos reais*, vol. II, pp. 944 e 1076.

A conclusão a tirar é a de que, mesmo que se admita, ao abrigo do princípio da liberdade contratual, a constituição de direitos não reais incidindo sobre outros direitos, não podem considerar-se direitos de gozo em sentido técnico, pois o gozo pressupõe a imediação, por forma a permitir a obtenção das utilidades sem dependência de uma actividade levada a cabo por quem quer que seja. Um direito pessoal de gozo, portanto, nunca incide sobre outro direito.

7. *Imediação e gozo.* — O direito de gozo sobre coisa alheia tem como conteúdo possível o *uso*, a *fruição* e a *transformação*. Estes poderes exercitam-se através de uma *ligação imediata à coisa*, permitindo retirar dela utilidades de forma directa, como foi referido. Os poderes de uso, fruição e transformação implicam sempre *imediação* entre o titular do direito e a coisa, isto é, a desnecessidade de colaboração de quem quer que seja. Mas a imediação pode ser reflexo de uma situação não enquadrável nos direitos de gozo.

Em certos casos, uma pessoa pratica licitamente actos sobre determinada coisa, mas sem ser titular de qualquer direito subjectivo que lhe permita fazê-lo, estando vinculada, pelo contrário, ao *dever* de os praticar. Nestas hipóteses não existe, obviamente, qualquer forma de gozo.

O *depositário*, por exemplo, tem, basicamente, a obrigação de guardar a coisa depositada e de a restituir quando lhe for exigido (arts. 1185.°, e 1187.°). Pratica, licitamente, actos sobre uma coisa, mas não tem, em princípio, qualquer direito subjectivo que lhe permita retirar utilidades da mesma. Deste modo, o depositário, caso não seja autorizado pelo depositante a fazer *uso* da coisa (art. 1189.°) (⁵⁵), não tem qualquer direito de gozo.

Igualmente, quando alguém pratica actos sobre uma coisa porque tem o dever de a administrar, não pode falar-se de um direito de gozo, pois ao administrador não assiste o poder de retirar dela qualquer proveito.

O *curador provisório* (art. 89.°), ficando sujeito, na falta de preceito específico, ao regime do mandato geral (art. 94.°, n.° 1, e 1159.°, n.° 1), apenas tem direito a ser remunerado de acordo com a receita líquida que realizar (art. 96.°), não dispondo de qualquer poder de gozo (⁵⁶). Também o *cabeça-de-casal*, ao administrar a herança até à sua liquidação e partilha

---

(⁵⁵) Neste caso, na prática, não é fácil distinguir o depósito do comodato. Cfr. FIORENTINO, *Deposito*, p. 72.

(⁵⁶) *Infra*, p. 77 e s.

(art. 2079.º e ss.), não tem, por esse facto, qualquer direito de gozo relativamente aos bens por si administrados (art. 2087.º), como o não têm os administradores de bens que integrem uma herança aberta mas ainda não aceita, nomeadamente o *curador da herança jacente* (art. 2048.º e ss.) ([57]). O *liquidatário judicial* (art. 141.º e ss do Código dos Processos Especiais de Recuperação de Empresas e de Falência ([58])) deve proceder à "conservação e frutificação dos direitos do falido" (art. 145.º, n.º 1, al. *a*)), mas não tem qualquer direito de gozo sobre os bens da massa. De igual modo, o *depositário judicial* (art. 843.º do CPC) não retira utilidades dos bens, sendo apenas remunerado pela sua actividade (art. 844.º do CPC).

Noutras situações depara-se com um verdadeiro direito subjectivo que possibilita a prática de actos sobre uma coisa, sem se poder enquadrar tal situação na categoria dos direitos pessoais de gozo. Vejamos, por exemplo, que efeitos decorrem da compra e venda de frutos pendentes. O comprador só adquire a propriedade dos frutos no momento da colheita (art. 408.º, n.º 2, 2.ª parte), ficando o vendedor "obrigado a exercer as diligências necessárias para que o comprador adquira os bens vendidos, segundo o que for estipulado ou resultar das circunstâncias do contrato" (art. 880.º, n.º 2). Por vezes, o vendedor vincula-se a colher os frutos e a entregá-los ao comprador. Mas também pode convencionar-se que o vendedor apenas fica obrigado a cuidar dos frutos até à maturação, atribuindo-se ao comprador o direito de entrar no prédio e efectuar a colheita. De um contrato feito nestes termos resulta um direito que, relativamente à colheita dos frutos, é imediato. E parece tratar-se de um direito que permite a fruição da coisa, pelo que teria as características dos direitos de gozo. Todavia, não é exactamente assim.

No que diz respeito à *imediação*, deve considerar-se que, no caso de ser atribuído ao comprador o direito de ele próprio colher os frutos das árvores, o direito é imediato na sua fase terminal, quando os frutos estão em condições de ser colhidos, uma vez que o comprador satisfaz o seu interesse sem necessitar da colaboração de ninguém.

Mas se deve ser reconhecida, nestes termos, a característica da imediação, já o conteúdo se apresenta irredutível a um direito de gozo. O comprador dos frutos pendentes não tem nenhum direito sobre a coisa — nenhum direito que, incidindo sobre esta, permita retirar dela utilidades.

([57]) Este último fica equiparado ao curador provisório dos bens do ausente (art. 2048.º, n.º 2).

([58]) Aprovado pelo Decreto-Lei n.º 132/93, de 23 de Abril, com alterações introduzidas pelo Decreto-Lei n.º 157/97, de 24 de Junho.

Direitos Pessoais de Gozo 23

O seu direito dirige-se às utilidades autonomamente consideradas — *determinados frutos* —, não lhe permitindo gozar a coisa, mas sim apropriar-se daquelas utilidades ([59]). A compra e venda tem por objecto os frutos e não a coisa que os produz ([60]). Não pode falar-se, portanto, em gozo desta, disso resultando reflexos em toda a disciplina jurídica do contrato ([61]).

8. *Impossibilidade de direitos de gozo sobre coisas consumíveis pertencentes a outrem.* — "São consumíveis as coisas cujo uso regular importa a sua destruição ou a sua alienação" (art. 208.°) ([62]), pelo que, em relação a elas, o acto de consumo, uma vez praticado, não pode ser repetido, tornando-se impossível conceder o uso a pessoa diversa do proprietário. Com efeito, só pode falar-se de gozo de coisa alheia na medida em que a individualidade da coisa — e, portanto, a titularidade do domínio sobre ela — permaneça apesar do gozo ([63]). Só o proprietário poderá usar a coisa consumível, pelo que esta, se se tiver em vista o seu uso normal, não pode ser objecto de um direito de gozo diferente do direito de propriedade, quer dizer, não pode dar origem a direitos de gozo sobre coisa alheia ([64]). A solução só será diferente caso se tenha em vista uma utilidade atípica da coisa que não implique a sua destruição (por exemplo, o empréstimo de uma garrafa de vinho ou de moedas apenas para uma exposição, bem como todos os casos de locação *ad pompam vel ostentationem*) ([65]). Em situações destas podem constituir-se direitos de gozo sobre coisas consumíveis, uma vez que as partes lhes atribuem uma

---

([59]) Greco e Cottino, *Vendita*, p. 94.

([60]) No mesmo sentido, sobre a distinção entre *locação de pastos* e *venda de erva*, Carrara, *I contratti agrari*, p. 184 e ss.

([61]) Desta disciplina fazem parte, por exemplo, as regras dos arts. 880.°, n.° 2, e 913.° e ss., mas já não a do art. 407.°, que pressupõe *direitos pessoais de gozo incompatíveis*.

([62]) Cfr. Manuel de Andrade, *Teoria geral...*, vol. I, p. 254; Pires de Lima, *Das coisas*, p. 14, e Pires de Lima e Antunes Varela, *Código Civil anotado*, vol. I, anot. n.° 1 ao art. 208.°, p. 202.

([63]) Giorgianni, *Contributo...*, p. 29.

([64]) Negam à locação a possibilidade de incidir sobre coisas consumíveis, Fubini e Sequi, *Locazione...*, p. 1014; Guarino, *Locazione*, p. 6, e Pires de Lima e Antunes Varela *Código Civil anotado*, vol. II, anot. n.° 2 ao art. 1022.°, p. 343.

([65]) Pacifici-Mazzoni, *Istituzioni...*, p. 238; Baudry-Lacantinerie e Chauveau, *Les biens*, p. 377, e Perris, *Comodato...*, p. 404.

específica (e atípica) destinação, relativamente à qual se comportam como não consumíveis [66]. Através de um direito de gozo, nestes casos, retiram-se utilidades da coisa que, apesar de não serem típicas, caem, necessariamente, dentro do conceito de gozo [67].

Em aparente contradição com as afirmações acabadas de produzir, o artigo 1451.°, n.° 2, estabelece que "o usufruto de coisas consumíveis não importa transferência da propriedade para o usufrutuário".

Esta norma, disciplinadora do chamado *quase-usufruto*, deve ser interpretada cuidadosamente. Se quisesse estabelecer que, através do quase-usufruto, a propriedade das coisas *nunca* passa para a titularidade do usufrutuário, o artigo 1451.°, n.° 2, estabeleceria uma regulamentação em contraste com os princípios aceites tanto pela melhor doutrina [68], como ainda por importantes Códigos [69]. Não se compreende que alguém possa consumir (destruir) uma coisa sem sobre ela ter um direito de propriedade. Mas, se se considerasse a propriedade transferida para o usufrutuário no momento da constituição do usufruto, também se gerariam consequências inadmissíveis [70]. Por tudo isto, deve entender-se que o artigo 1451.°, n.° 2, tem por objectivo fixar o momento em que a propriedade se transfere para o usufrutuário. Concretamente, aquela norma estabelece que, na falta

---

[66] Se, inversamente, se tiver em vista uma utilização atípica de uma coisa não consumível que implique a sua destruição, não é possível a concessão do gozo sem transferência da propriedade. Cfr. MIRABELLI, *La locazione*, p. 271.

[67] Em sentido diferente, GIORGIANNI, *Contributo...*, p. 30, nota 44.

[68] Cfr. VENEZIAN, *Dell'usufrutto,...*, vol. I, p. 3 e ss. e vol. II, p. 287 e ss.; NICOLÒ e GIORGIANNI, *Usufrutto*, p. 781 e s.; GIORGIANNI, *Contributo...*, p. 29; CICU, *Corso di diritto agrario*, p. 203; PUGLIESE, *Usufrutto...*, p. 583 e ss.; GIANFRANCO PALERMO, *L'usufrutto*, p. 134; BIGLIAZZI GERI, *L'usufrutto...*, p. 291, e *Usufrutto,...*, p. 192; PLANIOL, *Traité élémentaire...*, vol. I, pp. 871 e s., 880, e 897; MARTY e RAYNAUD, *Droit Civil — Les biens*, p. 112; WEILL, TERRÉ, e SIMLER, *Droit Civil — Les biens*, p. 690 e s., esp. al. c), e também HEDEMANN, *Derechos reales*, p. 362, baseado no § 1067 do BGB — cfr. a nota seguinte. Contra, PIRES DE LIMA, *Do usufruto...*, p. 26. BARBERO, *L'usufrutto...*, p. 64 e ss., e *Sistema...*, vol. I, p. 800, admite a transferência da propriedade quando as coisas se "desindividualizam", isto é, passam da *species* ao *genus* (*L'usufrutto...*, p. 74), no que é seguido por ANTONIO PALERMO, *Usufrutto...*, p. 156 e ss. (*maxime*, 158).

[69] § 1067 do BGB ("Sind verbrauchbare Sachen Gegenstand des Nießbrauchs, so wird der Nießbraucher Eigentümer der Sachen...", e § 1.° do art. 772 do Código Civil suíço ("Les choses qui se consomment par l'usage deviennent, sauf disposition contraire, la propriété de l'usufruitier, qui demeure comptable de leur valeur au début de l'usufruit").

[70] MENEZES CORDEIRO, *Direitos reais*, vol. II, p. 941 e s.

de estipulação em contrário (^{71}), a propriedade sobre as coisas objecto de usufruto se transfere para o usufrutuário no momento do início dos actos através dos quais vão ser consumidas (^{72}) (^{73}).

A situação que acabamos de descrever em matéria de quase-usufruto pode verificar-se em relação a direitos pessoais de gozo. Tal como acontece no usufruto, podem as partes estipular também, por exemplo, que a locação tem por objecto coisas consumíveis (^{74}), devendo aplicar-se por analogia, na falta de estipulação contratual, as regras contidas no artigo 1451.°, nos casos em que o uso implica a destruição da coisa.

Em casos com semelhante configuração, pelo que foi dito, não se está perante direitos de gozo sobre coisa alheia, mas sim perante uma regulamentação especial da transferência da propriedade. A propriedade, em princípio, vem a transferir-se no momento do início dos actos de destruição da coisa, levados a cabo por quem tenha para isso autorização (usufrutuário, locatário, etc.).

9. *Conclusão.* — O direito pessoal de gozo, incidindo sobre uma coisa, atribui ao seu titular os poderes de a usar, fruir ou transformar, sem necessidade da intermediação (colaboração) de outrem, sendo estruturalmente diferente quer dos direitos reais quer dos creditórios.

Alguns aspectos desta noção exigem um especial desenvolvimento, que permita explicitar o exacto recorte estrutural dos direitos pessoais de gozo. Será feita, no capítulo seguinte, uma descrição dos principais tipos para, posteriormente, no capítulo III, se proceder à elaboração mais pormenorizada desta categoria conceitual.

(^{71}) Cfr. o art. 1445.° e PIRES DE LIMA e ANTUNES VARELA, *Código Civil anotado*, vol. III, anot. n.° 5 ao art. 1451.°, p. 487.

(^{72}) É esta a solução defendida por CICU, no *Corso di diritto agrario*, p. 203, e também no *Corso sull'usufrutto*, Bolonha, 1923-25, que não foi possível consultar (*vide* a referência em GIORGIANNI, *Contributo...*, p. 29, nota 42).

(^{73}) Afirmar, como fazem BARBERO, *L'usufruttto...*, p. 64, nota 13, e ANTONIO PALERMO, *Usufrutto,...*, p. 159, que, no momento em que as coisas são usadas, se verifica, acima de tudo, uma perda para ambos (proprietário e usufrutuário), não é relevante. O que está em causa é a construção jurídica para explicar a possibilidade de o usufrutuário dar origem a essa perda.

(^{74}) GIORGIANNI, *Contributo...*, p. 30.

CAPÍTULO II

Descrição sumária de alguns tipos

SUMÁRIO: 10. Nota preliminar: o princípio da autonomia privada. 11. A locação. 12. A concessão de alojamento a trabalhadores. 13. A locação financeira ou *leasing*. 14. O comodato. 15. As servidões irregulares. 16. As superfícies irregulares. 17. A anticrese ou consignação de rendimentos. 18. A parceria pecuária. 19. A parceria agrícola. 20. A tradição da coisa objecto de um contrato prometido. 21. A curadoria definitiva. 22. A entrada com o uso e fruição de bens para uma sociedade.

10. *Nota preliminar: o princípio da autonomia privada.* — Proceder-se-á, neste capítulo, a uma breve descrição de alguns tipos de direitos que, embora proporcionem o *uso, fruição* ou *transformação* de uma coisa, não se enquadram no campo da *realidade*, pertencendo antes à categoria dos *direitos pessoais de gozo*. Referir-se-ão, fundamentalmente, as notas essenciais de cada tipo, com vista a carrear elementos que permitam, no capítulo III, a completa elaboração da referida categoria conceitual.

A enumeração dos *direitos reais de gozo* pode fazer-se exaustivamente, uma vez que são regidos pelo princípio da *tipologia taxativa* ou do *numerus clausus* (art. 1306.°). Relativamente, porém, aos direitos de gozo de natureza pessoal, não se encontram motivos para, através da imposição de um número limitado de tipos, cercear a liberdade de auto-regulamentação dos particulares. Deve entender-se, por conseguinte, que, no concernente a tais direitos, rege o *princípio da autonomia privada* ou, na generalidade dos casos ([1]), mais especificamente, o *princípio da liberdade contratual* (art. 405.°) ([2]), podendo as partes, dentro dos limites da lei, introduzir modificações nos tipos legais ou criar figuras inteiramente novas ([3]).

Na inventariação a que seguidamente vai proceder-se, descrevem-se apenas direitos pessoais de gozo que encontram expressão no ordenamento jurídico português — a qual pode ir de uma regulamentação exaustiva (como é o caso da locação) até à mera referência (como sucede relativamente à entrega da coisa objecto de um contrato prometido ou à concessão de alojamento a trabalhadores).

11. *A locação.* — O contrato de locação é objecto de uma regulamentação legal muito pormenorizada e de vasta e contínua análise, não só doutrinal, como jurisprudencial. Aqui vão apenas salientar-se os aspectos mais importantes.

Como é sabido, quando a locação "incide sobre coisa móvel" designa-se por *aluguer*, falando-se em *arrendamento* quando "versa sobre coisa imóvel" (art. 1023.°). Este denomina-se *urbano* quando incide sobre prédios urbanos, podendo "ter como fim a habitação, a actividade comercial ou industrial, o exercício de profissão liberal, ou outra aplicação lícita do prédio" (art. 3.°, n.° 1 do RAU); quando incide sobre prédios rústicos e tenha por fim a exploração agrícola ou pecuária, denomina-se *arrendamento rural* (art. 1.°, n.° 1, do RAR), chamando-se *florestal* quando o seu fim seja a *exploração silvícola* (art. 2.° do RAF). O arrendamento de prédios

---

([1]) Sobre o problema de saber se será possível a constituição de direitos pessoais de gozo por via diversa do contrato (p. ex., através de uma promessa pública, ou de um legado testamentário), *vide* Cariota-Ferrara, *Conflitto tra diritti personali di godimento*, in "Temi Pugliese", 1945, p. 4 e nota 1, e Lazzara, *Il contratto di locazione*, Milão, 1961, p. 241, nota 87 (não nos foi possível consultar nenhuma destas obras, citadas por Luminoso, *La tutela aquiliana...*, p. 41, nota 81). Mirabelli, *La locazione*, p. 4 e s., defende que a locação apenas pode ter como fonte o contrato, com argumentos literais (entre nós, Pereira Coelho, *Arrendamento...*, p. 7, tende para a mesma opinião).

([2]) Sobre estes dois princípios, Ferri, *L'autonomia privata*; Messineo, *Contratto (Diritto privato — Teoria generale)*, p. 802 e ss.; Roppo, *O contrato*, pp. 32 e ss., e 126 e ss., e, entre nós, Antunes Varela, *Das obrigações em geral*, vol. I, 9.ª ed., p. 242 e ss., Mota Pinto, *Teoria geral...*, p. 88 e ss., e Calvão da Silva, *Cumprimento...*, p. 32 e ss.

([3]) Neste sentido, Giorgianni, *Contributo...*, p. 51, e Luminoso, *La tutela aquiliana...*, pp. 41, e 325 e s., em texto e na nota n.° 29.

Direitos Pessoais de Gozo 29

rústicos pode ter também qualquer outro fim (incluindo o comércio ou indústria e o exercício de profissão liberal) [4].

Os vários tipos de locação acabados de enunciar não se regem integralmente pelas mesmas normas, havendo uma variação consoante o tipo em causa [5]. Para evitar um desenvolvimento descabido desta matéria, a exposição do conteúdo da relação locativa vai reportar-se, fundamentalmente, às normas gerais (aplicáveis, em princípio, a todas as modalidades), fazendo referência às normas específicas apenas quando assumam maior importância para a caracterização do direito de gozo.

A locação é genericamente definida no artigo 1022.º como "o contrato pelo qual uma das partes se obriga a proporcionar à outra o gozo temporário de uma coisa, mediante retribuição". À primeira vista, poderia haver a tentação de inserir totalmente este contrato dentro do esquema da relação obrigacional, em virtude de o legislador afirmar que dele resulta, para uma das partes (o locador), a *obrigação de proporcionar o gozo* de uma coisa à outra parte (o locatário). Mas não pode dar-se demasiado valor à letra da lei, devendo atender-se, fundamentalmente, ao regime dela resultante. De resto, quanto à modalidade de locação que mais atrai o labor doutrinal e as intervenções do legislador — o *arrendamento urbano* —, a definição legal apresenta-se hoje mais neutra, ao estabelecer que "arrendamento urbano é o contrato pelo qual uma das partes concede à outra o gozo temporário de um prédio urbano, no todo ou em parte, mediante retribuição" (art. 1.º do RAU).

No regime legal da locação encontram-se importantes elementos só explicáveis em sede creditória, o que influencia a doutrina tradicional na qualificação deste contrato como obrigacional [6]. Todavia, o núcleo essencial da locação não é redutível nem a uma estrutura creditória nem a uma estrutura de natureza real. Torna-se necessário enunciar, ainda que de forma sumária, o conteúdo legal da relação locativa.

Em primeiro lugar, no cumprimento de uma das obrigações resultantes do contrato locativo [7], o locador deve entregar ao locatário a coisa objecto do contrato (art. 1031.º, al. *a*)).

---

[4] PEREIRA COELHO, *Arrendamento...*, p. 44, notas n.os 1 e 2.

[5] Veja-se a clara sistematização elaborada por PEREIRA COELHO, *Arrendamento...*, p. 44 e ss., tendo o cuidado de a adaptar ao RAU.

[6] Cfr., no que à doutrina tradicional diz respeito, embora com diferenças não negligenciáveis de autor para autor — que não serão analisadas neste local —, ANTUNES VARELA, *Das obrigações em geral*, vol. I, 5.ª ed., p. 185; PEREIRA COELHO, *Arrendamento...*, p. 18, e, por último, HENRIQUE MESQUITA, *Obrigações reais...*, p. 161 e ss.

[7] Cfr. PEREIRA COELHO, *Arrendamento...*, p. 127.

O locador deve, também, assegurar ao locatário o gozo da coisa para os fins a que se destina (art. 1031.º, al. *b*)). Esta obrigação de *assegurar o gozo* consiste, basicamente, na execução de obras de *conservação* ou de *beneficiação* de que a coisa careça, para permitir a utilização que as partes tiveram em vista [8] [9], e manifesta-se também ao nível da responsabilidade contratual do locador por vícios da coisa, por ilegitimidade, ou por deficiência do seu direito [10]. O locador é contratualmente responsável se a coisa tiver vícios que não lhe permitam atingir o fim a que — por *natureza* ou *contratualmente* — se destina, ou se carecer das qualidades asseguradas ao locatário (art. 1032.º), sendo diferente o regime dos vícios ou defeitos surgidos antes da entrega ou no momento em que esta se efectue, e o daqueles que só ulteriormente se verificarem (als. *a*) e *b*) do art. 1032.º). O concedente responde, também, pela privação ou diminuição do gozo que o locatário venha a sofrer, em virtude de *ilegitimidade* ou de *deficiência* do seu direito (art. 1034.º).

O locador tem, por outro lado, a obrigação de se abster de praticar actos "que impeçam ou diminuam o gozo da coisa pelo locatário" (art. 1037.º, n.º 1). Esta norma é imperativa [11] — comportando apenas os ligeiros desvios que neste mesmo artigo se prevêem — e impõe ao locador uma obrigação de *non facere*.

O concedente tem ainda de indemnizar o locatário do montante das reparações ou outras despesas urgentes por este efectuadas nos termos do artigo 1036.º, e é ainda obrigado a indemnizá-lo pelas benfeitorias, segundo o regime que a lei estabelece para o possuidor de má fé (arts. 1273.º e 1275.º, por remissão do art. 1046.º), salvo no arrendamento florestal, onde, em princípio, "as benfeitorias revertem para o senhorio, sem haver lugar a qualquer indemnização" (art. 14.º, n.º 4, do RAF).

No arrendamento urbano o senhorio é *obrigado* a dar preferência ao inquilino na venda ou dação em cumprimento do "local arrendado há mais de um ano" (art. 47.º, n.º 1, do RAU) [12], devendo entender-se que

---

[8] No que respeita ao arrendamento urbano, a matéria tem normas específicas nos arts. 11.º a 18.º do RAU, e no RGEU.

[9] O locador tem, para além do dever, *o direito* de realizar as reparações urgentes. *Infra*, p. 32, e ALBALADEJO, *Derecho de obligaciones*, vol. II, pp. 186 e 196.

[10] Cfr. PIRES DE LIMA e ANTUNES VARELA, *Código Civil anotado*, vol. II, anot. ao art. 1032.º, p. 360 e ss., e PEREIRA COELHO, *Arrendamento...*, p. 135 e ss.

[11] Cfr. PEREIRA COELHO, *Arrendamento...*, p. 134.

[12] Este diploma veio uniformizar o regime da preferência do arrendatário, antes contido nos arts. 1117.º e 1119.º do Código Civil, e na Lei n.º 63/77, de 25 de

Direitos Pessoais de Gozo 31

este prazo se conta desde a data da celebração do contrato locativo com base no qual pretenda exercer-se a prelação. Igual direito assiste ao arrendatário rural, desde que o contrato tenha "três anos de vigência" (art. 28.º do RAR), e também ao arrendatário florestal (art. 24.º do RAF).

O arrendatário rural, caso o seu direito cesse por causa que lhe não seja imputável (*v. g.*, por denúncia ou caducidade) ([13]), tem direito a que lhe seja dada preferência, durante cinco anos, na celebração de novos contratos de arrendamento (art. 27.º do RAR) ([14]).

O locador é ainda obrigado, em princípio, segundo o artigo 1030.º, a satisfazer os encargos da coisa locada (contribuição autárquica, prémios de seguro, taxas, etc.) ([15]).

Estas as principais obrigações que resultam, para o locador, do contrato locativo. Abstemo-nos de inventariar outras que possam provir de estipulação das partes, dentro dos limites em que o legislador admite a liberdade contratual.

De uma forma sumária, referir-se-ão, seguidamente, as obrigações do locatário.

Em primeiro lugar, tem o locatário o dever de pagar a renda ou aluguer (art. 1038.º, al. *a*)), sendo esta uma obrigação característica e essencial do contrato de locação.

O Código Civil enuncia, ainda, mais algumas obrigações a cargo do mesmo contraente, das quais se destacam as seguintes: facultar ao locador

---

Agosto. Da letra do art. 47.º, n.º 1, resulta um alargamento da preferência aos arrendamentos urbanos para fins que não sejam a habitação, o comércio, a indústria ou o exercício de profissão liberal. O alargamento é estranho porque, no projecto deste diploma (não publicado e com origem na Secretaria de Estado da Construção e Habitação), cujo conteúdo ficou inalterado neste ponto, considera-se (nota n.º 3 ao art. 43.º) a preferência atribuída ao locatário "negativa *de iure condendo*", e só justificável pela "tradição jurídica" e pela defesa do "acesso à habitação própria".

([13]) Cfr. PEREIRA COELHO, *Arrendamento...*, p. 339, nota n.º 1.

([14]) O direito de preferência tem aqui por objecto, não um negócio de alienação (venda ou dação em cumprimento), mas antes um negócio locativo.

([15]) Os encargos do prédio recaem *necessariamente* sobre o senhorio no arrendamento *rural* (art. 4.º do RAR), no *florestal* (art. 8.º, al. b), do RAF), e também, em regra, no arrendamento *urbano*, sempre que haja regras de carácter imperativo limitativas da renda, quer quanto à fixação do seu montante inicial, quer quanto à respectiva actualização (cfr., quanto à renda inicial, os arts. 79.º e 81.º, e, quanto à actualização, os arts. 30.º e ss., todos do RAU; *vide* ainda o 14.º do Decreto-Lei que aprovou este regime). Observe-se, no entanto, que no arrendamento urbano podem caber alguns encargos ao arrendatário (arts. 40.º e ss. do RAU).

o exame da coisa locada (art. 1038.°, al. *b*)); não fazer uma utilização imprudente da coisa e não a aplicar a fim diverso daquele a que se destina (art. 1038.°, als. *c*) e *d*)); tolerar as reparações urgentes e quaisquer obras ordenadas pela autoridade pública, nos termos do art. 1038.°, al. *e*); não sublocar ou emprestar a coisa locada, ou ceder a sua posição contratual, quer por negócio gratuito quer por negócio oneroso, salvo se o locador der autorização ou a lei o permitir (art. 1038.°, al. *f*)), e fazer as comunicações ou avisos mencionados no artigo 1038.°, als. *g*) e *h*).

O locatário é ainda obrigado, no termo da locação, a restituir a coisa (art. 1043.°) no estado em que a recebeu, ressalvadas as deteriorações inerentes a uma prudente utilização, feita em conformidade com os fins do contrato. E é também responsável pela perda da coisa ou pelas deteriorações nela causadas, com ressalva das que se verificarem apesar de uma prudente utilização, e ainda das que não lhe sejam imputáveis ([16]), nem o sejam a terceiro a quem tenha permitido a utilização dela (art. 1044.°).

Quanto ao *arrendamento urbano*, salientem-se ainda, por um lado, a obrigação de não aplicar o prédio, habitualmente, a práticas ilícitas, imorais ou desonestas, conforme preceitua o artigo 64.°, n.° 1, al. *c*), do RAU, e a de ocupar efectivamente o imóvel (n.° 1, als. *h*) e *i*), e n.° 2 deste preceito); e, quanto ao *arrendamento rural*, a obrigação de não utilizar processos ou culturas depauperantes para os solos (art. 21.°, al. *c*), do RAR), bem como, tanto no arrendamento rural como no florestal, a de velar pela boa conservação dos bens (art. 21.°, al. *d*), do RAR, e 17.°, al. *d*), do RAF).

Para além de toda esta teia de obrigações que se inscrevem no regime da locação, o locatário tem direito a fruir *autonomamente*, através da sua actividade, e não através de uma prestação do locador, as utilidades que a coisa possa proporcionar-lhe, dentro do fim para o qual o contrato foi celebrado.

([16]) A doutrina diverge na interpretação a dar, no contexto do art. 1044.°, à palavra *imputável*. Para PEREIRA COELHO, *Arrendamento...*, p. 381 e s., a responsabilidade do locatário pressupõe um acto *culposo*, enquanto, para PIRES DE LIMA e ANTUNES VARELA, *Código Civil anotado*, vol. II, anot. n.° 2 ao art. 1044.°, p. 381, basta que o facto gerador dos danos lhe seja *objectivamente* imputável. Pela nossa parte, subscrevemos a interpretação de PEREIRA COELHO. Com efeito, nenhuma razão convincente se divisa para afastar, neste domínio, a *culpa* do agente como pressuposto da obrigação de indemnizar. Nem sequer a letra da lei pode ser invocada em tal sentido, pois, conforme sublinha PEREIRA COELHO, "a *imputabilidade* do facto é no Código Civil, em geral, uma imputabilidade *a título de culpa*". Cfr. *Arrendamento...*, p. 203 e s.

O direito de o locatário gozar a coisa resulta, desde logo, da al. *a)* do artigo 1031.º (que impõe ao locador a obrigação de lhe entregar a coisa), e da al. *b)* (se o locador assegura o gozo, é porque o locatário pode gozar a coisa) ([17]).

Por outro lado, certos aspectos do regime legal fogem, de forma nítida, a um esquema meramente creditório. Salientem-se alguns.

Se do contrato não resultar o fim a que a coisa locada se destina, o artigo 1027.º estabelece que "é permitido ao locatário aplicá-la a quaisquer fins lícitos, dentro da função normal das coisas de igual natureza" ([18]), o que se afasta da regra geral contida no artigo 239.º. Na interpretação de um contrato locativo recorre-se às normas gerais (arts. 236.º e 237.º) ([19]), mas, caso persista uma lacuna de regulamentação quanto ao fim a que a coisa se destina, não se integra a declaração negocial "de harmonia com a vontade que as partes teriam tido se houvessem previsto o ponto omisso" (art. 239.º): prescinde-se da vontade conjectural, podendo a coisa ser aplicada a quaisquer *fins normais*. Ora, o artigo 1027.º, ao afastar-se daquela estatuição de ordem geral, fá-lo porque o locador deixou de ter acesso às utilidades da coisa e o locatário pode aceder a essas mesmas utilidades de forma *imediata* — entre o locatário e a coisa não se interpõe a actividade de ninguém —, nada obstando, por isso, a que se lhe reconheça a faculdade de aplicar a coisa a qualquer dos fins que correspondam a uma utilização normal dela. Se o locatário acedesse à coisa em virtude ou através de uma prestação do locador, não se compreendia que a lei, ao delimitar as utilidades que o primeiro dela pode extrair, prescindisse da vontade conjectural do locador e mandasse atender apenas à função normal da coisa.

Importa salientar que, quanto às verdadeiras obrigações do locador (*v. g.*, de entrega da coisa) e do locatário (*v. g.*, de pagamento da renda), deverá respeitar-se a norma do artigo 239.º.

A regulamentação consagrada no artigo 1027.º, mandando atender à *função normal* da coisa, é idêntica à estabelecida, para o contrato de compra e venda, no n.º 2 do artigo 913.º, quanto à determinação do fim a que a coisa se destina. Só o facto de, em ambos dos casos, se constituir uma relação imediata entre um sujeito e determinada coisa (propriedade

---

([17]) MENEZES CORDEIRO, *Direitos reais*, vol. II, p. 955, e *Da natureza...*, p. 65.

([18]) O art. 1131.º estabelece regime idêntico em relação ao comodato.

([19]) PIRES DE LIMA e ANTUNES VARELA, *Código Civil anotado*, vol. II, anot. n.º 2 ao art. 1027.º, p. 349 e s.

ou locação) justifica a utilização do mesmo critério para delimitar o fim ou os fins a que essa coisa se destina. Na locação, contudo, a situação assume contornos um pouco diferentes dos da compra e venda, uma vez que a delimitação do fim a que a coisa se destina é susceptível de originar verdadeiras *obrigações* a cargo do locador (as de efectuar reparações para que a coisa possa cumprir essa função).

Também a norma do artigo 1034.°, n.° 2, ao estabelecer os moldes em que o contrato de locação, pelo facto de o locador carecer de legitimidade ou de o seu direito ser deficiente, se considera *não cumprido*, declara haver inadimplemento apenas quando se verifique "privação, definitiva ou temporária, do gozo da coisa ou a diminuição dele por parte do locatário". Quer isto dizer que, mesmo quando o locador não tem um direito do qual possa derivar determinado gozo, o contrato, desde que o locatário consiga obter as utilidades nele compreendidas, considera-se cumprido [20]. Mais uma vez se revela decisivo o gozo directamente obtido pela actividade do locatário (mesmo quando o locador não pode atribuir-lho).

12. *A concessão de alojamento a trabalhadores.* — A *concessão de alojamento a trabalhadores* traduz-se numa figura jurídica que, na prática, não é fácil distinguir do arrendamento, principalmente quando neste se insere uma cláusula pela qual o inquilino fica obrigado a prestar serviços ao senhorio. Convém, por isso, proceder a alguns esclarecimentos, diferenciando com nitidez algumas das situações que podem ocorrer na prática.

O arrendamento urbano surge, geralmente, como um contrato *puro*, vinculando-se o inquilino a pagar uma renda que tem de ser fixada necessariamente em escudos (art. 19.°, n.° 1, do RAU) [21] [22].

---

[20] Em sentido não conforme, PIRES DE LIMA e ANTUNES VARELA, *Código Civil anotado*, vol. II, parte final da anot. n.° 5 ao art. 1034.°, p. 365.

[21] PEREIRA COELHO, *Arrendamento...*, p. 14, nota 1.

[22] Esta norma sofre as adaptações decorrentes da introdução do Euro como unidade monetária de Portugal, enquanto Estado participante da terceira fase da União Económica e Monetária.

Assim, no chamado período de transição — entre 1 de Janeiro de 1999 e 31 de Dezembro de 2001 —, as rendas podem ser fixadas em Euros ou em Escudos, sendo estes meras subdivisões do Euro (cfr. o art. 6.° do Regulamento (CE) n.° 974/98 do Conselho, de 3 de Maio de 1998, relativo à introdução do Euro, publicado no "Jornal Oficial das Comunidades Europeias", de 11 de Maio de 1998). Durante este período de transição o locatário tem, em qualquer circunstância, a possibilidade de pagar a renda em Escudos ou em Euros (desde que o meio de pagamento utilizado o permita) — Cfr.

Mas nem sempre as coisas se passam desta forma. Assim, num contrato de arrendamento pode estipular-se que o arrendatário preste determinados serviços ao senhorio (por exemplo, assistência médica). Se o contrato tem por objecto a concessão do gozo de um imóvel nos termos do arrendamento e, simultaneamente, a prestação de serviços, deve falar-se em *contrato misto*, uma vez que se visa, num mesmo negócio, produzir efeitos típicos de dois contratos diferentes regulados na lei. Por outras palavras, pretende-se, neste caso, conceder o gozo temporário de um prédio urbano mediante retribuição que consistirá, em parte, numa prestação de serviços a realizar pelo inquilino. Esta prestação, se o escopo das partes for a celebração de um verdadeiro contrato de arrendamento, não pode assumir o carácter de prestação objectivamente principal, tendo de cifrar-se em valores diminutos ou marginais em relação ao montante pecuniário da renda. Os serviços a prestar pelo inquilino, apesar de marginais quanto ao seu valor — ou objectivamente marginais —, podem, no entanto, ter sido *determinantes* da "ocupação do prédio", isto é, da celebração do contrato de arrendamento, podendo o senhorio, nesta eventualidade, resolver o contrato se o inquilino deixar de os prestar (art. 64.°, n.° 1, al. *j*), do RAU). O preceito acabado de citar — tal como as normas semelhantes que o antecederam ([23]) — apenas faz sentido quando existe um *arrendamento*, embora complementado com uma prestação típica de outro contrato regulado na lei (quando, por assim dizer, há um arrendamento em que foi enxertada uma prestação de serviços), sendo inaplicável aos

---

art. 8.° do Regulamento citado —, sendo as conversões efectuadas segundo a taxa entretanto definida.

Terminado o período transitório — dia 1 de Janeiro de 2002 — todas as rendas serão fixadas e pagas em Euros (cfr. art. 10.° do citado Regulamento). Todavia, durante os primeiros 6 meses do ano de 2002 — caso o legislador nacional não disponha diferentemente, dentro dos apertados limites do art. 15.° do Regulamento citado — poderão utilizar-se notas e moedas expressas em Escudos para efectuar pagamentos, sendo o credor obrigado a aceitar.

Uma nota final para dizer que as soluções acima referidas não depedem da alteração do art. 19.°, n.° 1, do RAU (nem a implicam). O legislador veio, em virtude da adopção do Euro, através do Dec.-Lei n.° 343/98, de 6 de Novembro, alterar, nomeadamente, o Código Civil (arts. 558.°, 1143.° e 1239.°), tendo deixado o RAU intocado. Saliente-se, de qualquer modo, que as próprias modificações ao Código Civil, no que ao Euro diz respeito, são inúteis e só se compreendem pelo lamentável frenesi legislativo.

([23]) Nomeadamente, o art. 67.°, al. *a*), da Lei 2030, de 22 de Junho de 1948, e o art. 1093.°, n.° 1, al. *j*), do Código Civil.

casos em que não existe qualquer arrendamento, mas sim uma concessão de gozo atípica, como a *concessão de alojamento a trabalhadores* ([24]).

Com efeito, quando se fala em *concessão de alojamento a trabalhadores*, não se pretende referir nenhuma das situações descritas mas, diversamente, casos em que não existe qualquer contrato de arrendamento. Assim, quando a entidade patronal aloja trabalhadores agrícolas que contratou para trabalhos sazonais e que não têm residência no local onde estes se efectuam, ou quando uma empresa de construção aloja os respectivos trabalhadores nos locais em que sucessivamente desenvolve a sua actividade, ou ainda quando o senhorio ou os condóminos de um edifício concedem alojamento ao porteiro ([25]), não pode falar-se em contratos de arrendamento, nem apenas em contratos de trabalho ([26]). Rigorosamente, está-se perante a atribuição de um *direito pessoal de gozo atípico e inominado* ([27]) — *o alojamento concedido a trabalhadores* — inserido acessoriamente num contrato de trabalho ([28]).

Para chegar a esta conclusão, definindo os exactos contornos do direito pessoal de gozo tido em vista pelas partes, importa necessariamente interpretar e integrar a sua vontade (de acordo com os arts. 236.° e ss., e 1027.°). Não é possível estabelecer a distinção entre esta concessão de gozo atípica e o arrendamento apenas com base no facto de a residência ou local ser ou não simples *meio* ou *instrumento* da actividade do trabalhador ([29]), porque se está a recorrer a um critério pouco preciso e sem apoio legal. O facto de o local concedido ser utilizado como meio que possibilita a actividade do trabalhador funciona apenas como um indício da vontade das partes — no sentido de não haver arrendamento — e nada mais. O local concedido pode ser mero instrumento para se realizar a prestação de serviços em favor do senhorio e haver arrendamento (embora num contrato misto de locação e de prestação de serviços), como no caso

---

([24]) Em sentido contrário, PIRES DE LIMA e ANTUNES VARELA, *Código Civil anotado*, vol. II, anot. n.° 11 ao art. 64.° do RAU, p. 610 e s.

([25]) *Vide* CJ, 1976, t. 3, p. 628; CJ, 1979, t. 2, p. 620; CJ, 1981, t. 1, p. 301; CJ, 1981, t. 5, p. 179, e CJ, 1983, t. 2, p. 131.

([26]) Em sentido diferente, PEREIRA COELHO, *Arrendamento...*, pp. 35 e s., e 288, nota 2.

([27]) Sobre a diferença entre estes dois conceitos, PESSOA JORGE, *Direito das obrigações*, p. 157 e s., e MENEZES CORDEIRO, *Direito das obrigações*, vol. I, p. 418 e s.

([28]) Neste sentido, MIRABELLI, *Dei singoli contratti...*, p. 259.

([29]) Em sentido contrário, VISCO, *Trattato*, p. 678 e ss., e PEREIRA COELHO, *Arrendamento...*, p. 35.

em que o local arrendado se destine ao exercício de actividades de enfermagem, prestando o locatário assistência ao senhorio, que necessita de tratamentos diários. Por outro lado, existem situações em que dificilmente se pode afirmar que o local concedido serve de *meio* para cumprir uma tarefa e, todavia, não há arrendamento. Assim, quando uma empresa desloca, temporariamente, trabalhadores de um local para outro, e lhes concede habitações, só com muito esforço podem estas ser consideradas "*meio* ou *instrumento* da actividade do trabalhador" ([30]), porque os conceitos de *meio* ou *instrumento* ficariam demasiado vagos. Contudo, neste caso não se está perante um arrendamento, a não ser que, excepcionalmente, a vontade das partes seja nesse sentido.

Reafirme-se, portanto, o que foi dito: para saber qual o direito que as partes pretenderam constituir, tem de se apurar, mediante interpretação, a sua vontade negocial. Procedendo assim, concluir-se-á normalmente que, nos casos de alojamento de trabalhadores, não se pretende conceder o gozo de um imóvel contra determinada retribuição, nos termos do arrendamento. Mesmo que haja alguma relação de correspectividade entre a concessão do gozo e a prestação de trabalho ou de serviços — como acontece inúmeras vezes, em virtude de a concessão do gozo constituir um complemento do salário, sendo, portanto, uma retribuição parcial do trabalho ([31]) —, as partes não terão querido celebrar um contrato de arrendamento. Deste modo, não poderá converter-se o contrato, estabelecendo, em lugar da prestação de serviços, o pagamento de uma renda em dinheiro, porque não se verifica qualquer nulidade (cfr. art. 293.°).

Os casos em análise (por exemplo, os respeitantes aos porteiros), tão-pouco podem qualificar-se como contratos mistos de arrendamento e de prestação de serviços, porque, embora neles se convencione uma das duas prestações que caracterizam o arrendamento (a concessão de um imóvel para habitação), falta, no entanto, a outra prestação essencial ao preenchimento desta figura jurídica (o pagamento de uma *renda* em dinheiro) ([32]). O que existe, pois, não é um contrato misto, mas sim um

---

([30]) PEREIRA COELHO, *últ. loc. cit.*

([31]) Relativamente aos *porteiros de prédios urbanos*, os n.os 1 e 2 da Base XI da PRT de 15 de Maio de 1975 (o último com a redacção alterada pela PRT de 29 de Junho do mesmo ano) estabelecem expressamente que a remuneração destes é constituída também pelo alojamento.

([32]) Falta mesmo a intenção de compensar o concedente pelo uso atribuído ao trabalhador. Assim, a citada PRT de 15 de Maio de 1975 dispõe, inclusivamente, que os porteiros em tempo parcial, quando a sua "remuneração mensal total" seja inferior ao valor atribuído ao alojamento, não são obrigados a efectuar nenhuma prestação com-

negócio inominado ou legalmente atípico ([33]). Bem vistas as coisas, o concedente não visa auferir uma *renda*, mas apenas determinadas prestações de serviços, que pagará, no entanto, por um "preço" inferior ao normal, em virtude de, para a realização do fim do contrato, fornecer habitação à pessoa que se vincula a executá-las.

É certo que não pode excluir-se, em absoluto, a aplicação analógica de normas do arrendamento urbano à concessão de alojamento a trabalhadores. Todavia, tais normas revelam-se, geralmente, inadequadas, dado cumprirem uma função específica não visada nestes casos. Assim, as normas sobre a renda não têm aplicação, tal como as que disciplinam a transmissão do direito do arrendatário, a preferência deste, a resolução do contrato, etc. Também é inaplicável, no plano processual, a acção de despejo, devendo o empregador, para reaver o local concedido, recorrer a uma vulgar acção de condenação em que peça a entrega da coisa, ou à acção de reivindicação. Acrescente-se que, na concessão de alojamento a trabalhadores, o prazo de concessão do gozo é, normalmente, o mesmo da duração da relação de trabalho, havendo, por vezes, normas específicas. Assim, quanto aos porteiros de prédios urbanos que neles habitem, se ocorrer o despedimento com justa causa, "a entidade patronal fica obrigada a um aviso prévio nunca inferior a noventa dias", excepto nos casos (especificados) de comportamentos particularmente graves ([34]). Pode haver, ainda, no interesse da empresa, particulares limitações à forma de utilização da coisa (nomeadamente, restringindo actividades sindicais) ([35]), inexistentes na locação.

13. *A locação financeira ou "leasing"* ([36]). — A exposição subsequente não se ocupará do problema, sobre o qual não existe ainda um

---

pensatória para com a entidade patronal (n.º 7 da Base VI, segundo a redacção da PRT de 29 de Junho).

([33]) Em sentido oposto, embora incidentalmente, MENEZES CORDEIRO, *Direitos reais*, vol. I, p. 522, nota 798.

([34]) Cfr n.º 3 da Base XII da PRT de 18 de Maio de 1975.

([35]) MIRABELLI, *Dei singoli contratti...*, p. 259, nomeadamente, nota 11.

([36]) Tomar-se-ão ambos os termos (*leasing* ou locação financeira) como sinónimos. Neste sentido, ANTUNES VARELA, *Das obrigações em geral*, vol. I, 9.ª ed., p. 288; PEREIRA COELHO, *Arrendamento...*, p. 25, e, em Itália, SANTORO-PASSARELLI, *Variazione penalistica*, p. 373. Contra, LEITE DE CAMPOS, *A locação financeira...*, p. 319 e ss. (*maxime* 321), propondo uma classificação conducente a uma multiplicidade de conceitos. Este autor, de qualquer modo, acaba por usar indistintamente os termos "*leasing*" e "locação financeira": cfr. *ob. cit.*, p. 328 e s.

Direitos Pessoais de Gozo

entendimento incontroverso, da natureza jurídica deste contrato. Mais do que averiguar se se trata de um *tipo contratual autónomo* ([37]) ou de um mero *sub-tipo*, que pode reconduzir-se (com mais ou menos facilidade) à *locação* ([38]), à *compra e venda a prestações com reserva de proprie-dade* ([39]), ao *mútuo* dotado de uma garantia *sui generis* ([40]), à *locação com venda a contento* ([41]), ou à *locação com contrato-promessa unilateral de venda* ([42]), etc., importa salientar que se trata de uma forma de composição de interesses com especificidades relativamente a outras modalidades contratuais, da qual nasce um direito de gozo na esfera de uma das partes.

Através do contrato de locação financeira, o locador, que só pode ser, em regra, um banco ou uma sociedade de locação financeira, compromete-se a conceder ao locatário, contra retribuição, o gozo temporário de uma coisa, móvel ou imóvel, adquirida ou construída por indicação do locatário, podendo este comprá-la, total ou parcialmente, num prazo convencionado, mediante o pagamento de um preço determinado ou determinável (art. 1.° do Decreto-Lei n.° 149/95, de 24 de Junho ([43]), e art. 4.° do Decreto-Lei n.° 72/95, de 15 de Abril).

Os sujeitos do contrato são a *sociedade locadora* e o *locatário*, apesar de, normalmente, o contrato pressupor a intervenção de um *terceiro fornecedor* (vendedor ou empreiteiro, na terminologia do art. 13.°), que faz entrar a coisa no património do locador. O locatário pode mesmo, nos termos do preceito acabado de referir, exercer contra o terceiro fornecedor todos os direitos relativos à coisa locada.

([37]) Ideia de LARENZ, *Lehrbuch des Schuldrechts*, vol. II/1, § 48, I, p. 215, e vol. II, § 63, II, p. 449 e ss.; CHAMPAUD, *Le leasing*, n.° 36; ORLANDO GOMES e ANTUNES VARELA, *Direito econômico*, p. 285, e LUCCHINI, *La risoluzione...*, p. 500 e s.

([38]) Como, nomeadamente, sustenta TABET, *La locazione di beni...*, p. 287 e s.

([39]) DE NOVA, *Il tipo contrattuale*, p. 157, salienta os pontos de contacto entre o *leasing* e a compra e venda a prestações com reserva de propriedade, sem pretender identificar estas duas figuras. No mesmo sentido, MIRABELLI, *Il "leasing"...*, p. 251 e ss. ORLANDO GOMES e ANTUNES VARELA, *Direito econômico*, p. 280 e s., estabelecem as diferenças entre estes dois contratos.

([40]) Assim, GIOVANOLI, *Le crédit-bail...*, p. 369 e ss.

([41]) MOTA PINTO, *Uma nova modalidade...*, p. 109.

([42]) PINTO DUARTE, *A locação financeira...*, p. 92 e s. (ver também p. 77). Sempre se observará, no entanto, que parece ser este o enquadramento conceitual mais exacto, desde que não se esqueçam as características específicas do *leasing*.

([43]) As normas citadas neste número, sem indicação do diploma em que se inserem, pertencem a este diploma legal, alterado pelo Decreto-Lei n.° 265/97, de 2 de Outubro.

Em certos casos, como no chamado *lease-back* (mais correctamente, *sale and lease back*) ([44]), não existe qualquer terceiro fornecedor, porque quem vende a coisa à sociedade de locação finaceira é o mesmo sujeito que, de imediato, celebra com ela, na qualidade de locatário, um contrato de *leasing*. O *lease-back* deve considerar-se, ao abrigo da liberdade contratual, perfeitamente admissível ([45]). Já se sustentou o contrário, com o fundamento, por um lado, de que não facilita o "investimento produtivo", nenhum bem novo vindo "directamente acrescer o acervo daqueles que o locatário utiliza na sua actividade" e, por outro, de que os preceitos legais referentes ao terceiro fornecedor estão redigidos, nitidamente, com carácter universal ([46]). Não vale a pena rebater este último argumento literal, que, saliente-se, é apresentado apenas como confirmação do primeiro, a que se atribui valor decisivo. Mas nenhuma razão ponderosa se divisa para limitar a locação financeira a coisas que o locatário nunca tenha usado (coisas novas, *hoc sensu*). O financiamento de que alguém careça e pretenda obter pela via de um contrato de *leasing* tanto pode destinar-se a adquirir poderes de uso sobre novos bens ([47]), como a readquirir ou conservar esses poderes em relação a bens que se viu forçado a alienar, para fazer face a dificuldades financeiras (*lease-back*) ([48]). Só encontrando outros motivos de nulidade se deverá considerar nula esta modalidade de *leasing*. Parte da doutrina trilha semelhante caminho, afirmando que "na normalidade dos casos (...) a venda com escopo de *lease-back* é nula, porque defrauda a proibição do pacto comissório"

([44]) Em França designa-se por *cession-bail*. Leite de Campos, *Nota sobre a admissibilidade...*, p. 775, e *A locação financeira...*, p. 342 e s., chama-lhe locação financeira restitutiva. Como o termo *restitutivo* tem, porém, em matéria de aquisição por via negocial, um sentido técnico que não se adapta ao caso, talvez fosse melhor chamar-lhe *"leasing" de retorno*. Cfr., p. ex., Ferrarini, *La locazione finanziaria*, p. 116, e Bussani, *Locazione finanziaria*, p. 608.

([45]) Neste sentido, Orlando Gomes e Antunes Varela, *Direito econômico*, p. 274.

([46]) Pinto Duarte, *A locação financeira...*, p. 55.

([47]) Hoje, a locação financeira pode ter como objecto, nos termos do artigo 2.º, n.º 1, "quaisquer bens susceptíveis de serem dados em locação".

([48]) *A* pode vender uma coisa a *B* e, antes de proceder à entrega, celebrar, na qualidade de locatário, um contrato de *leasing* com *C*, o qual seguidamente compra a coisa a *B*, a fim de cumprir a sua obrigação de locador para com *A*. Este mantém assim a disponibilidade da coisa, que não chega a sair do seu poder, e os dois negócios encadeados, em princípio lícitos, levam exactamente ao mesmo resultado do *lease-back*.

Direitos Pessoais de Gozo

(arts. 678.°, 694.° do Código Civil) ([49]). Não se tornando necessário desenvolver a questão ([50]), observaremos apenas que só casuisticamente será possível averiguar se o negócio teve este escopo fraudatório, sendo abusivo estabelecer qualquer princípio para retratar a normalidade das situações. Caso se conclua que se pretendeu, efectivamente, contornar a proibição do pacto comissório, o contrato de locação financeira de *retorno* será nulo, mas deverá considerar-se válido nos outros casos ([51]).

Em vez de um *fornecedor*, por vezes verifica-se a intervenção de um *terceiro financiador*. No chamado *leveraged leasing*, a sociedade locadora apenas entra com parte do capital necessário para adquirir a coisa locada, recorrendo ao crédito junto de um terceiro ao qual cede parte das rendas ou alugueres a pagar pelo locatário. O terceiro financiador não se torna parte no contrato, mas apenas cessionário do direito a estas prestações ([52]).

Os sujeitos do contrato são apenas o locador e o locatário, só podendo outorgar na veste de locador, por regra, um *banco* ou uma *sociedade de locação financeira* (art. 4.°do Decreto-Lei n.° 72/95, de 15 de Abril, que regula as sociedades da locação financeira) e devendo considerar-se nulo qualquer pretenso contrato de *leasing* que viole a norma citada ([53]). O *leasing* surgiu no âmbito empresarial pelo que a qualidade de locatário sofria grandes restrições decorrentes da definição legal do objecto do contrato. Podendo este versar apenas, quando tinha por objecto coisas móveis, sobre bens de equipamento e, quando respeitava a coisas imóveis, sobre bens afectados ou a afectar ao investimento produtivo na indústria, na agricultura, no comércio ou em outros sectores de serviços de manifesto interesse económico e social (arts. 2.° e 3.°, n.° 1, do Decreto-Lei n.° 171//79, de 6 de Junho) ([54]), o locatário dos bens utilizados em regime de *leasing* era, no âmbito deste diploma, necessariamente, um empresário ([55]). O âmbito do contrato de locação financeira foi entretanto alargado, tendo

---

([49]) FERRARINI, *La locazione finanziaria...*, in "TDP dirigido por Rescigno", p. 17.

([50]) Sobre o tema, BUSSANI, *Locazione finanziaria*, p. 610, e autores aí citados.

([51]) DE NOVA, *I nuovi contratti*, p. 503 e s.

([52]) DE NOVA, *Analisi critica...*, p. 535.

([53]) PINTO DUARTE, *A locação financeira...*, p. 58.

([54]) Sobre estes conceitos, PINTO DUARTE, *A locação financeira...*, p. 64 e ss.

([55]) SANTORO-PASSARELLI, *Variazione penalistica...*, p. 375, diz que o *leasing* é "sempre e exclusivamente um instrumento da actividade produtiva". Cfr. também GALGANO, *Diritto Privato*, p. 527, e LUCCHINI, *Fallimento...*, p. 486, e *La risoluzione...*, p. 494 e s.

passado, numa primeira fase, a abranger imóveis "destinados a habitação própria do locatário" (art. 1.º do Dec.-Lei n.º 10/91, de 9 de Janeiro) [56] e, com o citado Decreto-Lei n.º 149/95, passou a compreender "quaisquer bens susceptíveis de serem dados em locação" (art. 2.º, n.º 1). Assim, hoje, não há especiais restrições à posição de locatário.

O prazo pelo qual o contrato é celebrado, tratando-se de móveis, "não deve ultrapassar o que corresponder ao período presumível de utilização económica da coisa" (art. 6.º, n.º 2), não podendo ser inferior a dezoito meses. No respeitante a imóveis, o prazo mínimo é de sete anos. O prazo máximo é, em qualquer caso, de trinta anos (art. 6.º, n.º 3). Na falta de estipulação contratual valem os prazos de dezoito meses e de sete anos, respectivamente para móveis e imóveis (art. 6.º, n.º 4).

Quanto às obrigações a que o locador está adstrito, salientem-se as de adquirir ou construir a coisa nos termos acordados, *conceder* o gozo da coisa ao locatário pelo prazo do contrato e, findo este, vender-lha, se ele a quiser comprar (art. 9.º, n.º 1).

O locador, quando celebra o contrato, ainda não é, em regra, proprietário da coisa. O *leasing*, portanto, tem normalmente por objecto bens futuros e, antes de adquirida a coisa pelo locador, não nasce qualquer direito de gozo em sentido técnico, mas apenas um direito creditório [57].

O legislador fala em obrigação de *conceder* o gozo (art. 9.º, n.º 1, al. *b*)) [58], não se referindo nunca à obrigação de assegurar o gozo para os fins a que a coisa se destina — como na locação (art. 1031.º, al. *b*), do Código Civil) —, pelo que, no *leasing*, esta obrigação foi concebida com um conteúdo meramente negativo. Afasta-se, inclusivamente, a obrigação de indemnização do locador em relação aos vícios da coisa, nos termos dos artigos 1032.º e 1033.º do Código Civil, estabelecendo-se (art. 12.º) que aquele "não responde pelos vícios do bem locado ou pela sua inadequação face aos fins do contrato, salvo o disposto no artigo 1034.º do Código Civil" [59]. Este regime funda-se, por um lado, como a doutrina tem referido, no facto de o locador não chegar, geralmente, a

---

[56] Este Dec.-Lei regulava o *leasing* de imóveis para fins habitacionais ao qual se aplicava, subsidiariamente, o regime geral da locação financeira. Com o Dec.-Lei n.º 265/97, de 2 de Outubro, o legislador optou, bem, por unificar ambos os regimes no mesmo diploma, revogando o citado Dec.-Lei de 1991.

[57] *Infra*, p. 134 e ss.

[58] O art. 1.º (noção de *leasing*) fala em *ceder* o gozo.

[59] Esta norma regula a "ilegitimidade do locador ou deficiência do seu direito", pelo que a ressalva nem era necessária.

Direitos Pessoais de Gozo 43

ter qualquer contacto com a coisa ([60]) e, por outro, no facto de o locatário poder exercer contra o terceiro fornecedor todos os direitos relativos à coisa locada (art. 13.°) ([61]).

O locador tem, em relação à coisa, as faculdades de *defender a respectiva integridade*, de a *examinar* e de "fazer suas, sem compensações, as peças ou outros elementos acessórios, incorporados" na coisa pelo locatário (art. 9.°, n.° 2, al. *c*)). Aparentemente, está-se, neste último ponto, perante um regime que concilia deficientemente os interesses em confronto, ao fazer reverter todas as benfeitorias para o locador, sem compensação para o locatário ([62]). Mas a norma tem de ser interpretada em conjugação com o preceito do artigo 10.°, n.° 1, al. *f*), que impõe ao locatário os encargos com as reparações (urgentes ou necessárias).

Assim, em primeiro lugar, deve entender-se que todas as despesas feitas pelo locatário com reparações não fazem nascer qualquer obrigação na esfera do locador e, caso impliquem a integração de peças ou outros elementos acessórios na coisa, estas não podem ser retiradas.

Quando não se trate de reparações, é inaceitável que o locador se aproprie das benfeitorias, em todos os casos, pois isso redundaria numa injustiça para a qual não se encontra qualquer fundamento plausível. Imagine-se que o contrato tem por objecto um computador ao qual o locatário mandou expandir a memória, através da aplicação de placas removíveis. Não deve vedar-se ao locatário a faculdade de retirar as referidas placas, fazendo-as reverter para o locador sem qualquer compensação, apesar de, aparentemente, ser esta a solução que resulta da lei. Nem se pretenda justificar tal solução com o facto de o locador "não estar em condições de apurar, em situação de igualdade com o locatário, o carácter dos elementos substituídos ou introduzidos na coisa" ([63]), pois esta dificuldade verifica-se igualmente em relação a elementos que sejam dela retirados, e ninguém se lembraria de tornar o locatário dono destas coisas, em todas

---

([60]) Pinto Duarte, *A locação financeira*, p. 72. Deve admitir-se a responsabilidade do locador sempre que, excepcionalmente, intervenha na escolha da coisa e na medida dessa intervenção. Cfr. De Nova, *Analisi critica...*, p. 534, e Frignani, *La convenzione...*, p. 235.

([61]) No *lease-back* o locatário não pode responsabilizar ninguém pelos vícios ou pela inadequacão da coisa, o que se compreende, pois ela pertencia-lhe e não chegou a sair da sua disponibilidade.

([62]) Solução aceite por Pinto Duarte, *A locação financeira...*, p. 74, em face de normas com idêntico conteúdo, constantes do Dec.-Lei n.° 171/79, de 6 de Junho.

([63]) Pinto Duarte, *A locação financeira...*, p. 74.

as circunstâncias. A única solução razoável assenta em considerar que o art. 9.º, n.º 2, al. *c*), apenas se aplica ao caso das reparações, valendo, relativamente a todas as benfeitorias não integráveis neste conceito, o 1046.º, n.º 1, do Código Civil ([64]) e, consequentemente, as normas que regulam a posse de má fé. Assim, o locatário terá, no *leasing*, o direito de levantar as benfeitorias e de ser compensado por aquelas que não possa retirar da coisa, segundo o regime estabelecido para o possuidor de má fé, salvo no que respeita às benfeitorias subsumíveis ao conceito de reparações, dado que, relativamente a estas, o locatário está obrigado a efectuá-las.

Ao locatário assiste o direito de usar e fruir a coisa locada (art. 10.º, n.º 2, al. *a*)), assistindo-lhe, ainda, o direito de usar dos meios de *tutela possessória*, mesmo contra o locador (al. *c*) deste preceito).

Nas várias alíneas do artigo 10.º, n.º 1, estabelecem-se os deveres do locatário, começando por se consagrar (al. *a*)) a obrigação de pagar a renda acordada (em bom rigor, deveria falar-se de *renda* ou *aluguer*, uma vez que o *leasing* tanto pode ter por objecto coisas imóveis como coisas móveis). Pela alínea *b*) o locatário fica obrigado a pagar, em caso de locação de fracção autónoma, as despesas correntes necessárias à função das partes comuns do edifício e aos serviços de interesse comum. O locatário fica também obrigado a facultar ao locador o exame da coisa locada (al. *c*). Na alínea *d*) estatui-se que o locatário não pode aplicar a coisa a fim diverso daquele a que se destina nem mudá-la para sítio diferente do contratualmente previsto, tendo de suportar (art. 14.º), desde o início do negócio, todas as despesas de transporte e respectivo seguro, montagem, instalação e reparação da coisa locada. Deve o locatário assegurar a conservação da coisa, realizando as reparações, nos termos da al. *f*), e não fazendo dela uma utilização imprudente (al. *e*)). Acrescente-se o dever de comunicar ao locador, no prazo de 15 dias, a cedência do gozo da coisa, quando tal lhe seja permitido nos termos da al. *g*). A alínea *i*) reproduz, apenas com uma ligeira alteração de redacção, a al. *h*) do artigo 1038.º do Código Civil — *dever de aviso*. O locatário é também obrigado a fazer um seguro da coisa por forma a abranger tanto a sua perda ou deterioração, como a indemnização dos danos que por ela venham a ser causados. Por último, o locatário é obrigado, findo o contrato, e caso não opte pela aquisição da coisa, a restituí-la em bom estado, exceptuadas as deteriorações inerentes a uma utilização normal.

([64]) As normas da locação valem subsidiariamente. Cfr. Pinto Duarte, *A locação financeira*..., pp. 52, 71.

Por outro lado, na vigência do contrato (em princípio, desde a celebração — art. 8.º, n.º 1), "o risco de perecimento ou deterioração" da coisa corre por conta do locatário (art. 15.º). Torna-se necessário interpretar este preceito, cujo sentido é menos evidente do que, à primeira vista, poderá parecer. Há quem entenda que a regra nele consagrada se contrapõe à do artigo 1044.º do Código Civil [65], que se ocupa igualmente do problema da perda ou deterioração da coisa. Neste entendimento, estar-se-ia fora do problema do risco contratual — o risco da contraprestação —, e dentro do da responsabilidade civil, isto é, da indemnização pelos danos causados na coisa [66], relativamente aos quais o artigo 15.º estabeleceria uma *responsabilidade objectiva*. O locatário, por outras palavras, seria obrigado a indemnizar o locador, objectivamente, pelos danos correspondentes à perda ou deterioração da coisa.

Outra interpretação consiste em ver regulada no artigo 15.º a questão do *risco contratual*, de que se ocupa, no Código Civil, o artigo 795.º, n.º 1. Atribuindo-se este sentido ao preceito, o locatário não poderá eximir-se ao pagamento das rendas ou alugueres no caso de perda ou deterioração, mesmo que nenhuma culpa lhe seja imputável. A letra da lei ("o risco corre por conta") aponta decisivamente para o problema do risco contratual (caso pretendesse consagrar a responsabilidade objectiva, o legislador teria redigido o artigo em termos diferentes, estatuindo que o locatário *responde* pela perda ou deterioração da coisa). Acresce que a responsabilidade objectiva tem sempre carácter excepcional, só se justificando perante razões muito fortes, que no caso se não descortinam. Observe-se, finalmente, que não estabelecendo a lei que o contrato cessa no caso de deterioração ou perda da coisa, isso significa que deve continuar a ser cumprido, através do pagamento das rendas ou alugueres, pelo que o risco contratual corre por conta do locatário.

O preço a que alude a alínea *f)* do artigo 10.º, n.º 2, só é devido quando o locatário, ao abrigo da faculdade (*rectius*: do direito potestativo) que a lei lhe confere, vier, no termo do contrato, a adquirir a coisa locada, hipótese impossível em caso de perda desta e inverosímil em caso de deterioração. O locador perderá, deste modo, o preço e a coisa (ou recebê-la-á com deteriorações). A responsabilidade pelos danos que sofrer, na falta de norma específica, determina-se de acordo com o artigo 1044.º do Código Civil.

---

[65] Neste sentido, PINTO DUARTE, *A locação financeira...*, p. 72 e s.

[66] Cfr., no presente Capítulo, p. 32.

Se a sociedade locadora transmitir a outra sociedade de locação financeira (ou a um banco) o direito com base no qual o contrato foi celebrado, a sociedade adquirente ocupará a mesma posição que aquela detinha, subsistindo o contrato de *leasing* (art. 11.°, n.° 4). Todavia, caso esta transmissão se verifique para a esfera de uma entidade diferente, nomeadamente para a de um particular, ou se considera a transmissão nula, ou se entende que o contrato de locação deixa de poder produzir os seus efeitos típicos, por virtude da impossibilidade de cumprimento em que o locador se coloca (cfr. o art. 4.° do cit. Dec.-Lei n.° 72/95). Seria estranho, no entanto, admitir que o locador, através, por exemplo, da venda da coisa a um particular, pudesse, em qualquer momento, privar o locatário do gozo da coisa. Estabelecendo o artigo 11.°, n.° 4, que o contrato de locação financeira subsiste, para todos os efeitos, nas trans-missões da posição contratual do locador, ocupando o adquirente a mesma posição jurídica do seu antecessor, parece querer assegurar a *estabilidade* da relação locativa durante todo o prazo para que foi convencionada. Deve entender-se, por conseguinte, que a transmissão só é válida quando permita a subsistência do contrato, quer dizer, por regra, quando o adquirente seja uma sociedade de locação financeira ou um banco. Uma transmissão em moldes diferentes faria cessar, em princípio, os efeitos típicos da locação, porque violaria a norma do artigo 4.° do Dec.-Lei 72/ /95, devendo considerar-se nula (art. 280.°, n.° 1).

Tratando-se de bens de equipamento, o locatário só pode transmitir o direito que lhe assiste, por acto entre vivos, no caso de haver trespasse do estabelecimento ([67]) e, por morte, a título de sucessão legal ou testa-mentária, quando o sucessor prossiga a actividade profissional do falecido, podendo o locador opor-se a esta transmissão, em todos os casos, desde que o novo locatário não ofereça garantias bastantes de execução do contrato (art. 11.°, n.° 3). Não se tratando de bens de equipamento, a posição do locatário pode transmitir-se nos termos da locação.

14. *O comodato.* — O Código Civil define comodato, no artigo 1129.°, como o "contrato gratuito pelo qual uma das partes entrega à outra certa coisa, móvel ou imóvel, para que se sirva dela, com a obrigação de a restituir" ([68]). O comodatário adquire, assim, um direito pessoal de gozo sobre a coisa que é objecto deste negócio.

([67]) Nos termos do art. 115.° do RAU, para o qual remete o art. 11.°, n.° 1.

([68]) O actual Código Civil italiano (artigo 1803) contém uma definição semelhante, que já vem do Código de 1865 (arts. 1805 e 1806). O BGB, diferentemente, define o comodato em termos que se ajustam à estrutura de um contrato consensual (§ 598).

Direitos Pessoais de Gozo

Comparando as obrigações resultantes do comodato com as que decorrem da locação, assinalam-se, na esfera de ambas as partes, diferenças importantes, basicamente porque o comodato é, diferentemente da locação, por um lado, um contrato *real quoad constitutionem* e, por outro — ponto fundamental [69] —, um contrato *gratuito*, não ficando o comodatário vinculado a qualquer atribuição patrimonial compensatória do gozo que lhe é proporcionado.

A lei não deixa margem para quaisquer dúvidas quanto ao facto de o comodato ser um contrato *real quoad constitutionem* [70] [71], pelo que dele não resulta, para o comodante, uma obrigação de entrega, sendo esta constitutiva do próprio contrato.

Alguns autores defendem que não há "na estrutura do comodato a obrigação a cargo do comodante de não repetir a coisa comodada durante o período da vigência do contrato", porque a própria "entrega já é feita sob o signo da temporalidade" [72]. Se o comodante, porém, entrega a coisa ao comodatário para que este a use durante determinado prazo, forçosamente tem de entender-se que ele fica obrigado a *não a repetir* enquanto esse prazo não decorrer, pois não se vê que outro enquadramento possa explicar tal vinculação [73].

---

[69] PERRIS, *Comodato...*, p. 406, e MIRABELLI, *La locazione*, pp. 142 e 149. "A intenção de cortesia ou de benevolência assume especialíssimo relevo causal" no comodato, salienta GHEZZI, *Cortesia...*, p. 1053.

[70] PACIFICI-MAZZONI, *Istituzioni...*, p. 560, defende a consensualidade do comodato, mas, nas notas aditadas a esta mesma obra por VENZI e GIORGI, perfilha-se opinião contrária (p. 565 e s.).

[71] Todas as dúvidas são admissíveis *de iure constituendo* (*vide* BARASSI, *La teoria generale delle obbligazioni*, vol. II, p. 147 e ss., e, entre nós, MOTA PINTO, *Cessão da posição contratual*, p. 11 e ss., especialmente em nota). A única razão em que parece assentar a solução do Código Civil português é a de impedir que alguém se vincule, juridicamente, a ser cortês, sem ter a percepção das consequências do acto que vai praticar. Neste sentido, FRAGALI, *Comodato*, p. 147, e GABRIELLI, *Fra tipicità e atipicità...*, p. 388. Simplesmente, aceitando ser este o fundamento da exigência do elemento real da entrega, não poderá admitir-se o contrato-promessa de comodato ou, admitindo-o, para além de se excluir a execução específica deve limitar-se a indemnização por incumprimento do promitente-comodante, como faz FRAGALI, *ob. cit.*, pp. 148 e ss., e 183 e s. Contra, TAMBURRINO, *Comodato...*, p. 996, nomeadamente na nota 18.

[72] PIRES DE LIMA e ANTUNES VARELA, *Código Civil anotado*, vol. II, anot. n.º 4 ao art. 1129.º, p. 742.

[73] TAMBURRINO, *Comodato...*, p. 997, afirma que esta obrigação não é autónoma. Mas, em primeiro lugar, não se compreende qual o sentido em que a autonomia é

Por vezes não se estabelece qualquer prazo para a restituição da coisa nem se determina o uso para o qual é concedida. Quando assim aconteça, o comodante *não fica vinculado a não repetir a coisa*, sendo o comodatário obrigado a restituí-la logo que tal lhe seja exigido (art. 1137.º, n.º 2).

Relativamente a estes casos em que ao "comodante" assiste a faculdade de denúncia *ad nutum*, sustentam alguns autores que não deve falar-se em comodato [74], mas em *precário gratuito* [75], mesmo quando a lei trate ambas as figuras em conjunto [76]. A diferença entre *precário* e *comodato* consiste, portanto, no facto de que neste último a duração está predeterminada por acordo das partes (expressa ou tácita), enquanto no precário o prazo fica totalmente dependente da vontade do concedente [77]. É mais acertado, todavia, conceber o precário como uma variante do comodato [78], apesar de, mesmo segundo aquela sistematização, as regras do comodato lhe serem aplicáveis [79], desde que compatíveis com a característica acabada de enunciar [80].

Afirma-se também que, enquanto o comodante está obrigado a deixar gozar a coisa, no precário esta obrigação não existe. "O concedente em precário não está obrigado a deixar gozar a coisa, mas unicamente a não considerar lesivo do próprio interesse o gozo do precarista", podendo fazer cessar este gozo em qualquer momento [81]. Deste modo, entende-se que o precarista não tem sequer um direito de gozo, não dispondo de qualquer pretensão em face do concedente [82] e assistindo-lhe apenas um meio de defesa se este invocar a ilegitimidade do gozo para pedir uma

---

tomada e, em segundo lugar, não se vislumbra que consequências decorrem de semelhante qualificação.

[74] DELVECCHIO, *Godimento...*, p. 630, nota 8, e PROVERA, *Locazione*, p. 64.

[75] MIRABELLI, *La locazione*, p. 148.

[76] Neste sentido, MIRABELLI, *La locazione*, p. 147, em face do art. 1810 do Código Civil italiano (comodato sem determinação de prazo).

[77] PACIFICI-MAZZONI, *Istituzioni...* p. 560; FRAGALI, *Comodato*, p. 227, e MIRABELLI, *La locazione*, p. 146.

[78] CARRESI, *Precario...*, p. 559. Trata também o comodato unitariamente MIGUEL MESQUITA, *Apreensão de bens...*, p. 182 (sob o importante problema da penhora da coisa comodatada).

[79] Por analogia, segundo MIRABELLI, *La locazione*, p. 146.

[80] PACIFICI-MAZZONI, *Istituzioni...* p. 560, nota 2, e FRAGALI, *Comodato*, p. 228.

[81] MIRABELLI, *La locazione*, p. 147.

[82] Contra, MOSCO, *Onerosità e gratuità...*, p. 303.

indemnização ([83]). Devem, todavia, fazer-se alguns aditamentos. Em primeiro lugar, no *precário*, o concedente está obrigado a respeitar a situação de facto criada com a entrega da coisa ao concessionário, enquanto não lhe comunicar a vontade de resolver o contrato ([84]); por outro lado, deve o concedente ser tutelado perante terceiros e deve, ainda, responder contratualmente pelos danos que cause na coisa objecto de precário.

O comodante deve abster-se de praticar actos que impeçam ou restrinjam o uso da coisa pelo comodatário, não sendo obrigado a assegurar-lhe esse uso (art. 1133.°). Na locação, pelo contrário, o locador tem de assegurar o uso da coisa ao locatário (art. 1031.°, al. *b*)), excepto contra actos de terceiro (art. 1037.°, n.° 1). Não havendo, no comodato, uma contraprestação, não se justificaria tal obrigação por parte do comodante ([85]), que, como notam PIRES DE LIMA e ANTUNES VARELA, "entrega o que tem e nas condições de uso em que se encontra" ([86]).

O comodante só responde pelos danos causados ao comodatário em consequência dos "vícios ou limitações do direito" ou dos "vícios da coisa", se se tiver responsabilizado expressamente ou se tiver actuado com dolo ([87]), e é obrigado a indemnizá-lo pelas benfeitorias, nos termos do regime estabelecido para a posse de má fé (art. 1138.°, n.° 1).

Por mero efeito do comodato, o comodante não deixa de fruir a coisa. O comodatário tem apenas, em regra, o poder de a *usar*, tornando-se necessária, para que possa também *fruí-la*, "convenção expressa" nesse sentido (art. 1132.°).

As obrigações do comodatário estão enunciadas no artigo 1135.°, que, seguindo de perto o artigo 1038.°, apresenta todavia algumas diferenças em confronto com a locação, basicamente devido ao facto, já salientado, de o comodato ser um contrato gratuito. As obrigações do comodatário são as seguintes: guardar e conservar a coisa emprestada; facultar ao comodante o exame dela; não aplicar a coisa a fim diverso daquele a que se destina; não fazer dela uma utilização imprudente;

([83]) MIRABELLI, *últ. loc. cit.*

([84]) CARRESI, *Precario...*, p. 559.

([85]) Neste sentido, perante idênticas soluções do Código italiano de 1865, GIORGIANNI, *Contributo...*, p. 115 e s., e, face ao actual Código Civil, PROVERA, *Locazione...*, p. 64.

([86]) *Código Civil anotado*, vol. II, anot. n.° 3 ao art. 1133.°, p. 748. Cfr. também PERRIS, *Comodato...*, p. 408.

([87]) *Dolo*, aqui, refere-se ao tipo de culpa e não ao vício da vontade regulado nos arts. 253.° e 254.°. Cfr. PIRES DE LIMA e ANTUNES VARELA, *Código Civil anotado*, vol. II, anot. n.° 1 ao art. 1134.°, p. 749.

tolerar quaisquer benfeitorias que o comodante queira realizar na coisa; não proporcionar a terceiro o uso da coisa, excepto se o comodante autorizar; avisar o comodante sempre que tenha conhecimento de vícios na coisa ou se verifique alguma das situações referidas na alínea *g*) do artigo 1135.°, nos exactos termos em que o locatário é obrigado a avisar o locador (art. 1038.°, al. *h*)).

O comodatário é ainda obrigado a restituir a coisa findo o contrato. O momento da restituição ou se encontra fixado em estipulação das partes, ou depende do uso para que a coisa foi concedida (art. 1137.°, n.° 1). Não tendo sido fixado nenhum prazo, nem estipulado qualquer uso, o comodatário é obrigado a restituir a coisa logo que lhe seja exigida (art. 1137.°, n.° 2). Por outro lado, pode o contrato ser resolvido, em qualquer altura, com "justa causa" (art. 1140.°) [88] e caduca por morte do comodatário (art. 1141.°).

O comodatário deixa de poder gozar a coisa se o comodante transmitir o direito com base no qual celebrou o contrato, uma vez que nada obriga o terceiro a respeitar a vinculação assumida pelo comodante, valendo o princípio geral do artigo 406.°, n.° 2.

15. *As servidões irregulares*. — Fala-se em servidões *irregulares* ou *pessoais* [89], ou em *direitos de uso limitado* [90], para referir situações em que, pretendendo as partes estabelecer limitações a um direito real de gozo sobre um prédio, não lhe podem atribuir a natureza de verdadeiras servidões (reais), uma vez que não visam beneficiar outro prédio, mas sim uma pessoa. Como é sabido, as servidões não podem ser constituídas como direitos reais se as utilidades a extrair do prédio *serviente* não se destinarem a beneficiar um outro prédio — o prédio *dominante* (art.

---

[88] Sobre este conceito, *vide* PIRES DE LIMA e ANTUNES VARELA, *Código Civil anotado*, vol. II, anot. n.° 2 ao art. 1140.°, p. 759 e s.

[89] Os termos *pessoal* ou *irregular* devem ser tomados como sinónimos (cfr., p. ex., COMPORTI, *Le servitù...*, p. 161), apesar de a última designação ser mais correcta, pois a primeira também pode abranger o *usufruto*, e *o uso ou a habitação*. Cfr., neste sentido, JHERING, *Œuvres choisies*, vol. II, p. 254; PLANIOL, *Traité élémentaire...*, vol. I, p. 862 e s.; BONFANTE, *Scritti...*, p. 926 (afirmando que no Direito Romano clássico apenas se falava em servidões prediais); BRANCA, *Servitù prediali*, p. 5 e s.; HEDEMANN, *Derechos reales...*, p. 366 e ss., e PIRES DE LIMA e ANTUNES VARELA, *Código Civil anotado*, vol. III, anot. n.° 5 ao art. 1543.°, p. 616. Em sentido diverso, OLIVEIRA ASCENSÃO, *Direito Civil — Reais*, p. 437.

[90] MESSINEO, *Le servitù...*, p. 31.

Direitos Pessoais de Gozo — 51

1544.º) (⁹¹). Ora, devido ao princípio do *numerus clausus* que preside à constituição dos direitos reais, estes têm de obedecer sempre a um dos tipos previstos pelo legislador. Sempre que determinado encargo sobre um prédio não corresponda ao tipo real da servidão, apenas poderá valer como direito de crédito ou como direito pessoal de gozo. Noutros casos, respeitando-se embora as notas típicas das servidões reais, estas, porque constituídas por quem não tem poder para fazer surgir um direito real sobre o prédio serviente, valem apenas como encargos pessoais. Assim, se o locatário de um terreno se obrigar a não elevar um muro para não privar de sol o prédio vizinho, trata-se de uma servidão irregular (⁹²), que apenas vincula o locatário perante o titular do referido prédio.

Imagine-se que o proprietário de certo terreno concede a um terceiro o direito de caçar no seu prédio, ou de pescar num lago nele existente; ou que alguém adquire o direito de colocar uma vitrina num muro alheio ou um painel publicitário em telhado de outrem (⁹³); ou que determinada pessoa obtém a faculdade de guardar coisas (por exemplo um automóvel), sem localização determinada, no interior de um espaço que continua, para qualquer outro efeito, na plena disponibilidade do concedente (⁹⁴); ou que, relativamente a prédios rústicos ou urbanos, se constituem outros encargos que poderiam integrar o conteúdo de servidões, mas faltando, do lado activo, a nota da *predialidade*, como na concessão, *ad personam*, do direito de passar por um terreno ou de o sobrevoar a baixa altitude. Em todos estes casos estamos perante direitos pessoais de gozo (⁹⁵), uma vez que o respectivo titular pode usufruir *imediatamente* de utilidades da coisa, através de um direito não real.

Se, diversamente, se constituírem relações jurídicas pelas quais o titular de um prédio fique vinculado a prestar algo a um terceiro, as vinculações daí decorrentes devem ser reconduzidas às obrigações, nada tendo a ver com os direitos de gozo (pessoais ou reais) (⁹⁶). Neste caso,

---

(⁹¹) Sobre a noção de utilidade que pode ser objecto de uma servidão predial, *vide* Branca, *Servitù prediali*, p. 13 e ss., e Di Majo e Francario, *Proprietà e autonomia contrattuale*, p. 85 e ss., quanto às chamadas *servidões industriais*.

(⁹²) Hugueney, *Responsabilité civile...*, p. 115.

(⁹³) Cfr. Tamburrino, *Le servitù*, p. 45 e s., e Pires de Lima e Antunes Varela, *Código Civil anotado*, vol. III, anot. n.º 4 ao art. 1544.º, p. 620. Cunha Gonçalves, *Tratado...*, vol. VIII, p. 641, integra estes casos na locação de *direitos* — enquadramento conceitual que obviamente não pode sufragar-se.

(⁹⁴) Gabrielli, *Fra tipicità e atipicità...*, p. 361.

(⁹⁵) Giorgianni, *Contributo...*, p. 51 e s.

(⁹⁶) Luminoso, *La tutela aquiliana...*, p. 46, nota 93.

mesmo que as utilidades objecto da prestação sejam retiradas do prédio, o titular do direito só pode obtê-las através de uma prestação efectuada pelo devedor. Se, por exemplo, o proprietário de um prédio se obrigar a proceder, em épocas determinadas, ao corte dos eucaliptos que nele existam, e a fornecê-los a uma empresa de celulose [97], está-se, sem dúvida, perante uma obrigação.

Mas nos casos, já referidos, em que se concede o direito de pescar, de caçar, de passar, ou de afixar um cartaz publicitário, sem que se verifiquem os requisitos das servidões (reais), depara-se-nos, sem dúvida, um direito pessoal de gozo.

Suscita-se, no entanto, o problema de saber se deve ser reconhecida verdadeira tipicidade a estas figuras ou se, quando se fala de *servidões irregulares*, se estão apenas a referir situações integráveis na *locação* ou no *comodato*, conforme haja ou não uma contraprestação a favor do concedente.

Tem-se entendido que a locação não abrange necessariamente todas as utilidades que podem ser retiradas da coisa através do seu gozo [98]. E, com base na diversidade quantitativa das utilidades que a posição jurídica de locatário é susceptível de conferir (conforme a amplitude que em cada caso concreto lhe for atribuída), sustentam alguns autores que, nas servidões irregulares, quando se estabeleça uma contraprestação a favor do proprietário, se deverá rigorosamente falar de locação [99].

Sem contestar a afirmação de que o conteúdo do gozo, na locação, pode ser variado, não deve concluir-se que as chamadas servidões irregulares se reconduzem necessariamente a uma relação locativa.

Também não se afigura satisfatório o entendimento que integra na locação apenas os casos de *gozo contínuo*, e nas servidões irregulares as hipóteses de gozo *intermitente* ou *descontínuo* [100]. Em primeiro lugar, não se encontra apoio legal para tal enquadramento. Por outro lado, a

---

[97] HENRIQUE MESQUITA, *Obrigações reais...*, p. 34.

[98] GIORGIANNI, *Contributo...*, p. 54; TABET, *Locazione...*, p. 1007; GUARINO, *Locazione*, p. 14, nota 64 (mas, na p. 6, nota 17, fala em *exclusividade do gozo*), e PIRES DE LIMA E ANTUNES VARELA, *Código Civil anotado*, vol. II, anot. n.º 6 ao art. 1022.º, p. 344.

[99] Em sentido contrário, GIORGIANNI, *Contributo...*, pp. 52, 54, 56, e LUMINOSO, *La tutela aquiliana...*, p. 45 e s. Relativamente ao primeiro autor citado, pode ver-se ainda *Riflessioni...*, pp. 536 e 541.

[100] RAGUSA, *A proposito...*, c. 48, e TABET, *La locazione-conduzione*, p. 235, falando este, também, em intermitência da detenção.

Direitos Pessoais de Gozo 53

noção de continuidade não é fácil de precisar e levará, em princípio, a integrar na locação, por exemplo, a hipótese em que se conceda a determinada pessoa a possibilidade de sobrevoar a baixa altitude, sempre que queira (e, portanto, continuamente), um terreno de outrem, e a deixar fora daquele tipo negocial a concessão do uso de certa banca num mercado, para ser utilizada durante o horário de funcionamento deste. Trata-se, manifestamente, de soluções inaceitáveis.

Quanto a algumas das hipóteses já referidas — por exemplo, o direito de sobrevoar determinado prédio a uma altitude, em princípio, não permitida, ou o direito de nele passear ou ainda o direito, atribuído pelo locatário ao titular de um prédio vizinho, de impedir que o muro divisório seja elevado —, é fácil demonstrar que não preenchem os requisitos necessários à sua integração no conceito de relação locativa. A locação, com efeito, tal como resulta da lei, pressupõe a *detenção geral* (em sentido vulgar ou próprio) ([101]) da coisa ou de parte dela pelo locatário, o que não se verifica no tipo de hipóteses em análise. Por outro lado, a lei impõe ao locador e ao locatário diversas obrigações — *v. g.*, quanto ao locador, a obrigação de entregar a coisa ao locatário (art. 1031.º, al. *a*)), e, quanto ao locatário, a obrigação de facultar o exame da mesma, de tolerar nela as reparações urgentes e, sobretudo, de a restituir no fim do contrato (respectivamente, als. *b*), *e*) e *i*) do art. 1038.º, e também art. 1043.º e ss.) — que não têm o menor cabimento nas situações em que o exercício do direito pessoal de gozo não implica a detenção geral da coisa.

Implicando o exercício do direito do locatário a *detenção* da coisa — *rectius*, a *posse* — (na sequência de uma acto de entrega), também não devem incluir-se no conceito de locação os casos de simples *autorização do gozo* de uma coisa ([102]), os quais apenas exigem que não se levantem obstáculos ao exercício do direito correspondente ou que se criem as condições para que este possa exercer-se. É conceitualmente mais correcto, por conseguinte, manter fora da locação e enquadrar no conceito de *servidões irregulares* todos os casos em que não se verifique um poder de facto geral sobre a coisa, ou parte dela, exercido pelo titular do direito de gozo.

([101]) Fala-se em *detenção geral* ou em *poder de facto geral* por contraposição ao *poder de facto limitado* correspondente à detenção em termos de direitos menores (*v. g.*, detenção em termos de uma servidão): cfr. Sacco, *Possesso*, p. 515 e s. Montel, *Detenzione...*, p. 562 e s., contrapõe *detenção plena* (correspondente ao direito de propriedade) à *detenção limitada* (a título de *ius in re aliena*). Não estamos, neste ponto, a contrapor *detenção* a *posse*. Sobre estas distinções *vide infra* p. 205 e ss.

([102]) Gabrielli, *Fra tipicità e atipicità...*, p. 366.

54   *José Andrade Mesquita*

Entende a doutrina que, se as necessidades do concessionário puderem ser satisfeitas através da "individualização de uma parte, mesmo mínima, da coisa de que o concedente dispõe", se está perante um caso de locação ([103]). Este entendimento é correcto e encontra-se reflectido, entre nós, no Regime do Arrendamento Urbano, em cujo artigo 1.º se faz referência ao gozo de um prédio, no todo ou *em parte*. Com efeito, quando alguém concede a outrem o gozo de uma fracção de um imóvel (não autonomizada através da subordinação do imóvel ao regime da propriedade horizontal), recebendo uma contraprestação, o negócio tem apenas por objecto uma parte da coisa (do prédio urbano) e trata-se inquestionavelmente de um arrendamento. O que não pode é esquecer-se que a locação torna necessária uma *entrega* ao concessionário do gozo, que passa a ser *detentor* (em sentido próprio) da coisa ou de parte dela. Deste modo, a *concessão de locais determinados* para colocar vitrinas, cartazes publicitários ([104]) ou máquinas de distribuição automática de bens (refrigerantes, tabaco, bilhetes) pode ser qualificada como *locação*.

Para que possa falar-se de locação é ainda imprescindível que o beneficiário do gozo fique adstrito ao pagamento de uma prestação (renda ou aluguer). Nisto apenas se distingue a locação do comodato, devendo salientar-se que o conteúdo deste é igualmente variável, não tendo que abranger, necessariamente, todas as utilidades da coisa ([105]). Valem também, quanto ao comodato, ainda de forma mais clara, as considerações expostas. No comodato, com efeito, a entrega da coisa é, segundo a lei (art. 1129.º), constitutiva do contrato ([106]), não podendo subsumir-se a esta figura uma relação jurídica que, por não implicar a detenção geral da coisa, não envolve qualquer acto de entrega ([107]).

Conhecidos os elementos essenciais da locação e do comodato, nada mais se torna necessário para poder concluir que as chamadas *servidões irregulares ou pessoais* revestem autonomia conceitual, abrangendo aqueles casos, já referidos, que, por não pressuporem uma *entrega* e a *detenção em sentido próprio* da coisa, não podem enquadrar-se em nenhuma daquelas duas figuras jurídicas.

([103]) GABRIELLI, *Fra tipicità e atipicità...*, pp. 373 e ss., e 392.

([104]) TAMBURRINO, *Le servitù*, p. 45.

([105]) GIORGIANNI, *Contributo...*, pp. 52, 58 e s., e LUMINOSO, *La tutela aquiliana...*, p. 45 e s. (por interpretação da nota 93).

([106]) *Supra*, p. 47.

([107]) GABRIELLI, *Fra tipicità e atipicità...*, p. 389.

Direitos Pessoais de Gozo 55

As considerações feitas neste número, além de revestirem interesse teórico, têm ainda interesse prático, na medida em que permitem enunciar o critério exacto para determinar o regime legal aplicável a cada caso concreto.

Quando se está perante uma locação, devem ser-lhe aplicadas, directamente, as normas que regulam este contrato, tomando em linha de conta o subtipo locativo em causa ([108]). Assim, por exemplo, no caso de locação de certo espaço, em determinada parede de um edifício, para afixar uma vitrina ou um cartaz publicitário, as normas gerais da locação ser-lhe-ão aplicáveis. Todavia, muitas das normas contidas no RAU são expressamente afastadas (arts. 5.°, n.° 2, al. *e*), e 6.° do RAU), em virtude de estabelecerem um regime que visa disciplinar apenas as relações locativas em que um prédio urbano é usado na sua função normal ([109]).

O princípio *emptio non tollit locatum*, contido no artigo 1057.°, tem necessariamente de aplicar-se, face aos termos genéricos em que se encontra consagrado na lei, sempre que exista uma verdadeira locação, podendo apenas discutir-se, *de iure constituendo*, se é esta a solução preferível. Na Alemanha, o princípio *Kauf bricht nicht Miete* não está formulado em termos omnicompreensivos ([110]), pelo que tanto a doutrina como a jurisprudência se encontram divididas sobre a aplicação do mesmo, por exemplo, à locação de um espaço para afixar cartazes publicitários ([111]).

Quanto aos casos de *servidões irregulares* — em que não há entrega da coisa ao concessionário do uso e, consequentemente, detenção geral da mesma ou de uma parte individualizada —, os preceitos da locação não são directamente aplicáveis. Só deverão aplicar-se, por analogia, se a respectiva *ratio* abranger também as servidões irregulares.

Vejamos, por exemplo, se será aplicável às servidões irregulares o princípio *emptio non tollit locatum*. Este princípio resulta de dois tipos de interesses. Em primeiro lugar, visa garantir a estabilidade do gozo do locatário por todo o período convencionado ([112]); por outro lado, acaba

---

([108]) *Supra*, p. 28 e s.

([109]) PIRES DE LIMA e ANTUNES VARELA, *Código Civil anotado*, vol. II, anot. n.° 6 ao art. 1022.°, p. 344 (com referência a preceitos hoje revogados).

([110]) *Vide*, no BGB, para a chamada *locação do uso* (*Miete*), o § 571 (*Grundstücke*) e o § 580 (*Wohnräume und andere Räume*).

([111]) Contra esta aplicação, LARENZ, *Lehrbuch des Schuldrechts*, vol. II/1, § 48, p. 243, nota 111.

([112]) TABET, *La locazione-conduzione*, p. 648 e s.

por proporcionar ao locador a faculdade de dispor dos bens sem incorrer em responsabilidade contratual para com o locatário ([113]), ficando este obrigado a cumprir todas as obrigações para com o adquirente ([114]). Quanto ao primeiro e decisivo fundamento do artigo 1057.° — o de garantir estabilidade ao locatário —, não parece que possa julgar-se procedente em relação às servidões irregulares. O princípio *emptio non tollit locatum* sujeita o direito do adquirente da coisa a um pesado ónus, só justificável em face de um interesse importante do concessionário do gozo. Ora este interesse apenas existirá quando esteja em causa um tipo de gozo com tal consistência objectiva (abrangendo toda a coisa ou uma parte delimitada dela), que torne razoável impor ao adquirente que suporte a ingerência do beneficiário do gozo. Se este gozo não implica detenção geral, não deve constranger-se o adquirente a suportar a concorrência de um estranho, sem existência de fronteiras definidas. Por outro lado, atribuir eficácia às servidões irregulares em relação ao adquirente do prédio revela-se contrário ao regime que claramente resulta da conjugação das normas sobre servidões reais (arts. 1543.° e ss.) com a parte final do artigo 1306.°, n.° 1. Neste último preceito, ao estabelecer-se que um direito não previsto pelo legislador como real e que implique uma restrição ao direito de propriedade apenas vale como obrigacional, quer dizer-se, seguramente, que não vincula terceiros ([115]).

Quanto ao segundo fundamento justificativo do princípio *emptio non tollit locatum* — o de facilitar a transmissão do direito do locador —, também ele se relaciona com o facto de o locatário gozar a coisa de modo pleno ou geral, tornando a identidade do locador relativamente indiferente. Nas servidões irregulares, porém, verifica-se uma contínua possibilidade de interferência do concedente e, sendo o gozo do conces-

---

([113]) Acentuando o valor histórico deste interesse, na elaboração do Código de Napoleão, Marcadé, *Explication...*, *sub* art. 1743, p. 481. Cfr. também Troplong, *De l'échange e du louage*, vol. I, n.° 11, p. 63 e s., e a referência a Gaius, *ob. cit.*, vol. II, n.° 479, p. 19. Cicu, *L'obbligazione...*, p. 11, salienta igualmente este interesse.

([114]) Fubini, *Il contratto di locazione di cose*, vol. I, p. 49 (em face do art. 1597 do Código Civil italiano de 1865), e Henri, Léon e Jean Mazeaud, *Leçons de Droit Civil*, tomo III, vol. 2, 2.ª parte, n.° 1068, p. 385.

([115]) Henrique Mesquita, *Obrigações reais...*, p. 288. Analisando o artigo sob o prisma da responsabilidade extracontratual, Antunes Varela, *Das obrigações em geral*, vol. I, 9.ª ed., p. 186; Almeida Costa, *Direito das obrigações*, p. 79; Rui de Alarcão, *Direito das obrigações*, 1977-78, p. 94, e *Direito das obrigações*, 1983, p. 87, e Ribeiro de Faria, *Direito das obrigações*, vol. I, p. 45.

sionário obtido em concorrência com ele, a pessoa ou a identidade de ambos assume especial relevância. A solução mais conveniente é, pois, a de, com a transferência do direito do concedente, cessar a servidão, com eventual ressarcimento dos danos sofridos pelo titular desta. A subsistência da servidão não conviria seguramente ao adquirente da coisa e poderia não ser também a solução mais adequada aos interesses do titular da servidão, na medida em que o obrigaria a cumprir o contrato em relação a uma pessoa com a qual poderia tornar-se difícil ou mesmo impossível o gozo conjunto. A regra do artigo 1057.º — atendendo a qualquer dos aspectos em que se funda — não conduz, portanto, no campo das servidões irregulares, a soluções aceitáveis ([116]).

Concluindo, quando se está perante uma locação aplicam-se as normas deste contrato, com as excepções justificadas pela concreta composição de interesses. Quanto às servidões irregulares, as normas quer da locação quer do comodato não lhes são, em regra, aplicáveis, tornando--se necessário verificar, concretamente, se se encontram razões para o fazer. Deste modo, a qualificação de uma relação jurídica como locação ou como servidão irregular, sendo importante para encontrar a solução dos problemas jurídicos que suscite, não determina, obviamente, a solução concreta, uma vez que alguns preceitos da locação podem não se aplicar às próprias locações, e há normas relativas a este contrato aplicáveis às servidões irregulares (embora com adaptações).

16. *As superfícies irregulares.* — O direito de superfície, enquanto direito real de gozo (regulado nos artigos 1524.º a 1542.º), consiste na faculdade de fazer ou manter obra ou plantação em terreno alheio (art. 1524.º), ou de construir sobre edifício pertencente a outrem (art. 1526.º). Este direito pode ter por objecto "a construção ou a manutenção de obra sob solo alheio" (art. 1525.º, n.º 2 ([117])), como, por exemplo, um túnel, uma mina de captação de água, um abrigo nuclear ou uma garagem subterrânea. A superfície, tal como o legislador a concebe, não pode abranger plantações ou sementeiras com um ciclo produtivo tão rápido — como as hortícolas ou cerealíferas — que não justifiquem a criação de um direito real com os contornos que lhe são fixados nos artigos 1524.º

([116]) GABRIELLI, *Fra tipicità e atipicità...*, p. 382.

([117]) A actual redacção desta norma resulta do Dec.-Lei n.º 257/91, de 18 de Julho. Segundo a redacção originária, criticada por OLIVEIRA ASCENSÃO, *Estudos sobre a superfície...*, p. 8, o direito de superfície não podia "ter por objecto a construção de obra no subsolo", a menos que ela fosse "inerente à obra superficiária".

58 *José Andrade Mesquita*

e seguintes ([118]), só se permitindo a sua constituição quanto a plantações que, pelo seu carácter duradouro, alterem a "capacidade produtiva do prédio" ([119]).

Um dos problemas controversos, relativamente ao direito de superfície, é o da natureza jurídica do direito do superficiário. Torna-se necessário fazer aqui uma distinção. Por um lado, em relação às próprias obras ou plantações, o superficiário tem um verdadeiro *direito de propriedade* ([120]). Por outro lado, em relação ao solo em que as construções ou plantações se fixam, o superficiário tem um direito real típico ([121]) — o *de superfície* —, traduzido na faculdade de manter ou construir obra em terreno alheio ou de sobre ele fazer ou manter plantações, perpétua ou temporariamente, ou de construir sobre edifício alheio, segundo as normas legais ([122]).

Assentes estas ideias quanto à superfície, vamos tentar enquadrar aqueles direitos que, proporcionando semelhantes utilidades, fogem, contudo, à figuração típica, e ainda aqueles que, embora caibam no tipo real, foram criados pelas partes com carácter pessoal ([123]). Assim, se for constituído o direito, a que as partes não pretendam atribuir natureza real, de construir ou de manter obra em terreno alheio, ou o direito de efectuar, também em terreno alheio, uma plantação de produtos hortícolas (que, necessariamente, não é um direito real (art. 1306.°, n.° 1)), não podem restar dúvidas de que se trata de direitos pessoais de gozo ([124]). Outra questão é a de saber se deve atribuir-se autonomia (*atipicidade*) a estas relações jurídicas ou se, pelo contrário, elas são subsumíveis à *locação* ou ao *comodato*.

De acordo com as conclusões a que chegámos ([125]), para se poder falar em locação ou comodato é preciso que haja a concessão do gozo de

---

([118]) PIRES DE LIMA e ANTUNES VARELA, *Código Civil anotado*, vol. III, anot. n.° 8 ao art. 1524.°, p. 591, e OLIVEIRA ASCENSÃO, *Estudos sobre a superfície...*, p. 8 e ss.

([119]) OLIVEIRA ASCENSÃO, *Estudos sobre a superfície...*, p. 10.

([120]) Neste sentido, PIRES DE LIMA e ANTUNES VARELA, *Código Civil anotado*, vol. III, anot. n.° 3 ao art. 1524.°, p. 587; OLIVEIRA ASCENSÃO, *Estudos sobre a superfície...*, p. 18 e ss., e RUGGERO GRECO, *Concessione "ad aedificandum"...*, p. 344. Contra, MENEZES CORDEIRO, *Direitos reais*, vol. II, p. 1020 e s.

([121]) Foram tentadas outras explicações que não são defensáveis, pelo menos perante a tipificação legal da superfície.

([122]) Na última hipótese, sobrelevado o edifício, aplicam-se as regras da propriedade horizontal (art. 1526.°).

([123]) RUGGERO GRECO, *Concessione "ad aedificandum"...*, p. 346.

([124]) Neste sentido, LUMINOSO, *La tutela aquiliana...*, p. 46.

([125]) *Supra*, p. 53 e ss.

Direitos Pessoais de Gozo   59

uma coisa ou de parte dela, com *entrega* da mesma e consequente *detenção* por parte do locatário ou do comodatário. Aparentemente, todos os casos em que são configuráveis superfícies pessoais podem enquadrar-se ou na locação ou no comodato, conforme haja ou não uma contrapresta-ção ([126]).

Não custa admitir que alguns casos de pretensas superfícies, aten-dendo à regulamentação contratual estabelecida pelas partes, sejam subsu-míveis, por exemplo, à locação. Assim, caso se pretenda constituir uma superfície que tenha como conteúdo a realização de uma plantação hor-tícola, está-se, sem dúvida, perante um arrendamento rural, ao qual deverão aplicar-se as normas desta modalidade de arrendamento. Noutros casos, contudo, havendo embora locação ou comodato, a solução dos problemas jurídicos apresenta-se mais problemática, uma vez que se depara com elementos atípicos ([127]). Nas referidas hipóteses em que se atribui a alguém a possibilidade de construir num terreno alheio, sem que o beneficiário fique investido na titularidade de um direito real, concede-se o gozo de parte de uma coisa, mas através das alterações que o concessionário lhe introduz (efectuando a construção). Atendendo a esta circunstância, apre-senta-se problemática a aplicação de alguns preceitos da locação ou do comodato. Nomeadamente, as normas dos artigos 1046.º, n.º 1, e 1138.º, n.º 1, que disciplinam as *benfeitorias* realizadas na coisa, têm de ser cui-dadosamente entendidas. Quando se concede o direito de construir ([128]), não se compreende que o locatário fique equiparado ao possuidor de má fé, relativamente às obras efectuadas, uma vez que o direito lhe foi atribuído exactamente para as efectuar. O locatário deve ser equiparado ao possuidor de boa fé, pois efectua as obras em virtude de isso lhe ter sido autorizado. Mesmo que a questão não seja objecto de regulamentação expressa, deve entender-se que a circunstância de se autorizar a construção afasta a equiparação do locatário ao possuidor de má fé, constituindo "estipulação em contrário".

Nestes casos em que se atribuem ao locatário faculdades que podem constituir objecto de superfície, como, por exemplo, construir no terreno locado, existe locação se a faculdade de construir visa favorecer a

---

([126]) Salis, *La superficie*, p. 44, e Ruggero Greco, *Concessione "ad aedifican-dum"...*, p. 351, ambos reportando-se à locação.

([127]) Gianfranco Palermo, *La superficie*, p. 4.

([128]) Os problemas levantam-se, nomeadamente, a propósito da concessão de áreas para instalar bombas de gasolina. Cfr. Provera, *Locazione...*, p. 58, nota 3.

exploração do terreno, e existirá superfície (real) se "tal faculdade estiver contida no esquema de um direito subjectivo autónomo, cujo exercício origine a aquisição da propriedade da construção separada da do solo" ([129]) ([130]).

17. *A anticrese ou consignação de rendimentos.* — A *anticrese* ou *consignação de rendimentos* ([131]), regulada na secção III (arts. 656.º a 665.º) do capítulo do Código Civil que trata das "garantias especiais das obrigações", não se confina, completamente, a essa secção, uma vez que, na regulamentação legal do penhor, se encontra uma norma que estabelece uma forma de anticrese (art. 672.º, n.º 1).

Antes ainda de caracterizar o instituto, importa dizer que, tanto por economistas como por juristas, já foram formuladas reservas à anticrese, por variados motivos. Diz-se que é desfavorável ao aumento da produtividade dos bens, em virtude de o credor não ter interesse em fazer investimentos; defende-se que, caso não seja oponível a terceiros, não tutela suficientemente o credor e que, se essa oponibilidade se verificar, constitui um obstáculo à circulação dos bens; afirma-se que a anticrese é susceptível de constituir um entrave à obtenção de crédito pelo proprietário dos bens sobre que a consignação incide, na medida em que o impede de os utilizar para garantir outras obrigações, às quais, atento o valor deles, poderiam igualmente dar cobertura; aponta-se a desvantagem de obrigar o credor a administrar os bens; e, por fim, teme-se que, na chamada anticrese compensativa (*vide infra*), possa haver uma forma de usura ([132]).

([129]) Provera, *Locazione...*, p. 60. Cfr. também Mirabelli, *La locazione*, p. 136 e, entre nós, Pereira Coelho, *Arrendamento...*, p. 28 e s.

([130]) Ruggero Greco, *Concessione "ad aedificandum"...*, p. 346 e ss., considera possível a manutenção da propriedade do solo separada da da construção nele efectuada mesmo no caso de superfícies pessoais, por admitir a renúncia às normas sobre acessão.

([131]) O Código de Napoleão fala em *anticrese* (arts. 2085 a 2091), tal como, em Itália, o Código Civil vigente (arts. 1960 a 1964) e o Código de 1865 (arts. 1891 a 1897), o mesmo acontecendo em Espanha (arts. 1881 a 1886 do Código Civil). Em Portugal, desde o Código de Seabra (arts. 873.º a 877.º), o legislador prefere falar em *consignação de rendimentos*. Nós faremos uso, indistintamente, de uma ou outra das denominações do instituto.

([132]) Cfr., sobre estas críticas, Barassi, *La teoria generale delle obbligazioni*, vol. III, pp. 196, nota 2, e 197; Becqué, *Suretés réelles*, p. 342 e s.; Tedeschi, *L'anticresi*, p. 16, e Fragali, *Anticresi*, p. 1.

Não se torna necessário apreciar cada uma destas críticas isoladamente. No decurso das linhas que se seguem ver-se-á que, em geral, falham o alvo. Um dos vícios que mais frequentemente se lhes aponta é o de partirem do pressuposto de que a anticrese é uma garantia e, deste modo, terem sempre presente a comparação desta com verdadeiras garantias. Tratando-se, porém, como adiante veremos, de uma forma de extinção das obrigações para além do cumprimento (*datio pro solvendo*), as vantagens e os defeitos da anticrese devem ser aferidos desta perspectiva (designadamente em confronto com a venda e com o usufruto, quando tenham *escopo anticrético*) [133].

Passam a enunciar-se as características que, no nosso ordenamento jurídico, definem a anticrese.

O cumprimento da obrigação, tal como o pagamento dos juros, podem ser *garantidos* — estabelece o artigo 656.º— mediante a consignação de rendimentos de bens imóveis ou de móveis sujeitos a registo, e ainda de títulos de crédito nominativos (cfr. o art. 660.º, n.º 2).

Atendendo à pessoa em cujo poder os bens vão ficar, a anticrese pode assumir, segundo o artigo 661.º, n.º 1, três modalidades. Assim, os bens objecto deste direito podem, em primeiro lugar, continuar em poder do concedente [134]; podem, em alternativa, passar para o poder do credor, ficando este com a faculdade de, por seu turno, os locar; por último, podem passar para o poder de um terceiro, por contrato de locação ou por outro título (como, por exemplo, o de administração).

Verificando-se a segunda hipótese, isto é, se os bens passarem para o poder do credor, este deve administrá-los "como um proprietário diligente e pagar as contribuições e demais encargos das coisas" (art. 663.º, n.º 1), ficando equiparado ao locatário (art. 661.º, n.º 1, al. *b*)), pelo que, quando tal seja possível, as disposições da locação lhe são aplicáveis [135]. Se o credor, nesta modalidade de anticrese, quiser dar a coisa em locação, deve entender-se que não carece de autorização do concedente [136], a não ser que tenha sido contratualmente estabelecido um regime diverso.

---

[133] Neste sentido, Fragali, *Anticresi*, p. 2 e s.

[134] Por vezes referir-nos-emos ao *concedente* tendo em vista o *devedor*, por ser esta a situação normal. Todavia, o concedente pode ser também um *terceiro* (art. 657.º, n.º 2).

[135] Cfr. Pires de Lima e Antunes Varela, *Código Civil anotado*, vol. I, anot. n.º 1 ao art. 661.º, p. 680.

[136] Cfr. Pereira Coelho, *Arrendamento...*, p. 30, nota 1.

Atendendo à forma pela qual o credor obtém a satisfação do seu direito, costuma falar-se em anticrese *compensativa* e em anticrese *extintiva* ou *simples* ([137]). Naquela primeira modalidade estabelece-se que os juros devidos (ou mesmo também uma parte do capital) são *compensados* com o gozo que a coisa proporciona ao credor, sendo desnecessário efectuar qualquer outro cálculo. Na anticrese simples é preciso proceder a um encontro de contas entre o montante correspondente ao gozo proporcionado ao credor e o direito de crédito deste.

Em face do artigo 662.°, parece, à primeira vista, que o legislador, impondo a obrigação de prestar contas, sem abrir qualquer excepção, não admite a anticrese compensativa. Com efeito, nesta modalidade não se torna necessário prestar contas, sendo tal desnecessidade a principal vantagem reconhecida à anticrese compensativa ([138]), pelo que a mesma ficaria totalmente descaracterizada se se sujeitasse o credor a um regime diferente. A utilidade prática da anticrese compensativa é inquestionável, devendo por isso entender-se que o artigo 662.°, muito embora lhe não faça referência expressa, não exclui todavia a sua admissibilidade ([139]).

É importante averiguar por que forma poderão, tanto o credor como o devedor, unilateralmente, fazer cessar a relação anticrética.

Relativamente ao credor, o Código Civil estabelece que pode sempre 'renunciar' à anticrese nos termos em que poderia renunciar a uma hipoteca, o que significa, desde logo, que a renúncia não carece de aceitação pelo concedente (art. 663, n.° 3) ([140]).

Cumpre fazer, a este propósito, alguns comentários.

Repare-se, desde logo, em que a possibilidade de renunciar à anticrese é susceptível, ela própria, de renúncia, podendo esta manifestar-se de forma tácita. Na anticrese compensativa estará, em regra, implicada a renúncia tácita à faculdade estabelecida nos artigos 663.°, n.ºs 2 e 3, e

---

([137]) FRAGALI, *Anticresi*, p. 6, nota que toda a anticrese é *extintiva* de um certo crédito, pelo que não deve usar-se este termo para identificar apenas uma modalidade, sendo mais correcto falar-se em anticrese *simples* e em anticrese *compensativa*.

([138]) Cfr. BAUDRY-LACANTINERIE e DE LOYNES, *Du nantissement...*, t. I, p. 172, e CABERLOTTO, *Anticresi*, p. 499.

([139]) Expõe ideias diversas (nos trabalhos preparatórios do Código Civil) VAZ SERRA, *Consignação de rendimentos*, p. 15 e ss. No sentido do texto, admitindo que nem sempre têm de ser prestadas contas, PIRES DE LIMA e ANTUNES VARELA, *Código Civil anotado*, vol. I, anot. n.° 2 ao art. 662.°, p. 681.

([140]) É duvidoso que este caso caiba no conceito de *renúncia*. Cfr. FRAGALI, *Anticresi*, p. 151.

664.º [141]. Com efeito, quando se estipula que determinado crédito se compensa com o gozo de uma coisa, proporcionado através da consignação de rendimentos, a vontade das partes será, em princípio, contrária à possibilidade de o credor pôr fim a este pacto em qualquer momento.

Nos casos em que a possibilidade de renunciar não se considere afastada [142], torna-se necessário, para não se gerarem injustiças graves, permitir que o devedor, cumprindo a obrigação, ponha fim à anticrese, como está expressamente consagrado no Código Civil italiano [143]. Esta ideia apoia-se em duas ordens de razões.

Por um lado, há que acautelar o perigo de o credor, na anticrese compensativa, se fazer prevalecer da sua posição de supremacia para impor condições iníquas ou usurárias, pelo que deve deixar-se ao devedor a possibilidade de fazer terminar o contrato [144].

Por outro lado, se se consente ao credor — também nesta modalidade — renunciar à anticrese (mantendo o seu direito de crédito), deve atribuir--se idêntica prerrogativa ao devedor, permitindo-lhe que cumpra a dívida, sob pena de poder criar-se uma situação em tudo semelhante, nos resultados práticos, ao *pacto leonino* (art. 994.º). E isto porque, se o gozo da coisa proporcionasse ao anticresista vantagens excessivas, o devedor nada poderia fazer; mas, no caso de, inversamente, os frutos serem de valor muito pequeno, o credor poderia fazer terminar a anticrese, ficando com o seu direito de crédito. Estar-se-ia, deste modo, perante uma situação em que o credor poderia colher as vantagens do negócio sem correr o risco de sofrer perdas, vendo-se o devedor na situação de poder sofrer perdas sem, muito provavelmente, retirar quaisquer vantagens. O que o devedor não pode é extinguir apenas a dívida de juros. Se tal lhe fosse permitido, seria ele a ficar em situação de vantagem, uma vez que o credor ficaria menos 'garantido' quanto à amortização do *capital*. O devedor terá, portanto, de extinguir a dívida na totalidade [145].

---

[141] Neste sentido, AUBRY e RAU, *Cours de Droit Civil français...*, vol. VI, p. 290, nota 3, e BECQUÉ, *Suretés réelles*, p. 357.

[142] Para CABERLOTTO, *Anticresi*, p. 499 e s., o credor não pode, nesta modalidade, fazer cessar a anticrese.

[143] Art. 1964, última parte ("...o devedor pode, em qualquer momento, extinguir a sua dívida e reentrar na posse do imóvel"). Já foram defendidas, *de iure condendo*, alterações a esta norma, no sentido de restringir o poder que a mesma confere ao devedor (cfr. BRASIELLO, *Anticresi con patto di compensazione...*, p. 521, nota 10).

[144] Poderá ainda aplicar-se o "disposto nos arts. 282.º a 284.º", como salienta ALMEIDA COSTA, *Direito das obrigações*, p. 817, nota 2.

[145] Neste sentido, TEDESCHI, *L'anticresi*, p. 40, e FRAGALI, *Anticresi*, p. 160.

Sintetizando, diremos que a possibilidade de 'renunciar' pode ser sempre afastada por vontade das partes, mesmo de forma tácita. Quanto à anticrese compensativa, deve entender-se que também ao devedor é dada a possibilidade de, cumprindo a sua obrigação, fazer terminar a anticrese.

Mas haverá outros casos em que o devedor, cumprindo, possa fazer terminar a anticrese?

A estipulação da consignação de rendimentos não deve ser vista como uma forma de extinção de um crédito preclusiva de outras formas de cumprimento. O devedor pode em qualquer momento, cumprindo a obrigação, extinguir a anticrese. Mas, para além da anticrese compensativa, se o contrato tiver sido celebrado, também ou exclusivamente, no interesse do credor, não pode o devedor cumprir para obter a extinção da anticrese [146].

Outra das questões debatidas relativamente à consignação de rendimentos é a de saber se deve enquadrar-se ou não nas garantias especiais das obrigações, pelo que se impõe uma breve análise do assunto.

Em primeiro lugar, a anticrese integra-se, como já foi referido, num capítulo do Código que trata das garantias especiais das obrigações, e o legislador utiliza uma terminologia que pretende tornar claro tratar-se de uma *garantia* [147]. Todavia, não pode afirmar-se, ainda assim, que estejamos, em sentido técnico, perante uma verdadeira garantia das obrigações [148].

O conceito de garantia das obrigações compreende a possibilidade de o credor satisfazer o seu direito, no caso de o devedor não cumprir, à custa de bens certos e determinados ou à custa do património de um terceiro. Para se poder falar de garantia torna-se necessária, pelo menos [149], a existência de um meio que, em caso de incumprimento da

---

[146] Neste sentido, TEDESCHI, *L'anticresi*, pp. 38 e 132, e FRAGALI, *Anticresi*, p. 159.

[147] É, de resto, o objectivo expresso por VAZ SERRA, nos trabalhos preparatórios. Cfr. o que expõe em *Consignação de rendimentos*, p. 23, que merece a concordância de PIRES DE LIMA e ANTUNES VARELA, *Código Civil anotado*, vol. I, anot. n.º 4 ao art. 656.º, p . 675.

[148] Neste sentido, GIORGIANNI, *Contributo...*, p. 90, e FRAGALI, *Garanzia*, pp. 451 e 460 e s. (integrando, contudo, a anticrese nas *figuras afins* da garantia — cfr. o n.º 9 —, o que está pouco de acordo com as suas afirmações), e *Anticresi*, pp. 2 e 121.

[149] Dizemos *pelo menos* porque, de garantia em sentido técnico talvez só deva falar-se naqueles casos que permitem o afastamento ou a preterição da *par conditio creditorum*. Vide FRAGALI, *Garanzia*, p. 451 e ss., *maxime*, p. 454.

Direitos Pessoais de Gozo 65

obrigação, permita o recurso a uma acção executiva conducente à satisfação do direito do credor ([150]).

É fácil compreender que a anticrese nada tem a ver com os direitos de garantia, assim definidos. Só seria possível considerar a anticrese uma garantia partindo de um conceito totalmente diferente daquele que foi explicitado, nomeadamente — na esteira de TEDESCHI —, definindo-a como "disposição de meios aptos a tornar a realização do crédito mais segura" ([151]). Este autor acaba por considerar que a 'garantia' anticrética consiste sobretudo em o credor dispor de um *meio de pressão* sobre o devedor ou sobre terceiro, constrangidos a satisfazer previamente o crédito para obter a disponibilidade do objecto da anticrese ([152]). Esta ideia constitui a prova mais cabal de que, para integrar a consignação de rendimentos nas garantias, é necessário ter destas um conceito demasiado vago, que, por isso, se torna imprestável. Com efeito, neste conceito alargado entraria também, certamente, a *excepção de não cumprimento do contrato* (arts. 428.º e ss.) — uma vez que constitui um mecanismo de pressão ([153]), tal como o *sinal* (art. 442.º) ou a possibilidade de pedir a *resolução* do contrato por incumprimento (art. 801.º, n.º 2). Um conceito de garantia assim formulado perderia, certamente, qualquer utilidade. Com GIORGIANNI, podemos afirmar que "a anticrese tem uma função que nem sequer de um ponto de vista genérico se pode considerar de garantia do crédito" ([154]).

A consignação de rendimentos constitui um instrumento de realização *actual* do próprio crédito. Mediante este instituto produz-se uma realização gradual do direito do credor, através da imputação dos frutos da coisa objecto de anticrese nos juros e no capital a que o credor tem direito.

Diversamente, a garantia de um direito de crédito é algo que, tendo carácter de instrumentalidade, se utiliza para efectivar este direito, quando o devedor não cumpra voluntariamente a obrigação a que se encontra adstrito. Se alguém quiser satisfazer o seu crédito prevalecendo-se de uma garantia, não pode, logicamente, invocá-la só a ela, tendo sempre que invocar o direito de crédito, servindo a garantia apenas como forma, como instrumento, de melhor realizar aquele direito.

([150]) Neste sentido, ANTUNES VARELA, *Das obrigações em geral*, vol. II, p. 420.

([151]) *L'anticresi*, p. 30.

([152]) *L'anticresi*, p. 29.

([153]) VAZ SERRA, *Excepção de contrato não cumprido*, pp. 8 e 37, e J. ANDRADE MESQUITA, *Suspensão do pagamento da renda...*, pp. 185 e 203.

([154]) *Contributo...*, p. 90.

Nada disto se passa no instituto em análise. Pela via da anticrese, e como efeito principal desta, nasce na esfera do credor ou o direito de gozar a coisa em termos análogos aos de uma relação locativa, ou o direito de crédito a determinado montante pecuniário (art. 661.°). É certo que este direito é exercido dentro dos limites e na dependência do direito de crédito que esteve na base da estipulação da anticrese, mas isto em nada leva a recorrer à figura da *garantia* para explicar o fenómeno. De resto, que de uma garantia não pode tratar-se, demonstra-se ainda facilmente se pensarmos numa hipótese concreta de incumprimento. Assim, se a coisa objecto de anticrese for dada em locação a um terceiro, e este não pagar a renda ou aluguer no momento do vencimento, ninguém duvidará de que lhe são exigíveis juros de mora (art. 1041.°). Ora estes juros, criados pelo próprio mecanismo da anticrese, seriam de todo inexplicáveis se estivéssemos perante uma simples garantia, a qual, só por si, é incapaz de produzir juros.

Posição ambígua e que, portanto, deve ser afastada, é aquela que pretende assinalar à anticrese, simultaneamente, função de garantia e de satisfação do crédito ([155]) porque a anticrese, como ficou demonstrado, nada tem a ver com o conceito de garantia em sentido técnico.

A consignação de rendimentos, apesar de enquadrada pelo legislador nas garantias das obrigações, reconduz-se a uma espécie de *datio pro solvendo* (ou *dação em função do cumprimento*) ([156]), regulada no artigo 840.°.

([155]) Neste sentido, todavia, PERSICO, *Anticresi...*, p. 533. A ambiguidade resulta clara quando este autor afirma que "a função de garantia se revela, na anticrese, limitada ao gozo da coisa" (*ob. cit.*, p. 534). NATOLI e FERRUCCI, *Della tutela...*, p. 42, afirmam que a anticrese é uma espécie de *direito de retenção* que possibilita a gradual satisfação do crédito. Entre nós, também DIAS MARQUES, *Noções...*, p. 197 e s., depois de considerar a anticrese uma "garantia real das obrigações" afirma que neste instituto "a garantia da obrigação vem a traduzir-se, de algum modo, no seu próprio cumprimento"; PEREIRA COELHO, *Arrendamento...*, p. 29 e s., assinala à anticrese "uma função *satisfatória* ou de *garantia*", e MENEZES CORDEIRO, *Direitos reais*, vol. II, p. 1096, afirma que, "estruturalmente, a consignação de rendimentos seria um direito real de gozo... No entanto, o critério do destino da afectação permite considerá-la um direito real de garantia".

([156]) Acabam por aceitar este enquadramento MESSINEO, *Manuale di diritto civile e commerciale...*, vol. III, p. 177; GIORGIANNI, *Contributo...*, p. 91 (apesar de não referir expressamente a *datio pro solvendo*), e FRAGALI, *Anticresi*, pp. 114, e, especialmente, 121 e s.

Direitos Pessoais de Gozo 67

Desde logo, a finalidade de facilitar a satisfação do crédito através da realização de uma prestação diferente da devida, típica da *datio pro solvendo* ([157]), é também a finalidade da consignação de rendimentos ([158]).

Por outro lado, na anticrese o crédito não fica imediatamente extinto, só se verificando este efeito se e na medida em que o credor venha a satisfazê-lo através da prestação substitutiva — característica fundamental da *datio pro solvendo*.

Deve notar-se, contudo, que a anticrese constitui uma modalidade especialmente regulada de *datio pro solvendo*, existindo no seu regime algumas pequenas especificidades relativamente à *datio*. Assim, o tipo de anticrese em que os bens continuam em poder do devedor foge, de alguma forma, à noção de dação *pro solvendo* que se encontra na lei, uma vez que nesta noção pressupõe-se a actividade do credor destinada a conseguir realizar o seu direito de crédito. Mas trata-se de uma especificidade aparente, pois o artigo 840.° ainda deverá abranger, na sua intenção reguladora, casos como o descrito.

Por outro lado, enquanto a consignação de rendimentos pode nascer de uma decisão judicial (art. 658.°), a dação tem sempre origem num negócio jurídico.

Na consignação de rendimentos, quando esta diz respeito a imóveis, estabelece-se o prazo máximo de quinze anos de duração (art. 659.°, n.° 2), ao passo que na dação em função do cumprimento não se encontra qualquer específica duração temporal.

A possibilidade de o credor fazer terminar a anticrese está prevista nos artigos 663.°, n.ᵒˢ 2 e 3, e 664.°. Pelo que respeita à *datio pro solvendo*, chega-se, por via interpretativa, à mesma solução (o credor pode exigir o crédito, fazendo cessar o mecanismo da dação, a não ser que se entenda que esta possibilidade foi afastada pelas partes) ([159]).

Conforme referimos já, o devedor pode, cumprindo, fazer cessar a anticrese compensativa em qualquer momento. Na anticrese simples esta

---

([157]) DIAS MARQUES, *Noções...*, p. 229 e s., afirma que na *datio pro solvendo* "o objecto da prestação efectuada em substituição da inicialmente devida não é, ela mesma, um valor mas antes um título, um negócio, um documento, ou uma situação que, no seu desenvolvimento, há-de vir, efectivamente, a resolver-se em um valor". Cfr., ainda, VAZ SERRA, *Dação em cumprimento...*, pp. 3, e 5, e ANTUNES VARELA, *Das obrigações em geral*, vol. II, p. 174, e *Direito das obrigações*, vol. II, p. 198 e s.

([158]) Neste sentido, FRAGALI, *Anticresi*, p. 159.

([159]) Neste sentido, VON TUHR, *Tratado de las obligaciones*, vol. II, p. 13, nota 6, e VAZ SERRA, *Dação em cumprimento...*, p. 7 e s.

possibilidade existe igualmente, a não ser que se entenda que o contrato foi estipulado também no interesse do credor. No que diz respeito à *datio pro solvendo*, as soluções são, em geral, idênticas. Assim, sendo a dação efectuada no interesse do devedor, poderá este cumprir em qualquer altura, extinguindo-se a dação. No caso de esta ter sido estabecida também no interesse do credor, já não será admissível que o devedor possa cumprir ([160]). Conclui-se facilmente que, também quanto a este ponto, a anticrese e a *datio pro solvendo* obedecem aos mesmos princípios, com a especificidade já referida em relação à anticrese compensativa, o que facilmente se compreende se atentarmos nos riscos que comporta.

Depois de afastado o enquadramento da anticrese nas garantias das obrigações, e assente a conclusão de que se trata de um instituto que deve ser integrado na *datio pro solvendo*, importa agora tornar claro que, nalgumas modalidades de anticrese, através da *datio* surge um *direito pessoal de gozo* na esfera do credor ([161]).

Na primeira que indicámos — aquela em que os bens continuam em poder do concedente (art. 661.º, n.º 1, al. *a*)) —, o credor tem apenas direito aos frutos civis dos bens objecto de anticrese, o que não faz nascer, como já se disse, um direito de gozo em sentido técnico na esfera do anticresista ([162]).

Na segunda modalidade — em que os bens consignados passam para o poder do credor —, este adquire um direito de gozo de conteúdo análogo ao do locatário, sendo esta analogia estabelecida pela própria lei (art. 661.º, n.º 1, al. *b*)). Quando o credor, a quem foram consignados os bens, os dá em locação, opera-se, por este facto, uma paralisação funcional do direito ([163]), deixando o credor de ter, em sentido técnico, um direito de gozo.

([160]) O que não nos parece certo é admitir-se que a *datio* se efectua, *em princípio*, no interesse do credor. O interesse deste, *em regra*, é satisfeito pelo cumprimento. Em sentido oposto, VAZ SERRA, *Dação em cumprimento...*, p. 8, e ANTUNES VARELA, *Das obrigações em geral*, vol. II, p. 176. Em defesa do entendimento que propugnamos pode ainda invocar-se a analogia com a situação regulada no artigo 779.º (beneficiário do prazo).

([161]) Integram a anticrese no âmbito dos direitos pessoais de gozo, por ex., GIORGIANNI, *Contributo...*, pp. 90 e ss. e 184; MOSCO, *I frutti...*, p. 572 (com exclusão da anticrese extintiva); BARBERO, *Sistema...*, vol. II, p. 660; NATOLI, *Il conflitto...*, p. 64; TEDESCHI, *L'anticresi*, pp. 68 e 90 e s.; NICOLÒ, *Istituzioni...*, p. 38; FRAGALI, *Anticresi*, p. 61 e ss., e ALPA e BESSONE, *Atipicità...*, vol. I, p. 201, e vol. II, p. 333.

([162]) *Supra*, p. 16.

([163]) *Supra*, p. 16 e ss.

Por último, na terceira modalidade — em que os bens passam para a esfera de terceiro —, pode surgir ou não um direito de gozo na titularidade do credor. Assim, se os bens passarem para a esfera do terceiro a título de locação (art. 661.º, n.º 1, al. c)), o credor fica apenas com direito aos frutos civis, não adquirindo, pelos motivos expostos, nenhum direito de gozo em sentido técnico. Se o terceiro recebe os bens sem ser na qualidade de locatário, mas a outro título, só analisando este último será possível saber se o credor adquire algum direito pessoal de gozo. Se, por exemplo, o terceiro for apenas administrador dos bens, o titular do direito de gozo será o sujeito por conta de quem o terceiro actua. Ora, aquele sujeito, de acordo com a lei, é o credor, o que decorre claramente do facto de lhe ser imposta a prestação de contas ao concedente (quando a estas haja lugar) (art. 662.º, n.º 2).

Também no penhor, quando as partes não afastem a presunção legal de pacto anticrético (art. 672.º, n.º 1) ([164]), estamos perante uma forma de direito de gozo, apesar de uma das faculdades que tipicamente costumam fazer parte do gozo — a de *uso* — estar, em princípio, excluída dos poderes que assistem ao credor (art. 671.º, al. b)).

18. *A parceria pecuária.* — O Código Civil define a parceria pecuária, no artigo 1121.º, como sendo "o contrato pelo qual uma ou mais pessoas entregam a outra ou outras um animal ou certo número deles, para estas os criarem, pensarem e vigiarem, com o ajuste de repartirem entre si os lucros futuros em certa proporção". O sujeito que entrega os animais deve designar-se por *parceiro proprietário* ou *parceiro capitalista* (por entregar um capital), sendo o outro sujeito — aquele que recebe os animais — designado por *parceiro pensador* ou *parceiro industrial* (por se obrigar, fundamentalmente, a exercer determinada actividade ou indústria) ([165]). A definição do artigo 1121.º corresponde à *parceria pecuária pura* ou *simples* ([166]), dado que uma das partes contribui apenas com os

---

([164]) Esta presunção deve restringir-se apenas a coisas frutíferas, quando entregues em "posse" exclusiva ao credor. *Vide*, neste sentido, VAZ SERRA, *Penhor...*, p. 19, e PIRES DE LIMA e ANTUNES VARELA, *Código Civil anotado*, vol. I, anot. n.º 1 ao art. 672.º, p. 692.

([165]) Cfr. PIRES DE LIMA e ANTUNES VARELA, *Código Civil anotado*, vol II, anot. n.º 3 ao art. 1121.º, p. 729. DIAS MARQUES, *Noções*, p. 250, fala em "parceiro proprietário" e em "parceiro tratador".

([166]) Cfr. o art. 2171 do Código Civil Italiano.

animais e a outra com o trabalho e os alimentos ([167]). Todavia, pode haver alterações a este esquema, sem que deva falar-se de outro tipo contratual ([168]). O parceiro capitalista pode contribuir com parte dos alimentos ou com os terrenos para os animais pastarem ([169]), ou entrar apenas com parte dos animais, juntando-lhes o outro contraente mais alguns ([170]). Nesta última hipótese, a vontade das partes é, em princípio, a de estabelecer uma compropriedade na proporção das respectivas entradas, pelo que não se configura qualquer direito pessoal de gozo ([171]).

Qualquer das partes pode, a todo o tempo, resolver ou fazer terminar a parceria pecuária, excepto se tiver sido estipulado um prazo ou se os usos da terra não o permitirem (art. 1122.º, n.º 1). Esta possibilidade deve ser entendida cuidadosamente, tendo em conta, desde logo, a disciplina do abuso do direito (art. 334.º), e a regra da boa fé (art. 762.º) ([172]), para evitar situações de grave injustiça ([173]). Assim entendido, o regime da cessação do contrato por vontade de qualquer das partes fica isento de críticas ([174]). Deve ainda salientar-se que a caducidade (*ipso iure*) do contrato, em face desta possibilidade de qualquer dos contraentes o fazer terminar, tem o seu interesse prático reduzido. O alcance da caducidade reduz-se, quase exclusivamente ([175]), aos casos em que há um prazo (convencional ou usual).

As causas de caducidade — semelhantes às da locação (art. 1051.º) — são estabelecidas pelo artigo 1123.º, e consistem na morte do parceiro

---

([167]) Luiz Lopes, *Os contratos de parceria...*, p. 16.

([168]) Breglia, *Il negozio giuridico parziario*, p. 48 e ss. (*maxime*, p. 51), e *Questioni controverse...*, p. 467.

([169]) Em Itália, art. 2186 (*soccida con conferimento di pascolo*).

([170]) Em Itália, esta modalidade (*soccida parziaria*) está expressamente consagrada pelo art. 2182 do Código Civil ("*Nella soccida parziaria il bestiame è conferito da entrambi i contraenti nelle proporzioni convenute*").

([171]) Em Itália, cfr. o art. 2182, § 2.º; Pacifici-Mazzoni, *Istituzioni...*, p. 360, e Luminoso, *La tutela aquiliana...*, p. 47, nota 98.

([172]) Cfr. Pires de Lima e Antunes Varela, *Código Civil anotado*, vol II, anot. n.º 3 ao art. 1122.º, p. 731.

([173]) Ver alguns exemplos em Luiz Lopes, *Do contrato de parceria pecuária*, p. 215.

([174]) Em sentido não conforme, Luiz Lopes, *Os contratos de parceria...*, p. 19 e s.

([175]) Quase exclusivamente porque, mesmo que não haja um prazo e, portanto, qualquer dos contraentes tenha a faculdade de fazer terminar o contrato (art. 1122.º), o uso desta faculdade pode constituir, como foi dito, um abuso do direito, podendo o regime da caducidade ter, neste caso, relevância.

Direitos Pessoais de Gozo   71

pensador, na perda dos animais, na cessação do direito ou dos poderes legais de administração com base nos quais o contrato foi celebrado, ou na verificação da condição resolutiva a que o contrato estava subordinado. O debatido problema de saber qual a influência da doença, interdição, ou invalidez do parceiro pensador deve ser resolvido com base no artigo 767.º, n.º 2, em virtude de este contraente ter prestações a efectuar ([176]).

A lei estabelece as principais obrigações a que cada uma das partes se vincula. Por um lado, o parceiro pensador é obrigado a criar, alimentar e vigiar os animais que lhe são entregues (art. 1121.º). O artigo 1124.º, que tem por epígrafe "obrigações do parceiro pensador", estabelece a forma como devem ser cumpridas algumas das obrigações a cargo deste contraente, dispondo que "é obrigado a empregar na guarda e tratamento dos animais o cuidado de um pensador diligente". Esta norma apenas concretiza a forma pela qual deve ser apreciada a culpa, não se afastando dos princípios gerais sobre responsabilidade contratual (art. 799.º, n.º 2, que remete para o critério geral aplicável à responsabilidade civil: art. 487.º, n.º 2). O parceiro pensador tem ainda a obrigação de repartir com o parceiro capitalista, na proporção acordada, os lucros que obtenha com os animais (art. 1121.º). Estabelece-se também uma específica obrigação de comunicação: o parceiro pensador de gado lanígero, quando pretenda fazer a tosquia deste, é obrigado a prevenir o parceiro capitalista (art. 1127.º).

O parceiro capitalista, por seu turno, fica "obrigado a assegurar a utilização dos animais ao parceiro pensador" (art. 1125.º, n.º 1). Faz-se aqui uso de expressão semelhante à contida na al. *b*) do artigo 1031.º (pela qual o locador deve assegurar o gozo da coisa), mas as situações são muito diferentes. Em primeiro lugar, dificilmente se poderá ter querido abranger a obrigação de entrega, uma vez que o legislador definiu a parceria pecuária como o "contrato pelo qual uma ou mais pessoas entregam a outra ou outras", o que, atendendo à sua semelhança com o comodato (art. 1129.º), aponta para um contrato real *quoad constitutionem*. Por outro lado, se quisesse estabelecer-se uma obrigação de entrega, decorrente do contrato, tal deveria estar expressamente consagrado (como, de resto, na locação).

Acresce que a obrigação de alimentar, vigiar e tratar dos animais fica a cargo do parceiro pensador. Também deve defender-se que — ao

---

([176]) LUIZ LOPES, *Do contrato de parceria pecuária*, p. 206 e s., e *Os contratos de parceria...*, p. 21, defende, neste caso, a caducidade. Contra, PIRES DE LIMA e ANTUNES VARELA, *Código Civil anotado*, vol. II, anot. n.º 4 ao art. 1123.º, p. 732 e s.

contrário do preceituado expressamente pelo Código de Seabra, no artigo 1307.º — o parceiro capitalista não é obrigado a substituir os animais em caso de evicção ([177]). Desta forma, a obrigação de assegurar o gozo, ao contrário da que se estabelece no campo da locação, traduz-se apenas em *non facere*.

A parceria pecuária, apesar de próxima da *locação* e da *sociedade*, distingue-se destes dois contratos. O parceiro pensador, diversamente do locatário, é obrigado a desenvolver uma *actividade produtiva* no directo interesse de ambos os contraentes, podendo o contrato ser resolvido se esta actividade não for levada a cabo, o que revela uma importante diferença de finalidade entre a locação e a parceria pecuária, com reflexos no respectivo regime jurídico. A *sociedade*, por seu turno, pressupõe o *exercício em comum de uma actividade* (art. 980.º), inexistente no contrato de parceria pecuária. Repare-se, por exemplo, em que a norma constante do já referido n.º 1 do artigo 1125.º, estabelecendo a obrigatoriedade de o parceiro capitalista *assegurar* a utilização dos animais *ao parceiro pensador*, seria incompreensível se de uma sociedade se tratasse, pois deveria, neste enquadramento, falar-se em *assegurar o gozo à sociedade*. Atente-se, ainda, no n.º 2 do artigo 1122.º, que estabelece a possibilidade de resolução do contrato por incumprimento, quando, no csquema da sociedade, o normal seria proceder-se à mudança da administração (art. 986.º, n.º 1). São normas de onde claramente decorre que, na parceria pecuária, ao contrário do que sucede em matéria de sociedades, uma das partes quer manter-se afastada do exercício da actividade económica, não pretendendo assumi-lo em caso algum ([178]). Para além disto, na parceria pecuária as despesas com os pensos (ou parte destes) ficam, geralmente, a cargo do parceiro pensador e, se de sociedade se tratasse, ficariam a cargo do património social ([179]).

O parceiro capitalista pode contribuir com os alimentos, como foi salientado, mas, caso se vincule também a assumir a obrigação de criar, pensar e vigiar os animais, está-se, seguramente, fora da parceria e, em princípio, perante uma sociedade.

([177]) Pires de Lima e Antunes Varela, *Código Civil anotado*, vol. II, anot. n.º 2 ao art. 1125.º, p. 735 e s.; contra, Luiz Lopes, *Os contratos de parceria...*, p. 26.

([178]) Cfr. Mosco, *Onerosità e gratuità...*, p. 132 e ss., com desenvolvimentos diversos, devido aos dados normativos de que parte.

([179]) Pires de Lima e Antunes Varela, *Código Civil anotado*, vol. II, anot. n.º 1 ao art. 1121.º, p. 728.

O parceiro pensador tem um direito enquadrável na categoria dos direitos pessoais de gozo, porque *acede imediatamente, pela sua actividade, a determinada proporção das utilidades das coisas objecto do contrato.* Já se defendeu que todos os lucros se formam na esfera do concedente e que o parceiro pensador tem apenas um direito de crédito [180], porque, continuando a propriedade dos animais a pertencer ao concedente, no fim do contrato pertencer-lhe-á também todo o acréscimo de valor (que será posteriormente dividido) [181]. Esta explicação, todavia, não retrata a realidade da melhor forma. O acréscimo de valor (resultante da lã das ovelhas, das crias que nascem [182], do aumento de peso dos animais) verifica-se normalmente na esfera do concedente, mas o concessionário pode, a partir de certo momento, apropriar-se de determinadas coisas (de parte da lã, depois da tosquia, de parte das crias, no momento estipulado), sem que haja qualquer prestação a cargo do concedente [183], porque os frutos se integram numa comunhão [184]. Considerar que o parceiro pensador é obrigado a restituir tudo ao concedente para que, depois, este lhe entregue uma parte, não tem qualquer correspondência na realidade [185]. Deve, por conseguinte, entender-se que o parceiro pensador é titular de um direito de gozo.

19. *A parceria agrícola.* — A parceria agrícola, no texto original do Código Civil, não tinha autonomia, estabelecendo-se expressamente que lhe eram aplicáveis as disposições reguladoras do arrendamento rural (art. 11.º do Decreto-Lei que aprovou o Código), acrescentando-se, no artigo 1067.º, que a renda podia consistir numa quota dos frutos. Com a revogação dos preceitos que regulavam, no Código Civil, o arrendamento rural, a matéria da *parceria agrícola* foi objecto de algumas intervenções legislativas que sucessivamente enveredaram por soluções diferentes quanto à admissibilidade da figura. O artigo 44.º do Decreto-Lei n.º 201/ /75, de 15 de Abril, proibiu a parceria agrícola, obrigando (n.º 2) à con-

---

[180] BASSANELLI, *Impresa agricola*, pp. 620 e s., 640, 644.

[181] BASSANELLI, *Impresa agricola*, p. 620.

[182] Quanto a estas, pode admitir-se que se tornam compropriedade de ambos os contraentes. Neste sentido, PACIFICI-MAZZONI, *Istituzioni...*, p. 355.

[183] Neste sentido, BREGLIA, *Questioni controverse...*, p. 467 e ss.

[184] MOSCO, *Onerosità e gratuità...*, p. 128.

[185] O próprio BASSANELLI acaba por considerar que o parceiro pensador não é obrigado a restituir os animais que se destinam à divisão entre ambos os contraentes (*Impresa agricola*, p. 653).

versão dos contratos existentes em arrendamentos rurais. Posteriormente, veio permitir-se, embora a título transitório, a continuação dos contratos de parceria agrícola que ainda subsistissem, sendo proibidos novos contratos (arts. 30.º e ss., e 50.º da Lei n.º 76/77, de 29 de Setembro, e 54.º da Lei n.º 77/77, de 29 de Setembro). Consagrou-se, também, a possibilidade de, com o concurso da vontade do arrendatário, transformar em contratos mistos de arrendamento e parceria agrícola as parcerias entretanto convertidas em arrendamento (art. 34.º, n.º 2, da Lei n.º 76/77).

O actual *Regime do Arrendamento Rural* permite a celebração de contratos de parceria agrícola (arts. 31.º e ss.), prevendo-se, contudo, a futura publicação de normas conducentes à sua extinção (art. 34.º do RAR, e 99.º, n.º 2, 2.ª parte, da Constituição) ([186]).

Pelo contrato de parceria agrícola, uma das partes (*parceiro capitalista*) concede à outra (*parceiro cultivador*) o gozo temporário de um prédio rústico, para fins agrícolas, mediante a divisão dos frutos obtidos pelo segundo contraente. Esta divisão está sujeita às regras enunciadas no artigo 31.º do RAR, onde se estabelece que, no máximo, podem ser objecto de divisão os três principais frutos produzidos no prédio, não podendo o parceiro capitalista receber mais de metade.

A parceria agrícola rege-se pelas normas do arrendamento rural, com as adaptações impostas pela especificidade daquele contrato (art. 33.º, do RAR). O parceiro agricultor é titular de um *direito pessoal de gozo* semelhante ao do arrendatário, diferenciando-se deste por faltar a contraprestação típica constituída pelo pagamento de uma renda. Pode dizer-se que o direito do parceiro agricultor, em comparação com o do arrendatário, é quantitativamente menos amplo, porque uma parte dos frutos destina-se ao parceiro capitalista. Nenhum dos contraentes tem um direito de crédito aos frutos, porque estes, uma vez colhidos, integram--se numa comunhão e, posteriormente, são divididos ([187]).

20. *A tradição da coisa objecto de um contrato prometido.* — Na sequência da celebração de um contrato-promessa, a coisa objecto do contrato prometido pode ser antecipadamente entregue à parte que a ela terá direito após a celebração deste negócio. Em alguns casos, o *accipiens* passa a retirar utilidades da coisa, tornando-se titular de um direito pessoal de gozo; mas noutros, embora nasçam poderes de gozo, está-se perante situações jurídicas diversas. Vejamos alguns exemplos.

([186]) A *parceria florestal* é proibida, nos termos do art. 25.º do RAF.
([187]) Mosco, *Onerosità e gratuità...*, p. 127.

Imagine-se que, celebrado um contrato-promessa de compra e venda, e tendo o promitente-comprador pago a totalidade do preço, a coisa lhe é entregue sem as partes terem a intenção de, mais tarde, celebrar o contrato prometido. Com semelhante procedimento pode, nomeadamente, querer-se fugir aos requisitos de forma eventualmente exigidos para o contrato prometido, evitar o pagamento do imposto de sisa ([188]) ou tentar precludir o exercício de um direito de preferência ([189]).

Para enquadrar correctamente casos deste tipo torna-se necessário atender à vontade dos contraentes. Pode tratar-se de um negócio simulado, caso as partes declarem celebrar um contrato-promessa e, na realidade, celebrem o contrato definitivo, tendo, por acordo entre elas, o intuito de enganar terceiros. Dois dos exemplos apontados — aqueles em que pretende fugir-se ao pagamento de um imposto ou precludir o exercício de um direito de preferência — são, em princípio, explicáveis por esta via. Se o objectivo em vista, porém, for apenas o de fugir à forma legal, não haverá, em regra, simulação. Em grande número de casos — que ocorrem com alguma frequência na venda de prédios rústicos —, as partes celebram efectivamente, numa primeira fase, um contrato-promessa. Mais tarde, quando chega o momento de cumprir este contrato, procede-se apenas à entrega da coisa objecto do contrato prometido e ao pagamento da parte do preço ainda em falta, com intenção de transferir a propriedade. Aqui não há qualquer simulação, porque, com a entrega da coisa e com a correspondente aceitação e pagamento do preço, celebra-se o contrato definitivo (inquinado por um vício de forma), através de declarações de vontade tácitas (art. 217.º, n.º 1 e 234.º).

Encontramos frequentemente situações semelhantes em matéria de arrendamento urbano. Com efeito, a impossibilidade de celebrar um contrato de arrendamento, em virtude de não existir a licença de utilização nos termos exigidos pelo art. 9.º do RAU, leva também, muitas vezes, à

([188]) A sisa é devida também nestes casos (art. 2.º, § 1.º, n.º 2, do Código do Imposto Municipal da Sisa e do Imposto sobre as Sucessões e Doações, aprovado pelo Decreto-Lei n.º 41.969, de 24 de Novembro de 1958, e alterado por legislação posterior), mas os obrigados têm aqui maior possibilidade de se furtarem, com êxito, ao respectivo pagamento.

([189]) Cfr. PIRES DE LIMA e ANTUNES VARELA, *Código Civil anotado*, vol. III, anot. n.º 7 ao art. 1251.º, p. 7. Todavia, se o titular da preferência tiver conhecimento da celebração do contrato-promessa, poderá exercer a preferência desde que o promitente--alienante não tenha o *direito de arrependimento* (Cfr. ANTUNES VARELA, *Das obrigações em geral*, vol. I, 9.ª ed., p. 393.

entrega do imóvel com base em simples contrato-promessa, pretendendo as partes, a partir dessa entrega, todos os efeitos da locação.

Também aqui poderá haver simulação (quando no momento da celebração do contrato-promessa se pretenda, afinal, celebrar o contrato de arrendamento) ou um primeiro contrato-promessa válido e um posterior contrato de arrendamento (no momento da entrega) celebrado com vício de forma.

Importa salientar que, quer haja quer não haja simulação, só aparentemente se está em face da tradição de uma coisa objecto de um contrato apenas prometido (não celebrado). Havendo simulação, a entrega não é feita com base no contrato-promessa (negócio aparente), mas sim com base no negócio dissimulado (nomeadamente, a compra e venda ou o arrendamento); nos casos em que não existe simulação há, efectivamente, um contrato-promessa e um contrato definitivo. Neste último caso a tradição da coisa é simultaneamente a execução do contrato-promessa (mediante a emissão das declarações de vontade a que as partes estavam vinculadas) e o cumprimento de uma das obrigações decorrentes do contrato definitivo. Simplesmente, como a execução do contrato-promessa é, nestas situações, em regra, feita de forma apenas *tácita* ou *implícita*, tem-se a ilusão de que o adquirente passa a exercer poderes sobre a coisa a título de promissário da vinculação assumida pela contraparte.

Em todas estas situações não surge qualquer direito de gozo tendo por base um contrato-promessa, mas antes uma verdadeira situação de *posse* que se funda, ou no negócio dissimulado, ou no contrato prometido.

Quando se fala, porém, em *tradição de uma coisa objecto de um contrato prometido*, não se têm em vista situações com semelhante recorte, mas sim as situações em que a tradição de determinada coisa se alicerça, unicamente, num *contrato-promessa ainda não executado*. Assim, quando um dos contraentes transfere para o outro a coisa que é objecto de um contrato prometido, antes da celebração deste, o *accipiens* passa a exercer sobre ela poderes de facto a título de parte num contrato-promessa (a título de *promissário*). Importa salientar dois pontos.

Em primeiro lugar, não nasce um direito de gozo em todos os casos em que a situação se apresenta conforme acabamos de descrever. Por outro lado, quando esse direito efectivamente surge, pode ter amplitude variável de caso para caso.

Antes de mais nada, tem de atender-se ao tipo de contrato-promessa, uma vez que lhe são aplicáveis as normas relativas ao contrato prometido (art. 410.°, n.° 1). Equivale isto a dizer que a própria tradição da coisa

Direitos Pessoais de Gozo 77

fundada no contrato-promessa se regula, em princípio, pelas normas do contrato prometido. O direito que o *accipiens* adquire acaba por depender, assim, do tipo de contrato prometido. Da entrega baseada num contrato-promessa de compra e venda surgem, normalmente, poderes de gozo mas, por exemplo, da *traditio rei* fundada num contrato-promessa de depósito não surge, em regra ([190]), qualquer poder de gozo.

Por outro lado, há normas reguladoras do contrato definitivo que, pela sua *razão de ser* (art. 410.º, n.º 1, *in fine*), não são aplicáveis ao contrato-promessa e que, portanto, também não regulam os direitos adquiridos por um dos contraentes em virtude da tradição da coisa. Para identificar essas normas tem de analisar-se a *ratio legis* ([191]) de cada preceito legal, e verificar se se justifica a respectiva aplicação ao contrato-promessa. Assim, o artigo 879.º, al. *a*), não é aplicável a um contrato-promessa de compra e venda e, consequentemente, devem considerar-se também afastadas todas as normas legais que pressupõem a transferência do direito de propriedade. Deste modo, o *accipiens* não poderá, obviamente, alienar a coisa. Mas não só isto. Toda a norma que pressuponha uma certa *estabilização* apenas propiciada pelo contrato definitivo — porque transfere a propriedade — deve considerar-se igualmente inaplicável. Por idêntico motivo, deve afastar-se também o poder de *transformação* que, enquanto concretização do poder de dispor, cabe ao proprietário.

Tem de atender-se ainda, em cada caso, à regulamentação que as partes, dentro dos limites da lei, estabeleçam. Continuando com o mesmo exemplo, pode convencionar-se que o *accipiens* disporá de poderes de transformação.

Em conclusão, deve salientar-se que, quando o contrato prometido atribui um direito de gozo, o contraente ao qual a coisa é entregue antes da celebração do contrato definitivo adquire, em princípio, como consequência da entrega, um *direito pessoal de gozo* ([192]), cujo conteúdo varia em função do próprio contrato prometido e da regulamentação específica que houver sido estabelecida pelas partes.

21. *A curadoria definitiva.* — Fala-se de *ausência* em sentido técnico quando alguém desaparece sem que se saibam notícias a seu respeito ([193])

([190]) *Supra*, p. 21.

([191]) Cfr. Antunes Varela, *Das obrigações em geral*, vol. I, 9.ª ed., p. 336.

([192]) Neste sentido, sem todavia considerar as várias hipóteses, Luminoso, *La tutela aquiliana...*, p. 49, e, entre nós, Henrique Mesquita, *Obrigações reais...*, p. 51.

([193]) Mota Pinto, *Teoria geral...*, p. 260.

— na expressão legal (art. 89.°, n.° 1), "sem que dele se saiba parte". A *ausência* levanta problemas específicos de que o legislador se ocupa nos artigos 89.° a 121.°.

Sempre que ocorra esta situação e se verifique simultaneamente a necessidade de prover acerca da administração dos bens do ausente, não havendo representante legal nem procurador (art. 89.°, n.° 1), deve o tribunal, a requerimento do Ministério Público ou de qualquer interessado (art. 91.°), nomear-lhe *curador provisório*. Deve igualmente proceder-se à nomeação de curador quando, havendo embora procurador, este não exerça as suas funções (art. 89.°, n.° 2). O curador provisório é escolhido de entre o cônjuge do ausente, os herdeiros presumidos ou qualquer interessado na conservação dos bens (art. 92.°, n.° 1).

Todo o regime legal da curadoria provisória é estabelecido na pressuposição de que o ausente regresse ([194]), pelo que o curador é um simples administrador dos bens, ficando sujeito, não só às normas que especialmente se ocupem do seu estatuto, mas também ao regime do mandato geral (cfr. arts. 94.°, n.° 1, e 1157.° e ss., *maxime* 1159.°). É obrigado a prestar caução (art. 93.°) e a apresentar contas anualmente ou quando o tribunal o exigir (art. 95.°), tendo direito a receber, como remuneração, dez por cento da receita líquida que realizar na execução do mandato (art. 96.°). Deste modo, o *curador provisório* não tem qualquer direito de gozo, devendo qualificar-se como um *administrador de bens alheios* ([195]) e agindo, portanto, no interesse do ausente ([196]).

Se tiverem decorrido dois anos sem se saber do ausente, ou cinco anos no caso de ele ter deixado representante legal ou procurador bastante, a lei permite que pelo Ministério Público ou por algum dos interessados (cfr. art. 100.°) possa ser requerida a *justificação da ausência* (art. 99.°). O tribunal, após esta justificação, requisitará certidões dos testamentos públicos e mandará abrir os testamentos cerrados para se fazer a entrega de bens aos legatários (102.°) e, depois da partilha, aos herdeiros (art. 103.°). Todos aqueles que recebam bens do ausente, nesta fase em que a ausência se tem por justificada, são havidos como *curadores definitivos* (art. 104.°).

([194]) Mota Pinto, *Teoria geral...*, p. 262.

([195]) *Supra*, p. 21.

([196]) Oliveira Ascensão, *Direito Civil — Sucessões*, p. 131.

Direitos Pessoais de Gozo 79

O *curador definitivo* passa a ter um direito não qualificável como de propriedade ([197]), desde logo por ficar equiparado, em matéria de capacidade judiciária e quanto aos poderes de ordem patrimonial, ao curador provisório, podendo mesmo ter de prestar caução para receber os bens (art. 107.°). Há, todavia, quanto aos poderes de fruição, uma importante diferença entre o curador provisório e o definitivo. Enquanto o primeiro não tem direito a fruir os bens, mas apenas a uma remuneração calculada com base nos resultados líquidos, o *curador definitivo*, pelo contrário, tem direito à fruição dos bens, podendo, se for ascendente, descendente ou cônjuge do ausente, *fazer seus todos os frutos percebidos*; e, caso não se integre em nenhuma destas categorias, apenas é obrigado a reservar para o ausente um terço do rendimento líquido (art. 111.°). Esta circunstância — poder retirar, para si, utilidades de uma coisa — chega para estabelecer a fronteira entre o *dever de administração* e o *direito de gozo* ([198]). Está-se, assim, perante um direito de gozo tipificado na lei, o qual obedece, basicamente, quanto ao seu regime, como se salientou, ao preceituado nos artigos 94.° (por remissão do art. 110.°) e 111.°.

A curadoria definitiva é estabelecida também na pressuposição de que o ausente ainda regresse, embora tal eventualidade seja menos provável nesta fase do que durante a curadoria provisória ([199]). A curadoria definitiva termina (art. 112.°) pelo regresso do ausente, pela notícia da sua existência e do lugar onde reside, pela certeza da sua morte, ou pela declaração de morte presumida. O direito pessoal de gozo em que está investido o curador definitivo apenas cessa, nos dois primeiros casos, quando o ausente requerer que os seus bens lhe sejam entregues (art. 113.°).

22. *A entrada com o uso e fruição de bens para uma sociedade.* — O contrato de sociedade caracteriza-se, além do mais, como é sabido, pelo facto de os sócios se obrigarem a contribuir com bens ou serviços (art. 980.°), prevendo-se expressamente que a contribuição em bens pode consistir na *atribuição do uso e fruição de uma coisa* (art. 984.°, al. *b*)).

([197]) Giorgianni, *Contributo...*, p. 60. Mesmo os autores que consideram verificar--se, com a *justificação da ausência*, a *abertura da sucessão*, salientam as particulares restrições à posição jurídica do sucessor (p. ex., Oliveira Ascensão, *Direito Civil — Sucessões*, p. 133 e s.).

([198]) Cfr., na doutrina italiana, Giorgianni, *Contributo...*, pp. 59 e ss., e 185, e Luminoso, *La tutela aquiliana...*, p. 51 e s. Em sentido não convergente, Zatti, *L'immissione...*, p. 260 e ss.

([199]) Mota Pinto, *Teoria geral...*, p. 262.

Neste caso, quanto ao regime da *execução da prestação*, da *garantia*, e do *risco da coisa*, remete-se para o regime da locação (último art. cit.), sendo aplicáveis as normas dos artigos 1031.° a 1038.°, e 1044.°, embora com adaptações ([200]) (por exemplo, a al. *a)* do art. 1038.° deve excluir--se). Por outro lado, não pode perder-se de vista a regulamentação específica do contrato de sociedade. Quanto ao perecimento da coisa, far--se-á aplicação tanto do artigo 1044.°, como dos artigos 1003.°, al. *d)*, 1004.°, al. *b)*, e 1017.°, n.° 2. Deste modo, o perecimento ou deterioração da coisa dá lugar a uma obrigação de indemnizar o sócio que atribuiu o respectivo gozo à sociedade, no caso de haver culpa dos administradores, respondendo a sociedade solidariamente com eles (art. 1017.°, n.° 2). A culpa dos administradores presume-se, nos termos do artigo 1044.° ([201]) ([202]). Caso estes consigam ilidir a presunção, o sócio que entrou com o gozo da coisa pode ser excluído da sociedade (art. 1003.°, al. *d)* e 1004.°, al. *b)*). Assim resulta de uma aplicação conjugada das normas sobre a perda ou deterioração da coisa contidas no regime da locação (aplicáveis, repete-se, por remissão do art. 984.°, al. *b)*) e no regime do contrato de sociedade. Por outro lado, aquando da liquidação da sociedade, o sócio que para ela tiver entrado "com o uso e fruição de certos bens tem o direito de os levantar no estado em que se encontrarem" (art. 1017.°, n.° 1), mas devem tomar-se em linha de conta, também, as normas que, na locação, disciplinam o levantamento de benfeitorias (por analogia ou por remissão do art. 984.°), sendo, portanto, aplicáveis as normas sobre a posse de má fé (arts. 1273.° a 1275.°).

Importa ainda chamar a atenção para dois pontos.

Por um lado, o conteúdo do gozo atribuído à sociedade é idêntico ao do locatário (art. 1031.°, als. *a)* e *b)*), consistindo no *uso* e *fruição* da coisa. Apesar de não se poder falar em locação, por faltar um elemento

---

([200]) Cfr. Pires de Lima e Antunes Varela, *Código Civil anotado*, vol. II, anot. n.° 3 ao art. 984.°, p. 293 e s.

([201]) Contra, Pires de Lima e Antunes Varela, *Código Civil anotado*, vol. II, anot. n.° 2 ao art. 1017.°, p. 334; atente-se, todavia, naquilo que estes mesmos autores defendem, *ob. cit.*, anot. n.° 3 ao art. 984.°, p. 294.

([202]) Deve presumir-se a culpa dos administradores e não a dos sócios sem poderes de administração, porque são os primeiros, em regra, quem pratica os actos que afectam o património social. Todavia, a culpa pode, excepcionalmente, ser dos sócios não administradores, pelo facto de, por exemplo, deliberarem uma afectação incorrecta da coisa concedida (Pires de Lima e Antunes Varela, *Código Civil anotado*, vol. II, anot. n.° 2 ao art. 1017.°, p. 334).

essencial, devido ao facto de o sócio conferente ter direito a uma participação nos benefícios da sociedade e não a uma contraprestação (renda ou aluguer) funcionalmente ligada à atribuição do gozo, está-se, inquestionavelmente, perante um *direito pessoal de gozo* ([203]).

Por outro lado, relativamente às vicissitudes do direito, não é de aplicar a esta concessão de gozo o princípio *emptio non tollit locatum*, consagrado no artigo 1057.º. Na base deste princípio, que consagra a sucessão do adquirente nos direitos e obrigações do locador, está a protecção da estabilidade da posição do locatário, facilitando-se também a transmissão do direito do locador ([204]). Ora, no presente caso, verifica-se, certamente, a necessidade de conferir estabilidade ao gozo atribuído à sociedade mas, através do princípio *emptio non tollit locatum*, possibilitar-se-ia a transmissão da qualidade de sócio para o adquirente, o que é incompatível com o regime das sociedades, dado estabelecer-se no artigo 995.º, n.º 1, que "nenhum sócio pode ceder a terceiro a sua quota sem consentimento de todos os outros", ou prejudicar-se-ia o adquirente, o que é contrário à ponderação de interesses subjacente à cessão *ex lege* da posição contratual do locador ([205]). Deve entender-se, por conseguinte, que a atribuição do uso e fruição de uma coisa a uma sociedade se rege pelo princípio consagrado no artigo 406.º, n.º 2, segundo o qual o contrato só produz efeitos entre as partes ([206]).

([203]) PROVERA, *Locazione...*, p. 73.

([204]) *Supra*, p. 55 e s.

([205]) CICU, *L'obbligazione...*, p. 11.

([206]) O art. 1057.º constitui excepção a este princípio. Cfr., no âmbito do *Code*, HENRI, LÉON e JEAN MAZEAUD, *Leçons de Droit Civil*, tomo III, vol. 2, 2.ª parte, p. 412 e s.

CAPÍTULO III

A estrutura dos direitos pessoais de gozo

23. *Nota preliminar.* — Antes de iniciar a análise estrutural dos direitos pessoais de gozo, importa salientar que a generalidade da doutrina se tem preocupado quase exclusivamente com o enquadramento conceitual da posição jurídica do locatário. Esta preferencial atenção compreende-se, uma vez que, por um lado, a locação tem grande impacto económico e social e, por outro lado — pelas razões que adiante se salientarão —, a disciplina a que a relação locativa se encontra sujeita suscita, no plano dogmático, enormes dificuldades. Todavia, uma parte das questões tratadas a propósito da locação é comum aos outros direitos pessoais de gozo e, por isso, alguns dos argumentos que se invocam para inserir a locação no campo da *realidade* ou no das *relações creditórias* podem igualmente utilizar-se em relação a qualquer outro direito pessoal de gozo.

Aqui serão tratados unitariamente todos os direitos pessoais de gozo — dado terem uma estrutura comum —, generalizando muitas vezes argumentos expostos, normalmente, apenas a propósito da locação. Salientar-se-ão, todavia, algumas diferenças entre os vários tipos, sempre que se mostrem relevantes para a compreensão estrutural da categoria em que todos se integram.

SECÇÃO I

Enquadramento dos direitos pessoais de gozo no campo das relações creditórias

SUMÁRIO: 24. O gozo como consequência de uma prestação positiva efectuada por outrem. 25. O gozo como consequência de uma prestação negativa efectuada por outrem. 26. *Cont.*: o gozo como situação meramente factual. 27. *Cont.*: o radicalismo de CARNELUTTI

24. *O gozo como consequência de uma prestação positiva efectuada por outrem.* — É importante referir e criticar a doutrina que considera as utilidades obtidas pelo titular de um direito pessoal de gozo como correspectivo de uma prestação positiva efectuada por outrem — o locador, o comodante, etc. —, apesar de se tratar de uma orientação hoje definitivamente ultrapassada. Segundo esta tese — que pode denominar-se *doutrina da prestação positiva* ([1]) —, o titular de um direito pessoal de gozo tem acesso às utilidades da coisa através de uma *prestação de fazer gozar* que impende sobre outrem, efectuada *quotidie et singulis momentis*.

Formulada, em regra, a respeito da locação ([2]), esta doutrina aparece, também, expressamente associada a outras figuras jurídicas, como o

---

([1]) MENEZES CORDEIRO, *Direitos Reais*, vol. II, p. 959, e *Da natureza...*, p. 108.

([2]) POLACCO, *Appunti sulle locazioni*, p. 418, e *Le obbligazioni...*, pp. 38 e s. e 373; PACIFICI-MAZZONI, *Istituzioni...*, p. 239; BAUDRY-LACANTINERIE e WHAL, *Du contrat de louage*, pp. 3, 14, e 383; ABELLO, *Della locazione*, pp. 93 e s., 105, 110 e s., e 431; MANDRIOLI, *Locazione di cose*, p. 270; FUBINI e SEQUI, *Locazione...*, p. 1007; BARASSI, *I diritti reali limitati,...*, p. 49 (onde se nota certa hesitação — leia-se a linha 7.ª), *Diritti reali e possesso*, vol. I, p. 110, e *La teoria generale delle obbligazioni*, vol. I, p. 87;

86   *José Andrade Mesquita*

comodato ([3]), a sublocação ([4]), ou mesmo a generalidade dos direitos pessoais de gozo ([5]). Se a *doutrina da prestação positiva* explicasse de modo correcto o direito do locatário, ela aplicar-se-ia igualmente aos outros direitos pessoais de gozo, uma vez que se trata de fundamentar ou justificar o acesso ao *gozo em sentido técnico* proporcionado por direitos não enquadráveis no campo da *realidade*. Fácil se torna demonstrar, no entanto, que esta teoria não deve ser sufragada.

Antes de mais, é importante salientar que a doutrina da prestação positiva encontrou, noutros ordenamentos jurídicos, uma base de apoio na letra da lei, a propósito do contrato de locação. Assim, o Código de Napoleão, no artigo 1709, define a locação de coisas como sendo o "contrato pelo qual uma das partes se obriga a fazer gozar (*faire jouir*) a outra (parte) uma coisa durante certo tempo...". Por seu lado, em Itália, o actual Código Civil define a locação, no artigo 1571, recorrendo também à expressão "obrigação de fazer gozar" (*far godere*), na sequência, de resto, do artigo 1569 do Código Civil de 1865. Todavia, mesmo nestes países, a doutrina acabou por reconhecer que tais definições, apontando para uma *obrigação positiva* a cargo do locatário, têm de considerar-se pouco felizes, dado não ser possível explicar o gozo que aquele retira da coisa através de uma obrigação positiva cumprida por outrem ([6]).

No ordenamento jurídico português esta doutrina não encontra na letra da lei qualquer apoio. O próprio Código de Seabra afastou-se da formulação do Código napoleónico, que lhe serviu de modelo, definindo

---

CARRARA, *I contratti agrari*, pp. 191 e 214 e s.; SCUTO, *Teoria generale delle obbligazioni...*, p. 17; VISCO, *Trattato...*, p. 7; DE CUPIS, *Il danno...*, vol. II, pp. 64 e 81; PROVERA, *Locazione...*, p. 39 e ss. (*maxime*, p. 42 e ss. (nomeadamente, nota 6)), e também pp. 47, 49 (deve assinalar-se a este autor uma aparente contradição, na p. 42, linhas 20 e ss.); entre nós, MANUEL RODRIGUES, *A posse*, p. 190 e s.; PINTO LOUREIRO, *Tratado da locação*, vol. I, p. 152; PIRES DE LIMA, *Anotação ao acórdão de 4 de Maio de 1956*, p. 280, e ANTUNES VARELA, *Das obrigações em geral*, vol. I, 5.ª ed., p. 185 (na 9.ª ed., p. 407, fala-se na "obrigação fundamental, imposta ao locador, de proporcionar o gozo da coisa ao locatário", mas, na p. 124, utiliza-se uma fórmula neutra — "cedência do gozo temporário da coisa").

([3]) Cfr. PROVERA, *Locazione...*, p. 63.

([4]) MANDRIOLI, *Locazione di cose*, pp. 270 e 345.

([5]) PROVERA, *Locazione...*, p. 49.

([6]) Neste sentido, em Itália, no âmbito do Código Civil de 1865, GIORGIANNI, *Contributo...*, p. 112 e ss., e, no âmbito do actual Código Civil, MOSCO, *I frutti...*, p. 407 a 409; NATOLI, *Il conflitto dei diritti...*, p. 69 e ss., e GIOVANNI COCO, *Locazione...*, p. 926.

assim a locação (art. 1595.°): "Dá-se o contrato de locação, quando alguém traspassa a outrem (...) o uso e fruição de certa coisa". No artigo 1.° da chamada Lei do Inquilinato (Decreto n.° 5411, de 17 de Abril de 1919) declarava-se sensivelmente o mesmo: "Dá-se o contrato de arrendamento quando alguém transfere a outrem (...) o uso e fruição de uma coisa imóvel" ([7]). E também no actual Código Civil, apesar de a locação ser nele definida através de uma fórmula mais ambígua ([8]), falando o artigo 1022.° em "proporcionar (...) o gozo", não pode ver-se consagrada a *tese da prestação positiva*. Aliás, quanto à modalidade mais importante de locação — o arrendamento urbano —, o legislador diz que "uma das partes *concede à outra o gozo* temporário de um prédio urbano" (art. 1.° do RAU).

No tocante a outros direitos pessoais de gozo, é igualmente nítida a falta de apoio na letra da lei para a presente tese. Assim, na *locação financeira* o legislador recorre, no artigo 1.° do Decreto-Lei n.° 149/95, de 24 de Junho, à fórmula "ceder (...) o gozo". No *comodato* fala-se em entregar certa coisa para que o comodatário "se sirva dela" (art. 1129.°). Na *anticrese*, quanto às duas modalidades subsumíveis à categoria dos direitos pessoais de gozo ([9]), ou se remete para a locação (art. 661.°, n.° 1, al. *b*)), não se dizendo, portanto, nada de novo, ou se fala (art. 661.°, n.° 1, al. *c*)) em "direito de receber os respectivos frutos". E também nenhuma referência à obrigação de "fazer gozar" se encontra na *parceria pecuária* (art. 1121.°), na *parceria agrícola* (art. 31.° do Decreto-Lei n.° 385/88, de 25 de Outubro), na *curadoria definitiva* (art. 111.°), na *entrada com o uso e fruição de bens para uma sociedade* (art. 984.°, al. *b*)) ou em qualquer outro dos direitos pessoais de gozo já referidos ([10]).

Verifica-se, assim, que a *tese da prestação positiva* não encontra, no ordenamento jurídico português, o apoio literal que lhe proporcionam os ordenamentos jurídicos francês e italiano. Mas ainda que o legislador nacional fizesse referência, em qualquer dos direitos pessoais de gozo, à ideia de que um dos contraentes fica *obrigado*, para com o outro, *a fazê--lo gozar* a coisa, isso de forma alguma poderia levar a aceitar a tese da

---

([7]) Cfr. ALMEIDA RIBEIRO, *Natureza jurídica...*, p. 183.

([8]) MENEZES CORDEIRO, *Da natureza...*, p. 110.

([9]) *Supra*, p. 68 e s.

([10]) *Supra*, capítulo II. É óbvio que se têm apenas em vista os direitos pessoais de gozo que a lei expressamente regula, pois é da análise das formulações legais que o texto se ocupa.

prestação positiva ([11]), pois contra ela levantam-se argumentos que tornam patente a sua inadequação.

A primeira reacção em face da doutrina da prestação positiva é a de que ela se apresenta como uma construção demasiado *artificiosa* ([12]). Com efeito, analisando detidamente as relações jurídicas onde o problema se suscita, nota-se que a intervenção do concedente do gozo se reduz ao mínimo, não se descortinando qualquer prestação positiva permanente, isto é, um comportamento levado a cabo pelo locador, pelo comodatário, etc., *quotidie et singulis momentis*, destinado a assegurar — *rectius*: a *fornecer* — o gozo da coisa ao titular do direito. Em vez de um comportamento positivo contínuo, o que se verifica é um afastamento e alheamento do concedente relativamente à coisa que, em algumas situações, nem sequer conhece (como sucede, normalmente, na locação financeira) ([13]).

De resto, uma prestação de fornecer o gozo *dia a dia* afigura-se, logo à primeira vista, um contra-senso, porque a actividade de gozo é sempre levada a cabo pelo concessionário, não sendo concebível a possibilidade de o concedente o substituir e de, através da sua actuação, lhe proporcionar o gozo da coisa ([14]). Esta doutrina, portanto, além de artificiosa, revela-se inexacta ([15]).

Para o concedente cumprir a obrigação positiva, ser-lhe-ia exigida uma permanente *tensão da vontade* no sentido de realizar ou efectivar o direito do "credor" ([16]), dado que este pode gozar a coisa continuamente. Por tal motivo, THON ([17]) afirma, com razão, que se o locador (abrangendo, obviamente, os concedentes de outros direitos pessoais de gozo) fosse obrigado, momento a momento, a cumprir uma obrigação positiva, nenhum homem consciente estaria disposto a dar em locação as suas coisas. Não porque seja impossível a existência de uma prestação positiva de execução continuada ([18]), mas, simplesmente, porque uma prestação com semelhante

---

([11]) Em Itália, BARASSI, *La teoria generale delle obbligazioni*, vol. I, p. 87, considera esta questão decidida a favor da tese da *prestação positiva*, dada a inequívoca formulação do artigo 1571 do Código Civil italiano.

([12]) HENRIQUE MESQUITA, *Obrigações reais...*, p. 135.

([13]) *Supra*, pp. 40 e 42.

([14]) DEIANA, *Considerazioni sul diritto...*, p. 235.

([15]) TILOCCA, *La distinzione...*, p. 19.

([16]) Cfr. GIORGIANNI, *Contributo...*, p. 124.

([17]) *Norma giuridica...*, p. 297.

([18]) Contra, GIORGIANNI, *Contributo...*, p. 124 e s.

conteúdo dificilmente prescindiria, para poder ser cumprida, de uma organização de pessoas. Daí que a irónica observação de THON seja bem fundada, embora não esclareça por que razão a doutrina da prestação positiva está errada, evidenciando apenas que há algo nela que se torna inaceitável.

Assistindo ao titular de um direito pessoal de gozo a faculdade de retirar da coisa determinadas utilidades, nomeadamente através do *uso* que dela pode fazer — quanto a este ponto, nenhuma controvérsia existe —, a obrigação posta a cargo da outra parte, para ser positiva e para, simultaneamente, realizar o direito de gozo (do locatário, do comodatário, do parceiro pensador, etc.), deveria ser uma *obrigação de entrega* da coisa. Ora, como a doutrina tem notado, esta obrigação de entrega (quando existe) origina uma *prestação instantânea* e não duradoura, e nem recorrendo a uma ficção se pode dizer que o concedente do direito pessoal de gozo efectua a entrega momento a momento ([19]). Com efeito, se o concedente procede à entrega, fica sem a disponibilidade material da coisa, só podendo efectuar nova entrega caso o titular do direito pessoal de gozo lha restitua. A isto pode acrescentar-se que, se há direitos pessoais de gozo em relação aos quais surge uma obrigação de entrega (como sucede na locação), outros há em que essa obrigação não existe, quer porque assentam em contratos reais *quoad constitutionem* (como sucede no comodato ou na parceria pecuária), quer porque não implicam detenção geral (ou em sentido próprio) por parte do titular do direito (como sucede nas *servidões irregulares ou pessoais*) ([20]). Começam, assim, a tornar-se claros os motivos pelos quais a tese da prestação positiva deve ser considerada inexacta. Mas as críticas não ficam por aqui.

Se a tese ora criticada fosse válida, o concessionário do gozo, quando tem direito aos *frutos naturais* (como, por exemplo, na parceria agrícola ou em algumas modalidades de locação), parece que só poderia adquiri-los através de uma actividade de entrega por parte do concedente, dado ser este quem, através da sua actividade, proporciona o gozo da coisa.

Foi exactamente esta solução que alguma doutrina veio defender, entendendo que o titular do direito pessoal de gozo, quando adquire os frutos naturais, o faz através de uma *traditio* ou, mais precisamente, de uma *quasi-traditio* efectuada pelo concedente do direito (nomeadamente,

---

([19]) Cfr. GIORGIANNI, *Contributo...*, p. 117.

([20]) *Supra*, p. 53 e ss.

pelo locador) [21]. Semelhante tese, porém, para além de, segundo a melhor doutrina, nem sequer encontrar apoio na tradição jurídica romana [22], é *artificiosa* e *inexacta* [23].

Trata-se de uma tese artificiosa, porque explica a obtenção dos frutos por parte do titular do direito pessoal de gozo através da tradição efectuada por alguém que, no momento da colheita, não tem qualquer contacto com a coisa e, em grande parte dos casos, não chega a saber sequer da existência dos frutos. Foi justamente observado, relativamente à locação, que o locador não tem qualquer vontade de transferir os frutos, nem no momento da celebração do contrato, nem no da entrega da coisa, nem no da percepção deles [24]. Torna-se nítido, deste modo, que se está perante uma tentativa de explicar a realidade através de uma pura ficção [25].

Mas esta doutrina, além de se revelar artificiosa, origina consequências inaceitáveis e deve, por isso, considerar-se inexacta. Vejamos porquê.

Quanto à propriedade dos frutos, de duas uma: ou se considera que, no momento da pretensa *traditio* ou *quasi-traditio* dos frutos, o concedente do direito é ainda seu proprietário, estando vinculado a uma obrigação de *dar*, ou se considera que já não é, estando apenas adstrito a uma obrigação de *entregar* [26].

Se se aceitar esta última hipótese, fica por explicar a forma através da qual a propriedade se transferiu [27].

Se, pelo contrário, for defendido que, no momento da referida *traditio*, o concedente é proprietário dos frutos, daí decorrerão, inelutavelmente,

---

[21] Assim, RUGGIERO, *Usufrutto e diritti affini*, Nápoles, 1913, p. 166 (não foi possível consultar esta obra, citada por GIORGIANNI, *Contributo...*, p. 118).

[22] BONFANTE, *Corso...*, p. 169, afirma que "o direito sobre os frutos depende do direito sobre a coisa frutífera, mas não é necessariamente idêntico".

[23] Neste sentido, RATTI, *Sul diritto di godimento...*, p. 507 e s., e GIORGIANNI, *Contributo...*, p. 119. "Superfetação inútil", nas palavras de DISTASO, *Diritto reale...*, p. 451.

[24] RATTI, *últ. loc. cit.*

[25] Como salientam HENRI, LÉON e JEAN MAZEAUD, *Leçons de Droit Civil*, tomo III, vol. 2, 2.ª parte, p. 387, relativamente à locação, "o locatário não poderia exigir que o locador percebesse os frutos para lhos entregar".

[26] Fala-se em obrigação de *dar* e *entregar* no sentido que o direito romano lhes atribuía e que era, respectivamente, o de transferir o *domínio* de uma coisa (*dare*) ou apenas a respectiva *posse* ou *detenção* (*tradere rem*).

[27] Criticar-se-á mais adiante a tentativa de fundamentar a transferência da propriedade num contrato de *compra e venda*.

Direitos Pessoais de Gozo 91

várias soluções inaceitáveis. Uma vez que a transferência da propriedade dos frutos para a esfera do titular do direito pessoal de gozo dependeria de um acto do concedente, enquanto esse acto não fosse cumprido — em princípio, até à separação dos frutos —, os credores do concedente (do locador, do parceiro-capitalista, etc.) poderiam penhorá-los e executá-los, solução claramente injusta e rejeitada pela melhor doutrina ([28]). Apenas aos credores do titular do direito pessoal de gozo se deverá reconhecer o direito de penhorar os frutos, mesmo antes da colheita ([29]).

Por outro lado, enquanto o concedente não cumprisse a obrigação de *dar* os frutos ao concessionário, poderia aliená-los a um terceiro e, por conseguinte, o titular do direito de gozo nunca estaria seguro de poder fazer seus os frutos por si próprio cultivados. Imagine-se que alguém dá de arrendamento um terreno para fins de exploração silvícola. O locatário vem a plantar nele, por exemplo, eucaliptos e, chegado o momento do respectivo corte, o proprietário vende-os a um terceiro que imediatamente exerce os direitos que o contrato lhe confere. Se o locador for considerado proprietário das árvores até ao momento em que deveria entregá-las ao locatário, este nada poderá fazer contra o terceiro comprador, não tendo o *ius reivindicandi* e apenas lhe assistindo o direito de pedir uma indemnização ao concedente do gozo ([30]). De igual modo no caso em que um terceiro viesse a destruir ou a danificar os frutos da coisa locada, antes da respectiva separação, dificilmente se poderia reconhecer ao titular do direito pessoal de gozo legitimidade para reagir (fora da eventual tutela aquiliana do crédito), ficando o concedente, por sua vez, desobrigado, em virtude de se verificar uma impossibilidade de cumprimento, o que constituiria solução inaceitável ([31]). E também não seria fácil explicar a aqui-

---

([28]) VENEZIAN, *Dell'usufrutto...*, vol. II, p. 761; CARNELUTTI, *Lezioni di diritto processuale...*, p. 134, afirmando, embora, que o locatário é titular de um direito de crédito e acrescentando, em *Appunti...*, p. 569, que "o ladrão dos frutos da coisa furta--os ao usufrutuário, não ao proprietário da raiz; mas, diversamente, furta-os ao locador e não ao locatário"; GIORGIANNI, *Contributo...*, p. 119, e MOSCO, *I frutti...*, p. 459. Relativamente à anticrese, TEDESCHI, *L'anticresi*, p. 73; VAZ SERRA, *Consignação de rendimentos*, p. 36, em nota (mas na p. 42, nota 52, e na p. 52, entra aparentemente em contradição), e TROPLONG, *Du nantissement...*, n.º 594, p. 154 e s. Contra, CABERLOTTO, *Anticresi*, p. 493.

([29]) CARNELUTTI, *Lezioni di diritto processuale...*, p. 134.

([30]) A solução só será diferente nos quadros do *efeito externo das obrigações* ou do *abuso do direito*.

([31]) Quanto ao usufruto, L. BIGLIAZZI GERI, *L'usufrutto...*, p. 196 e s.

sição dos frutos por parte de um terceiro que celebrasse um contrato de compra e venda com o concessionário e depois viesse a colhê-los ([32]), sem que o concedente tivesse qualquer intervenção.

A melhores resultados não consegue chegar outra tentativa levada a cabo — dentro da concepção da prestação positiva — para explicar a aquisição dos frutos naturais por parte do titular do direito pessoal de gozo. Houve quem considerasse que, quando alguém constitui a favor de outrem um direito de gozo que inclui no seu conteúdo o aproveitamento de frutos naturais, está simultaneamente a *alienar* estes frutos durante o tempo em que a relação de gozo vier a perdurar ([33]). Esta construção revela-se, tal como a anterior, artificiosa e inexacta.

Artificiosa porque, desde logo — conforme salienta GIORGIANNI ([34]) —, não encontra correspondência na vontade das partes, uma vez que estas não têm, normalmente, a mínima intenção de alienar coisas futuras (os frutos naturais).

Para além disto, o concedente poderia sempre celebrar com um terceiro um contrato de compra e venda dos mesmos frutos, cumprindo, depois, relativamente a quem lhe aprouvesse, ficando embora sujeito a indemnizar o outro contraente. Deste modo, o locatário correria o risco de perder os frutos cultivados no terreno locado, porque o locador poderia aliená-los a um terceiro. Ninguém aceitará, por certo, semelhante solução.

Por outro lado, se devesse entender-se que as partes celebram um contrato de compra e venda dos frutos simultaneamente com, por exemplo, um arrendamento rural, parte daquilo a que se chama *renda* corresponderia, no fundo e em bom rigor, ao *preço dos frutos*. Mas, se assim fosse, tornar-se-ia difícil afastar as regras da compra e venda em relação à parte do negócio que a doutrina aqui criticada considera cair dentro deste contrato, uma vez que se estaria, nos casos em que o titular do direito pessoal de gozo tem direito a frutos naturais produzidos pela coisa, perante um contrato misto de locação e de compra e venda ([35]).

Desta forma, suscitar-se-iam novamente os problemas que acabámos de analisar, relativamente à doutrina da *traditio* ou *quasi-traditio*, porque um dos efeitos da compra e venda é o surgimento, na esfera do vendedor, da obrigação de entregar a coisa (al. *b*) do art. 879.º), e, portanto, se o

---

([32]) RATTI, *Sul diritto di godimento...*, p. 503.

([33]) VENEZIAN, *Dell'usufrutto,...*, vol. II, p. 508.

([34]) *Contributo...*, p. 120.

([35]) *Vide* ANTUNES VARELA, *Das obrigações em geral*, vol. I, 9.ª ed., p. 285 e ss., e quanto ao regime jurídico, p. 294 e ss.

concedente não cumprisse a obrigação de entrega, teria que indemnizar os prejuízos causados. Por outro lado, sendo imposta ao vendedor, na venda de bens futuros ou de frutos pendentes, a obrigação de "exercer as diligências necessárias para que o comprador adquira os bens vendidos" (art. 880.°, n.° 1), não se vê que diligências o concedente ("vendedor") de um direito pessoal de gozo poderia e deveria levar a cabo.

A inadequação do esquema conceitual da compra e venda pode também evidenciar-se através do regime aplicável no caso de o prédio produzir uma quantidade de frutos menor do que aquela que normalmente dele se poderia retirar. As normas daquele contrato apontam para uma de duas soluções: se ao negócio de concesão do gozo foi atribuído carácter aleatório, o preço é sempre devido (art. 880.°, n.° 2); na hipótese contrária, só é devido o montante relativo à quantidade de frutos efectivamente obtida (no caso do art. 887.°), ou proceder-se-á, a partir de um certo desnível, a uma redução proporcional do preço convencionado (no caso do art. 888.°, n.° 2). Um regime completamente diferente vigora para o arrendamento rural: nos termos do artigo 10.°, n.° 1, do Decreto-Lei n.° 385/88, de 25 de Outubro, "quando no prédio arrendado, por causas imprevisíveis e anormais, resultar, com carácter duradouro plurianual, diminuição significativa da capacidade produtiva do prédio, ao arrendatário assiste o direito de obter a resolução do contrato ou a fixação de nova renda, salvo se essa diminuição tiver sido resultante de práticas inadequadas de exploração". Caso se estivesse perante uma alienação dos frutos, o preceito não deveria mandar atender à "capacidade produtiva do prédio", mas sim à produção efectivamente obtida. É evidente, pois, que o legislador não configura o arrendamento rural como um contrato pelo qual se alienam frutos, mas antes como um negócio pelo qual se concede o gozo de determinada coisa, o que constitui mais um argumento contra a tese da prestação positiva aqui criticada.

Já houve quem observasse também que, no âmbito deste entendimento, a perda de capacidade do concedente impedi-lo-ia de cumprir a prestação. Todavia, não se exigindo, nas obrigações civis, capacidade do devedor, excepto relativamente a actos de disposição (art. 764.°, n.° 1, 1.ª parte, *a contrario*) ([36]), não se vê que esta objecção tenha validade no nosso ordenamento jurídico ([37]).

([36]) Cfr. ANTUNES VARELA, *Das obrigações em geral*, vol. II, p. 20.

([37]) Fica assim respondida a pergunta de MENEZES CORDEIRO sobre o que aconteceria se o locador "perdesse a razão". Cfr. *Da natureza...*, p. 111.

Pelo que especificamente respeita ao *cumprimento*, importa referir que, se a obrigação do concedente fosse positiva, quando este deixasse de cumprir — e, portanto, passasse a não efectuar qualquer tipo de prestação —, cessaria o gozo da coisa por parte do concessionário. É irrelevante, a este propósito, averiguar se existirá algum direito pessoal de gozo que possa terminar pela vontade do concedente [38]. Mas já se discute se a *inércia* (em que o *não cumprimento* se consubstancia) do concedente afecta ou não o titular do direito pessoal de gozo. Fácil se torna concluir, no entanto, que, ao contrário do que aconteceria se de uma prestação positiva se tratasse, a inércia do titular não afecta o gozo retirado da coisa, a não ser nos casos em que, excepcionalmente, o concedente esteja adstrito a verdadeiras obrigações positivas — como sucede na locação, onde se impõe ao locador a obrigação de efectuar as reparações de que a coisa locada careça [39].

Observe-se, finalmente, que se a prestação do concedente fosse de conteúdo positivo, a possibilidade de estipular, no arrendamento florestal, um *prazo máximo de 70 anos* (art. 7.°, n.° 1, do RAF) seria contrária ao princípio segundo o qual ninguém pode ficar obrigado a efectuar uma prestação excessivamente prolongada. Uma prestação negativa, com aquela duração, ainda será admissível. Constituindo a obrigação, em todos os casos, um limite à actuação do devedor, tal limite torna-se mais nítido quando a prestação consiste num *facere*, pois uma pessoa sente menos a restrição à sua liberdade na "prestação que lhe imponha apenas um 'não fazer alguma coisa', à qual pode entregar-se com maior facilidade" [40]. Caso a prestação do concedente fosse positiva, deveria possibilitar-se-lhe, nas relações com duração prolongada, a denúncia *ad nutum* [41]. Todavia, o legislador permite o arrendamento florestal com um prazo que pode ir até 70 anos, não atribuindo, obviamente, ao locador o direito de fazer terminar, por sua exclusiva vontade, a relação obrigacional em causa.

25. *O gozo como consequência de uma prestação negativa efectuada por outrem.* — Como a *tese da prestação positiva* não consegue resistir

---

[38] É, todavia, uma argumentação em que cai o próprio GIORGIANNI, *Contributo...*, p. 126.

[39] *Supra*, p. 30.

[40] BARASSI, *La teoria generale delle obbligazioni*, vol. I, p. 136.

[41] A denúncia *ad nutum* deriva da "temporalidade do vínculo jurídico" e fundamenta-se na parte final do n.° 1 do art. 406.° e no art. 280.°, n.° 2, 1.ª parte — cfr. OPPO, *I contratti di durata*, p. 240 e ss. Sobre esta denúncia, ver também MOTA PINTO, *Teoria geral...*, p. 623, e CALVÃO DA SILVA, *Cumprimento...*, p. 73.

às críticas que lhe são dirigidas, revelando-se, para além de artificiosa, totalmente inexacta, a doutrina que continua a ver nos direitos pessoais de gozo uma estrutura creditícia e afirma, portanto, que o concessionário satisfaz o seu interesse através de uma prestação efectuada por outrem (o concedente), assinala à obrigação do concedente um conteúdo negativo.

Segundo esta concepção, conhecida por *tese da prestação negativa* ([42]), o titular do direito pessoal de gozo é, tal como na tese da prestação positiva, apenas um *credor*, consistindo a obrigação do devedor num *non facere*, ou melhor, num *pati* ([43]) ([44]). O titular do direito pessoal de gozo retira determinadas utilidades da coisa em virtude de alguém (o concedente do direito) estar obrigado a permitir essa mesma actividade.

Torna-se importante averiguar, desde já, se esta obrigação de *pati* é susceptível de violação, porque, para poder falar de uma obrigação negativa, é necessário que o devedor tenha a possibilidade de não cumprir ([45]). Se alguém, por hipótese, se obrigasse a deixar a Terra executar os seus movimentos de rotação ou de translação, ou a não impedir que a temperatura fosse mais alta no Verão do que no Inverno, não se estaria perante verdadeiras obrigações, porque, não podendo ser violadas, não fariam qualquer sentido. A violação e o cumprimento são duas faces da mesma realidade — o dever de prestar.

([42]) Terminologia de MENEZES CORDEIRO, *Direitos Reais*, vol. II, p. 961, e *Da natureza...*, p. 111, relativamente à locação.

([43]) FRANCESCO FERRARA, *Trattato...*, p. 305. Sobre a distinção entre a obrigação de *non facere* e a de *pati*, ANTUNES VARELA, *Das obrigações em geral*, vol. I, 9.ª ed., p. 85, e MENEZES CORDEIRO, *Direito das obrigações*, vol. I, p. 338.

([44]) Defendendo esta concepção, BASSANELLI, *Note introdutive...*, p. 639 e ss.; CICU, *L'obbligazione...*, p. 10; TABET, *Locazione...*, p. 998 e ss., *maxime* p. 1000, e *La locazione — conduzione*, pp. 146 e 236; CARNELUTTI, *Appunti...*, nomeadamente pp. 529, 533, e 546 (sobre a concepção deste autor, *vide*, com algum desenvolvimento, *infra*, p. 106 e ss.); DALMARTELLO, *Appunti in tema...*, p. 835 e ss. (incidentalmente); HENRI, LÉON e JEAN MAZEAUD, *Leçons de Droit Civil*, tomo III, vol. 2, 2.ª parte, p. 386 e s.; LE GALL, *L'obligation de garantie...*, pp. 51 e 78 e s., e, entre nós, PEREIRA COELHO, *Arrendamento...*, pp. 9 e 134.

([45]) Sobre o problema de saber se este tipo de obrigações apenas é susceptível de violação ou se é também susceptível de cumprimento, LEONARDO COVIELLO, *L'obbligazione negativa*, vol. I, Nápoles, 1931, p. 230 e ss. (não nos foi possível consultar esta obra), e BARASSI, *Le obbligazioni...*, p. 50. Este autor defende que as obrigações negativas são susceptíveis de cumprimento, apesar de algumas regras que regulam este acto não lhe serem aplicáveis. Cfr. também VAZ SERRA, *Objecto da obrigação...*, p. 19, onde observa que o credor pode intentar uma acção, antes de a obrigação negativa se vencer, para exigir o posterior cumprimento.

Ora bem. Não parece que possam pôr-se dúvidas sérias quanto à possibilidade de violação da obrigação de *pati* [46]. Com efeito, se, por exemplo, o locador de um prédio rústico o invadir com um rebanho, ou nele efectuar escavações para construir um edifício, ou se o comodante de um imóvel o demolir, não restam dúvidas de que a obrigação de *pati* foi violada. Precisamente porque o concedente do gozo (obrigado, pelo contrato, a não perturbar o direito que atibuiu à contraparte) pode violar a sua obrigação negativa, o artigo 1037.º — depois de, na primeira parte do n.º 1, enunciar a obrigação negativa do locador — estabelece, no n.º 2, que o locatário pode defender-se dos ataques levados a cabo pelo concedente.

Embora admitindo que a obrigação negativa a que fica sujeito aquele que concede o gozo sobre uma coisa pode ser violada, GIORGIANNI, ao criticar a *teoria da prestação negativa*, afirma que não há correspondência entre a violação da obrigação de *pati* e a cessação do gozo [47]. O raciocínio deste autor baseia-se, fundamentalmente, em duas ordens de considerações, que convém analisar.

Por um lado — afirma —, quando o concedente de um direito pessoal de gozo viola a obrigação negativa (abandonando o estado de inércia) e passa a praticar actos que perturbam ou impedem o gozo ao titular do direito, deve considerar-se que a perturbação causada mais não é do que um *"efeito reflexo"* da violação levada a cabo. Trata-se de um efeito reflexo porque a perturbação não resulta *directamente* da violação, mas sim do facto de ter passado a existir uma impossibilidade física de obter as utilidades da coisa.

Por outro lado — acrescenta —, além do concedente, também os terceiros podem violar desta mesma forma o direito de gozo, bastando, para tanto, que pratiquem qualquer acto impeditivo do respectivo exercício [48].

Estas considerações carecem de alguns esclarecimentos.

Quanto à primeira — a de que a impossibilidade do gozo é apenas um "efeito reflexo" da violação da obrigação de *pati* —, cumpre observar que há um *nexo de causalidade* entre a violação da obrigação e a

---

[46] Cfr. MOSCO, *I frutti...*, p. 438.

[47] *Contributo...*, p. 128 e s.

[48] GIORGIANNI, *Contributo...*, p. 129, e, entre nós, MENEZES CORDEIRO, *Da natureza*, p. 113, citando, no mesmo sentido, TABET, *Locazione...*, p. 999. Mas, relativamente a este último autor, é da maior importância ver o que escreve na *ob. cit.*, p. 1001 (*vide infra*, nota n.º 53), para não correr o risco de desvirtuar o seu pensamento.

diminuição ou cessação do gozo. A expressão "efeito reflexo" não pode, portanto, significar ausência de nexo de causalidade. Quer se siga a formulação negativa quer a positiva da teoria da causalidade adequada [49], a violação, pelo concedente, da obrigação de *pati* pode *causar* a perda do gozo ou, pelo menos, a sua diminuição.

Simplesmente — e só nesse sentido é admissível falar de "efeito reflexo" —, a violação da obrigação de *pati* apenas causa a perda do gozo ao concessionário na medida em que este deixe efectivamente de exercer a sua actividade. Imagine-se que o senhorio ameaça o inquilino de usar a força para o expulsar do imóvel. Pode acontecer que o locatário se intimide, abandonando, temporariamente, o local arrendado; mas também pode acontecer que resista à ameaça e continue a exercer o seu direito como se nada se tivesse passado. Torna-se evidente que, no primeiro cenário, o inquilino deixou de gozar a coisa devido à violação cometida pelo locador e que, no segundo, perante idêntica atitude, o locatário não sofreu qualquer privação. Quando se fala em "efeito reflexo", pretende-se salientar que a violação levada a cabo pelo concedente não provoca necessariamente a privação ou diminuição do gozo, sendo necessário atender às consequências que provoca, *reflexamente*, ao nível do comportamento do titular do direito. Importa assim reter que, estando o concedente do direito adstrito a um *pati*, a violação deste dever nem sempre causa a perda do gozo por parte do titular do direito, uma vez que este pode continuar, em certos casos, a gozar a coisa apesar daquela violação.

Vejamos, agora, em que sentido é exacta a afirmação de que tanto o concedente do direito pessoal de gozo como qualquer terceiro podem violar o direito da mesma forma, isto é, através de actos que impedem o titular de gozar a coisa.

A posição dos terceiros perante direitos pessoais de gozo será objecto de análise específica na segunda parte do presente estudo, quando se tratar da tutela aquiliana. Mas diga-se desde já que, de facto, qualquer terceiro pode impedir ou perturbar o gozo do titular de um direito pessoal de gozo, da mesma forma por que tal impedimento ou perturbação podem ser provocados pelo concedente. Todavia, os terceiros não contraíram nenhuma obrigação para com o titular do direito. Se se chegar à conclusão de que também eles — tal como o concedente — são constrangidos a abster-se de praticar qualquer acto impeditivo ou perturbador do gozo, isso deve-se a uma vinculação de ordem genérica [50]. O concedente —

---

[49] Cfr. ANTUNES VARELA, *Das obrigações em geral*, vol. I, 9.ª ed., p. 916 e ss.

[50] *Infra*, parte II, *maxime* p. 209 e ss.

locador, comodante, etc. —, por seu lado, está *obrigado*, pelo menos, a nada fazer que inviabilize o gozo por si atribuído.

Esta distinção não é irrelevante. Se o gozo do concessionário pode ser afectado, da mesma forma, tanto pelo concedente como por qualquer terceiro, tal acontece apenas no plano dos factos, isto é, no plano naturalístico. A identidade de situações entre o concedente e os terceiros revela--se, a um olhar mais atento — a um olhar atento às valorações jurídicas —, uma falsa identidade, porque a violação levada a cabo pelo *concedente* pode dar lugar a *responsabilidade contratual* [51], enquanto a perpetrada por um terceiro só pode originar responsabilidade extracontratual, o que é da maior importância, como se sabe, a nível da prova da culpa [52]. Por outro lado, relativamente ao concedente, pode ser pedida pelo titular do direito de gozo a resolução do contrato ou invocada a excepção de não cumprimento [53].

A violação de um direito pessoal de gozo levada a cabo pelo concedente distingue-se, assim, no plano das consequências jurídicas, da que seja cometida por um terceiro. Mas convém assinalar desde já outras diferenças entre a posição do concedente e a dos terceiros.

Dado que, no plano naturalístico, a conduta do concedente não se diferença da de qualquer terceiro, poderia pensar-se que ambas servem, *de igual forma*, para tornar possível o direito pessoal de gozo. Mas tal conclusão não é exacta. Se, para permitir o gozo, se torna necessária tanto a abstenção dos terceiros como a do concedente, há uma prioridade, simultaneamente *lógica* e *temporal*, da obrigação de *non facere* a que o concedente se vincula. O dever geral de respeito que impende sobre os terceiros só surge porque o concedente deu origem ao direito de gozo, *obrigando-se* — em sentido próprio — a não perturbar o respectivo titular. Antes de o concedente — normalmente através de um contrato — consentir na constituição do direito pessoal de gozo, os terceiros apenas têm que respeitar o direito que àquele pertence (em regra, um direito de natureza real). Na sua qualidade de estranhos à relação jurídica de que o direito pessoal de gozo emerge, os terceiros — salvo se alterarem a situação do concedente, nomeadamente adquirindo o direito que lhe assiste sobre a coisa — nada podem fazer no sentido de pôr fim ao dever geral de respeito, enquanto o concedente, dentro dos limites e de acordo com

---

[51] Provera, *Locazione...*, p. 194, e Trifone, *La locazione...*, p. 471.

[52] Henrique Mesquita, *Obrigações reais...*, pp. 50 e 170 e s. (nota 78).

[53] Pelo que respeita à locação, *vide* Tabet, *Locazione...*, p. 1001.

os pressupostos que variam de caso para caso, pode sempre pôr fim à sua obrigação negativa (fazendo cessar o direito pessoal de gozo).

Resulta do exposto, portanto, que a violação do dever geral de respeito e da obrigação de *pati* apenas se confundem no plano naturalístico, por se efectuarem através de idênticas acções.

Outra das críticas movidas contra a *tese da prestação negativa* é a de que, se ela fosse válida, também os direitos reais menores assentariam numa estrutura creditória (⁵⁴). O titular da propriedade onerada com uma servidão real, com um usufruto ou com um direito de superfície está obrigado a respeitar estes direitos reais menores, pelo que não haveria qualquer distinção, relativamente ao conteúdo da relação jurídica em que se integram, entre os direitos pessoais de gozo e os direitos reais. Se se atender, porém, à *absolutidade estrutural* de todos os direitos reais (⁵⁵), imediatamente se conclui que a objecção não tem razão de ser.

As duas críticas acabadas de referir não bastam para refutar a tese da prestação negativa. Assim, se é exacto que qualquer terceiro pode violar um direito pessoal de gozo pela mesma forma por que o concedente o pode fazer, importa tomar em linha de conta que os terceiros não estão *obrigados* (em sentido próprio) a abster-se, enquanto o concedente está. O dever dos terceiros será sempre *genérico*. Por outro lado, relativamente aos direitos reais menores, é perfeitamente possível que não exista qualquer sujeito obrigado (devido à absolutidade estrutural). Portanto, dos direitos pessoais de gozo decorre sempre uma obrigação negativa que não pode considerar-se comum aos direitos reais menores.

A crítica verdadeiramente decisiva e irrespondível apontada à *tese da prestação negativa* parte de uma análise da própria *estrutura* das relações creditórias. O enquadramento conceitual que tal tese propugna só traduziria em termos rigorosos a essência dos direitos pessoais de gozo se a obrigação negativa fosse idónea, por si só, para realizar o direito do "credor" (leia-se, do concessionário) (⁵⁶). Ora, é óbvio que o cumprimento de uma simples obrigação negativa não basta para satisfazer o interesse do titular de um direito pessoal de gozo (⁵⁷).

(⁵⁴) MENEZES CORDEIRO, *Da natureza*, p. 113 (citando GINOSSAR, *Droit réel,*..., CHAUVEAU, *Classification...*, e DABIN, *Une nouvelle...*).

(⁵⁵) *Infra*, p. 119 e ss.

(⁵⁶) GIORGIANNI, *Obbligazione*, pp. 588 e 601.

(⁵⁷) Neste sentido, relativamente à locação, GIORGIANNI, *Contributo...*, p. 123.

A *tese da prestação positiva*, apesar de artificiosa e inexacta, era mais adequada, pelo menos aparentemente, para, no plano obrigacional, explicar o fenómeno dos direitos pessoais de gozo, uma vez que fazia corresponder ao direito do "credor" (concessionário) uma obrigação idónea para o realizar. A *doutrina da prestação negativa* não permite estabelecer uma relação de correspondência entre determinado *direito* e uma *obrigação* que deveria realizá-lo. Se o cumprimento da obrigação por parte do devedor tem a função de realizar ou satisfazer o correlativo direito do credor, constituindo um instrumento suficiente para atingir esse desiderato, não pode obviamente dizer-se que a obrigação de *pati* realiza o direito do locatário, do comodatário, etc. A utilização de uma coisa alheia não pode de forma alguma conseguir-se através de determinada conduta negativa observada por outrem, pela simples razão de que o gozo implica necessariamente o desenvolvimento de uma actividade por parte do titular do direito. O concedente, além de uma atitude de abstenção, nada mais pode fazer do que, mediante certas prestações, variáveis de direito para direito, criar as condições necessárias ao exercício da actividade de gozo. Contudo, o *núcleo* do direito pessoal de gozo consiste sempre na *actividade exercida pelo respectivo titular sobre uma coisa* ([58]).

A obrigação é uma relação jurídica em que um dos sujeitos (sujeito activo) pode exigir de outro (sujeito passivo) a realização de uma prestação, havendo perfeita correspondência entre o conteúdo e o objecto do direito do credor e o conteúdo e o objecto da obrigação do devedor ([59]). Na relação obrigacional o cumprimento tem a função de realizar o direito do credor, sendo, simultaneamente, um instrumento suficiente para satisfazer tal direito.

Figurem-se alguns exemplos, partindo, para simplificar, de relações creditórias unas ou simples. Se *A* se obriga a restaurar um móvel de *B*, este tem o direito de exigir que *A* leve a cabo a actividade a que se vinculou e, por outro lado, com essa actividade, ficará satisfeito o direito de *B*. Do mesmo modo, se *C* se obriga a entregar determinada coisa a *D*, o direito deste é satisfeito com o cumprimento da obrigação de entrega assumida por *C*. Imaginemos agora que *E* se obriga, perante *F*, a não tocar piano no local da sua residência durante os dias úteis da semana.

([58]) GIORGIANNI, *Obbligazione*..., pp. 588 e 601. O erro da doutrina da prestação negativa é semelhante ao cometido pelos autores personalistas na tentativa de captar a essência do direito real através da moldura unitária da relação jurídica intersubjectiva. *Vide infra*, p. 113 e ss.

([59]) Cfr. GIORGIANNI, *Contributo*..., p. 129.

O direito de *F* fica satisfeito com a abstenção levada a cabo por *E*, isto é, com o cumprimento da prestação debitória. E imaginemos, finalmente, que *G* se obriga, para com *H*, a não vender determinado produto em certo local. *H* pode exigir a *G* o comportamento negativo a que este se vinculou, ficando o direito de *H* igualmente satisfeito com tal abstenção.

Em todos estes casos — de verdadeiras *obrigações* — o credor tem um direito realizável através do comportamento de outrem (o devedor).

Nos direitos pessoais de gozo as coisas não se passam assim. O direito de exercer determinados poderes sobre a coisa não é explicável mediante o esquema obrigacional, porque não tem — não pode ter — correspondência em qualquer comportamento observado por quem quer que seja ([60]).

Já se pretendeu combater este entendimento dizendo que a prestação do devedor nem sempre realiza o interesse do credor e que também existe a possibilidade de o credor agir. Mais concretamente, nos direitos obrigacionais a prestação pode limitar-se a criar as condições de realização do interesse do credor e, por outro lado, este — tal como nos direitos reais — tem, por vezes, para além do direito à prestação, a faculdade de levar a cabo um ou mais actos para a realização do interesse protegido ([61]). Pelo que especificamente respeita às obrigações de *pati* — afirma-se —, a prestação do devedor (de tolerar) não realiza imediatamente (ao contrário de uma simples obrigação de *non facere*) o interesse do credor, por visar apenas um resultado mais limitado, que consiste em permitir ao credor a realização do seu direito. Mas estas objecções não são irrespondíveis.

Comecemos pela afirmação de que o interesse do credor nem sempre é realizado pela prestação do devedor. Pode perfeitamente acontecer que as coisas sejam assim, mas isso é irrelevante. O interesse do credor, não fazendo parte da *estrutura* da relação creditória ([62]), pode frustrar-se, sendo embora cumprida a prestação que devia satisfazê-lo. Mas, abstractamente, o interesse típico do credor é, em todos os casos, susceptível de completa realização pela prestação de outrem. Isto não acontece nos direitos pessoais de gozo. Nestes, o *interesse típico do titular não obtém satisfação — não se realiza — através de uma prestação efectuada por outrem.*

([60]) "Os créditos que têm por objecto o uso de coisa alheia exercem-se, do mesmo modo que os direitos reais, directamente sobre a coisa", afirma VON TUHR, *Derecho Civil...*, vol. III^2, p. 242 e s.

([61]) BASSANELLI, *Note introduttive...*, p. 626 a 633.

([62]) Por todos, ANTUNES VARELA, *Das obrigações em geral*, vol. I, 9.ª ed., p. 164.

Também a afirmação de que, na relação creditória, há lugar para a acção do credor não pode, obviamente, ser negada. O credor, para além da *faculdade* de agir, pode ter, inclusivamente, o *dever* de agir, com o fim de facilitar o cumprimento da obrigação [63]. Mas, nos direitos pessoais de gozo, a actividade exercida sobre a coisa não corresponde a uma mera *faculdade*, traduzindo-se antes num *direito subjectivo*. Ora, um direito subjectivo que confere o poder de retirar utilidades de uma coisa não cabe, por definição, na categoria dos direitos creditórios. Tendo o titular de um direito pessoal de gozo o poder de *usar, fruir* ou, até, de *dispor* de certa coisa, trata-se de um direito que implica uma actividade sobre a *res*, levada a cabo pelo próprio titular do direito. E, como nota GIORGIANNI, não existe aqui uma obrigação que se coloque como correlato do poder sobre a coisa, de tal forma que o cumprimento da obrigação realize este poder [64] — o que leva MENEZES CORDEIRO a afirmar, com justeza, que "não há qualquer equiparação entre uma actividade de gozo e um dever de abstenção" [65]. A obrigação de *pati* não traduz totalmente a estrutura dos direitos pessoais de gozo. A abstenção por parte do concedente (locador, comodante, etc.) possibilita o exercício do direito pessoal de gozo, mas não realiza o conteúdo deste [66].

Por fim, a *tese da prestação negativa* também não consegue explicar a aquisição dos frutos por parte do titular do direito pessoal de gozo. Com efeito, se o gozo é apresentado como consequência de uma abstenção de outrem, a transmissão dos frutos, sob pena de se quebrar a harmonia da construção propugnada, tem de se explicar como um efeito da mesma abstenção. Ninguém, todavia, ousará defender que a abstenção configura uma forma de transferência da propriedade.

26. *Cont.: o gozo como situação meramente factual.* — Paralelamente às correntes que vêem no direito real *apenas* uma relação do titular com todos os outros (*doutrinas personalistas*), também se tentou configurar o direito pessoal de gozo como uma relação creditória estabelecida entre concedente e concessionário, qualificando o poder que este exerce sobre a coisa como meramente *factual*, alheio a qualquer direito subjectivo. É da maior importância analisar esta doutrina, que leva às últimas conse-

---

[63] ANTUNES VARELA, *Das obrigações em geral*, vol. I, 9.ª ed., p. 131.

[64] *Contributo...*, p. 131; no mesmo sentido, LUMINOSO, *La tutela aquiliana...*, p. 119.

[65] *Da natureza...*, p. 113.

[66] GIORGIANNI, *Contributo...*, p. 133

Direitos Pessoais de Gozo 103

quências a tese da prestação negativa e procura reduzir os direitos pessoais de gozo, no tocante à sua estrutura jurídica, a relações exclusivamente creditórias.

DEIANA — defensor desta tese — começa por observar, relativamente à locação, que "a doutrina de longe dominante entende que o locatário é titular de um direito subjectivo à ingerência (na coisa) e enquadra este direito na categoria das relações creditórias". Ora — nota o eminente civilista italiano —, caso tal direito exista, "não pode por certo ser considerado um direito de crédito", uma vez que não há qualquer prestação a cargo do locador "que possa realizar o direito à ingerência do locatário" [67]. Mas DEIANA, em vez de procurar uma adequadada explicação para o direito de retirar utilidades de uma coisa — a que chama, sugestivamente, *direito à ingerência* —, nega que aquele direito exista. Entende que a actividade do locatário — como, de resto, a do proprietário — é lícita porque não existe proibição de a levar a cabo. "Com a realização do contrato locativo, o locatário não adquire qualquer poder jurídico em relação à coisa, mas obtém apenas uma permissão em virtude da qual a sua ingerência deixa de ser proibida pelo ordenamento jurídico". Por outras palavras — acrescenta —, não existe qualquer direito subjectivo do locatário à ingerência na coisa, mas apenas ausência do dever de abstenção [68], que possibilita uma "actividade material de invasão da esfera jurídica alheia" [69]. DEIANA esclarece, a propósito, que o direito subjectivo não pode nunca consistir em poder actuar de determinada forma, mas antes na *pretensão de que outrem tenha um certo comportamento* [70].

Concluindo, o concedente tem, segundo a tese em análise, o dever de não impedir a ingerência, a que corresponde apenas, na esfera do concessionário, o direito de exigir tal comportamento permissivo. A actividade exercida sobre a coisa pelo titular do direito pessoal de gozo é meramente *factual* — não é um poder integrado num direito subjectivo, mas uma simples faculdade.

Não pode, porém, aderir-se a este ponto de vista.

Começaremos por observar que nada justifica que no conceito de *direito subjectivo* se incluam unicamente as situações em que existe uma

---

[67] *Considerazioni sul diritto...*, p. 242.
[68] *Considerazioni sul diritto...*, p. 243.
[69] Na expressão já utilizada por MENGONI, *Conflitto tra locatari...*, p. 700.
[70] *Considerazioni sul diritto...*, p. 243.

pretensão relativamente a outrem ([71]). Por outro lado, os vários direitos distinguem-se pelo seu conteúdo, ou seja, pelas várias possibilidades de comportamento oferecidas ao sujeito ([72]) e, relativamente aos direitos reais, apenas o poder do sujeito sobre a coisa permite distinguir o exercício normal do abuso do direito ([73]).

Cingindo-nos ao tema da presente dissertação, se o concessionário do gozo não tivesse qualquer direito sobre a coisa e apenas pudesse agir sobre esta em virtude de não haver nisso qualquer ilicitude, levando a cabo, portanto, como pretende DEIANA, uma actividade puramente material (lícita), ficaria por explicar a faculdade, que lhe assiste, de se defender contra qualquer intervenção do próprio concedente (arts. 1037.°, n.° 2; 1125.°, n.° 2; 1133.°, n.° 2, e 1188, n.° 2 ([74])). Os actos praticados por este último seriam meras violações de um direito de crédito, não se compreendendo o recurso à tutela possessória relativamente a uma coisa sobre a qual o concessionário não poderia invocar qualquer direito.

Também a possibilidade de o locatário se defender contra actos de terceiros (art. 1037.°, n.° 1) ([75]) cairia na tutela aquiliana do crédito. Não negando esta possibilidade, deve salientar-se, no entanto, que, em termos de sistematização, seria estranho estabelecer esta tutela, a que o ordenamento jurídico português aparentemente é hostil ([76]), num preceito sobre locação.

Para além disto, se ao concessionário não assistisse um verdadeiro *direito subjectivo de gozo*, apenas lhe sendo lícito exercer determinada actividade material sobre a coisa, em virtude do consentimento do concedente, não haveria fundamento para impedir que este atribuísse igual prerrogativa a outras pessoas. Quando alguém, por exemplo, desse uma

---

([71]) NATOLI, *La proprietà...*, pp. 11 e s., e 23 e s.; TABET, *La locazione — conduzione*, p. 94 e s., e HENRIQUE MESQUITA, *Obrigações reais...*, p. 57 e ss.

([72]) NICOLÒ, *Istituzioni...*, pp. 23 e 30; PUGLIESE, *Diritti reali*, p. 769, e ANTUNES VARELA, *Das obrigações em geral*, vol. I, 9.ª ed., p. 191.

([73]) ANTUNES VARELA, *Das obrigações em geral*, vol. I, 9.ª ed., p. 191 e s.

([74]) *Vide infra*, p. 205 e ss. (sobre as restrições ao últ. art. cit, p. 207 e s.).

([75]) *Infra*, p. 209 e ss.

([76]) Defendem que o nosso ordenamento jurídico não consagra a tutela aquiliana do crédito, ANTUNES VARELA, *Das obrigações em geral*, vol. I, 9.ª ed., p. 182 e ss.; ALMEIDA COSTA, *Direito das obrigações*, p. 71 e ss.; PEREIRA COELHO, *Obrigações*, p. 69 e ss.; RUI DE ALARCÃO, *Direito das obrigações*, 1977-78, p. 88 e ss., e *Direito das obrigações*, 1983, p. 82 e ss., e RIBEIRO DE FARIA, *Direito das obrigações*, vol. I, p. 41 e ss.

coisa em locação e, seguidamente, celebrasse idêntico contrato com um terceiro, ambos os locatários poderiam levar a cabo, em regime de concorrência, actividades sobre a coisa. E parece que nem sequer poderia falar-se de incumprimento do contrato em relação àquele que, por acção do outro, se visse impedido de o fazer.

Mesmo admitindo que o concedente se vincula a não permitir a outrem uma actividade conflituante sobre a coisa, a solução consagrada no artigo 407.° seria dificilmente explicável. Aliás, a própria letra deste preceito fala — correctamente — em *direitos pessoais de gozo sobre uma coisa*. Se se tratasse de direitos meramente creditórios, que em nada se distinguissem dos demais, a prevalência que, em caso de conflito, o legislador atribui ao mais antigo, careceria de justificação.

Igualmente seria difícil explicar as diferenças de regime jurídico antes e depois da entrega da coisa ao concessionário. Ora, tais diferenças justificam-se e, por vezes, são expressamente consagradas pelo legislador ([77]). O artigo 407.° deve ser interpretado, para se atingirem as soluções mais justas, no sentido de que nele se estabelece a prevalência do direito daquele que primeiramente conseguiu o gozo directo ([78]).

O artigo 1034.°, n.° 2, também não encontraria explicação adequada. Este preceito dispõe que, quando, por exemplo, o locador não seja proprietário da coisa, mas isso não prive o locatário do gozo que contratualmente lhe compete, se considera o contrato cumprido. À luz da tese de DEIANA, haveria cumprimento sem o concessionário ver realizado nenhum direito e sem que o devedor cumprisse qualquer obrigação. Com efeito, a obrigação de *non facere* não foi cumprida por impossibilidade subjectiva da prestação (arts. 762.°, n.° 1; 790.°, n.° 1; 801.°, n.° 1). Estar-se-ia, assim, a considerar o contrato cumprido apenas porque o locatário não foi afectado no plano factual, tendo o seu direito sido completamente frustrado. Transposta a solução para as verdadeiras relações creditórias, daria soluções deste tipo: se alguém se obrigasse a destruir um edifício e este caísse devido a um terramoto, considerar-se-ia o contrato cumprido. Semelhante entendimento é inaceitável, dado não ter havido cumprimento da obrigação nem realização do direito. Na hipótese do artigo 1034.°, n.° 2, diversamente, o contrato considera-se cumprido porque, apesar de o locador não ter a faculdade de proporcionar a outrem o gozo da coisa locada, o locatário consegue efectivar os poderes que integram o seu *direito* sobre essa coisa.

([77]) Veja-se, no direito italiano, o § 1.° do art. 1380 do Código Civil.

([78]) *Infra*, p. 191 e ss.

DEIANA também não consegue explicar o poder de o concessionário (em certos casos) se apropriar dos frutos da coisa. Se os frutos, até ao momento da separação, pertencem ao proprietário, como pode a propriedade transferir-se para um sujeito que não tem qualquer direito sobre ela? E como evitar, nesta construção, que os credores do concedente executem os frutos pendentes?

Tudo isto evidencia que não é possível, seja qual for o caminho que se siga, subsumir os direitos pessoais de gozo, integralmente, às relações creditórias.

27. Cont.: o radicalismo de CARNELUTTI. — Tanto na *tese da prestação positiva* como na da *prestação negativa*, o vício de construção consiste "num procedimento em que, para reconduzir a um determinado protótipo jurídico determinada situação concreta, se forçam os termos desta última, quando seria lógico, pelo contrário, admitir a impossibilidade da subsunção" [79]. Está-se, portanto, perante teses que não pretendem alterar o conceito de *relação creditória*, e que apenas tentam entender o *direito pessoal de gozo* (pensando, normalmente, na locação) de forma subsumi-lo ao conceito de relação obrigacional, tal como a doutrina, de modo praticamente pacífico, hoje a define.

Outras correntes, apresentando os direitos pessoais de gozo como estruturalmente creditórios, recorrem a uma argumentação diversa, ao procurarem alterar ou redimensionar o próprio conceito de relação obrigacional [80]. Pretende-se, igualmente, "conciliar dois termos aparentemente inconciliáveis: direito de crédito e possibilidade de exercer poderes de actuação em relação a uma coisa, para satisfação das próprias necessidades" [81].

Pela sua notoriedade, pelo radicalismo das soluções que propõe, e porque, se fosse válida, integraria os direitos pessoais de gozo nas relações creditórias, é importante analisar a construção de CARNELUTTI [82].

Para este autor, as relações jurídicas desenvolvem-se fundamentalmente em função de dois vectores: a *concorrência* e a *cooperação*. Os

---

[79] RODOTÀ, *Note critiche...*, p. 1298, a propósito do direito de propriedade.

[80] LUMINOSO, *La tutela aquiliana...*, p. 120.

[81] BASSANELLI, *Note introduttive...*, p. 625.

[82] MENEZES CORDEIRO, *Direito das obrigações*, vol. I, p. 197 e ss., procede a uma apreciação crítica desta construção, mas, com respeito à questão que aqui mais interessa (a vinculação do devedor consubstanciada, sempre, num *pati*) apenas lhe faz uma breve referência (p. 198).

homens concorrem ao gozo dos bens, tendo cada um interesse em gozar a maior parte deles. "Para que vivam em paz torna-se necessário — sublinha — que a todos seja imposto o dever de respeitar o gozo dos outros sobre determinados bens" [83]. Esta função é desempenhada pelas chamadas normas *distributivas*, isto é, pelas normas que atribuem a cada um determinada esfera de gozo. Por efeito da disciplina da concorrência, divide-se o campo jurídico em várias zonas contíguas, sem interferência recíproca e representando cada uma delas a soma dos bens cujo gozo é reservado a cada sujeito. São zonas delimitativas do *domínio* de cada um ou, se se quiser, da sua *liberdade*, entendendo-se, com este último termo, a ausência de qualquer poder alheio [84].

Por outro lado, os homens, porque os meios de que individualmente dispõem não são suficientes para as suas necessidades, *cooperam* uns com os outros. Esta cooperação faz-se, segundo CARNELUTTI, através de dois modelos: *associação* e *troca*. Pelo primeiro, duas ou mais pessoas juntam os seus meios para atingirem um objectivo comum e, através do segundo, uma pessoa põe os seus meios à disposição de outrem. Neste último caso, a ordem jurídica garante a cada um a disponibilidade de bens alheios.

A disciplina jurídica da *cooperação* situa-se em plano secundário, porque não se concebe a regulação das relações de associação e de troca sem a regulamentação das relações de *concorrência* (o contrato de compra e venda, por ex., não pode conceber-se sem a existência do direito de propriedade). Para referir as normas que disciplinam as relações de *troca*, fala CARNELUTTI em normas *comutativas*, cujo efeito, afirma, se "concretiza na variação da esfera de gozo delimitada pelas normas distributivas, ou, por outras palavras, na invasão de uma esfera alheia", pelo que, através da cooperação, as "zonas contíguas estabelecidas pelas normas de concorrência vêm a intersectar-se" [85].

As normas *distributivas* dão origem aos *direitos reais*, enquanto os *direitos de crédito* surgem das *normas comutativas*, que, conforme já referimos, atribuem poderes em relação à esfera de gozo alheia.

Para CARNELUTTI, o direito de crédito não se traduz numa actividade que alguém executa em favor de outrem, não é um direito do credor a uma prestação executada pelo devedor, mas sim "um direito a uma *tolerância* de determinado sujeito (devedor)". O devedor vincula-se essencial-

---

[83] *Appunti...*, p. 526.

[84] *Appunti...*, p. 526 e s.

[85] *Appunti...*, p. 527.

mente a um comportamento de abstenção (*patientia*) em relação à acção do credor sobre os seus bens. "Dos dois, é o credor quem *age*; o devedor, pelo contrário, *tolera*" ([86]). Em todos os direitos de crédito, portanto, o devedor tem uma posição meramente passiva, deixando que outrem *invada* a esfera que lhe está reservada — a sua esfera de liberdade ou de domínio ([87]). A *actividade positiva eventualmente levada a cabo pelo devedor* constitui o *objecto* do direito de crédito, consubstanciando-se o *conteúdo* do dever (isto é, a prestação) na limitação da liberdade do devedor em relação aos seus bens ([88]). Recorrendo aos conceitos entre nós dominantes ([89]), a actividade do devedor é relegada para *objecto mediato*, sendo o *objecto imediato* da obrigação constituído por um não fazer, por tolerar que o credor beneficie de algo.

À luz desta concepção, os direitos pessoais de gozo são perfeitamente enquadráveis nas relações creditórias, por traduzirem, como todos os outros, uma invasão da esfera jurídica alheia.

Mas também esta construção é artificiosa ([90]). Com efeito, a distinção a que se procede nas obrigações de *facere*, entre a actividade positiva que o devedor leva a cabo e o sucessivo comportamento negativo que permitiria ao credor a satisfação dos seus interesses, não tem a menor correspondência com a realidade. Dizer-se, por exemplo, que a prestação do cozinheiro consiste em tolerar que o credor goze as energias daquele dirigidas a cozinhar alimentos ([91]), equivale a confundir a prestação com o interesse que visa satisfazer — ou com o resultado patrimonial a que deve dar origem. Não é possível "distinguir no comportamento do devedor um lado negativo que deveria constituir o cumprimento da obrigação, de um lado positivo que deveria constituir o próprio objecto do direito do credor", tal como não é possível "estabelecer o momento até ao qual a actividade do devedor constitui objecto do direito do credor e a partir do qual passa a ser cumprimento da obrigação" ([92]).

([86]) *Appunti...*, p. 529.

([87]) *Appunti...*, p. 533.

([88]) GIORGIANNI, *L'obbligazione...*, p. 209, e BARASSI, *La teoria generale delle obbligazioni*, vol. I, p. 89.

([89]) VAZ SERRA, *Objecto da obrigação...*, p. 15; ANTUNES VARELA, *Das obrigações em geral*, vol. I, 9.ª ed., p. 80 e ss.; ALMEIDA COSTA, *Direito das obrigações*, p. 125 e s., e RIBEIRO DE FARIA, *Direito das obrigações*, vol. I, p. 62 e ss.

([90]) MENGONI, *L'oggetto...*, p. 161.

([91]) CARNELUTTI, *Diritto e processo...*, p. 260.

([92]) GIORGIANNI, *L'obbligazione...*, p. 209.

Direitos Pessoais de Gozo 109

Por outro lado, relativamente à obrigação de entrega de uma coisa, também não pode considerar-se a prestação do devedor como negativa, consistindo em permitir ao credor a apreensão da coisa [93], quando, na realidade, haverá *incumprimento* se o devedor ficar à espera de que o credor faça essa apreensão.

De igual modo, nas obrigações de *non facere* o credor tem direito a que o devedor se abstenha de determinado comportamento — por ex., não fazer barulho a partir de certa hora —, não podendo dizer-se, de forma alguma, que o credor pode invadir ou gozar uma esfera jurídica alheia.

Acresce que, caso a prestação do devedor fosse de *pati*, o incumprimento teria de consistir, sempre, numa actividade destinada a que o credor não pudesse obter as utilidades devidas [94], não havendo qualquer incumprimento por parte do cozinheiro que adormecesse, em vez de confeccionar a refeição.

O instituto da *mora* também entraria em crise, deixando de ter qualquer campo de aplicação. Relembre-se que, para CARNELUTTI, todas as obrigações implicariam apenas, para o devedor, um comportamento de *abstenção*. Ora, quando o devedor está vinculado a um *non facere*, não se admite a sua constituição em mora, havendo logo, sempre que a obrigação é violada, falta de cumprimento [95], uma vez que fica excluída a possibilidade de um cumprimento sucessivo — "o comportamento negativo, observado posteriormente, não realizaria a prestação devida, que permanece definitivamente inexecutada" [96]. E também a mora do credor não faz qualquer sentido relativamente a obrigações negativas [97].

---

[93] GANGI, *Le obbligazioni*, p. 18.

[94] Cfr. GIORGIANNI, *L'obbligazione...*, p. 210.

[95] Cfr. BARASSI, *Le obbligazioni...*, p. 482 e s.; GIORDANO, *Collisione...*, c. 1024; MASI, *Inadempimento...*, p. 859; RESCIGNO, *Obbligazioni...*, p. 193; VAZ SERRA, *Objecto da obrigação...*, p. 21 e s.; ANTUNES VARELA, *Das obrigações em geral*, vol. II, pp. 80 e s. e 114, e DÍEZ-PICAZO, *Fundamentos...*, pp. 458 e 681, fazendo nesta última p. restrições que não são de aceitar (no sentido da boa doutrina, ANTUNES VARELA, p. 80 e s. da últ. ob. cit.). BIANCA, *Inadempimento delle obbligazioni*, p. 220 e ss., admite a constituição do devedor em mora relativamente a obrigações negativas.

[96] SCUTO, *Teoria generale delle obbligazioni...*, p. 207.

[97] Estes aspectos são explorados por FALZEA, *L'offerta reale...*, p. 15, nota 20, e por MENGONI, *L'oggetto...*, p. 162, invocando nomeadamente o art. 1222 do Código Civil italiano, que expressamente afasta a aplicação das disposições sobre a mora às obrigações negativas.

Sendo totalmente inaceitável, nas suas conclusões, deve compreender-se a tese de CARNELUTTI como "a saída a que conduz a acentuação, na estrutura da obrigação, do aspecto dado pelo resultado patrimonial, e a desvalorização do elemento pessoal representado pela actividade do devedor" [98].

A obrigação consiste, exactamente, no oposto daquilo que resulta da definição de CARNELUTTI, tendo o credor direito a que outrem cumpra determinada prestação. A construção deste autor apenas serviria para explicar os direitos pessoais de gozo, o que só reforça a tese de que estes direitos são irredutíveis a uma estrutura creditória.

---

[98] GIORGIANNI, *L'obbligazione...*, p. 210.

SECÇÃO II

Enquadramento dos direitos pessoais de gozo no campo da *realidade*

SUMÁRIO: 28. Nota introdutória. 29. O direito real como poder directo sobre uma coisa. 30. O direito real como poder absoluto. 31. Teses mistas. 32. Definição de direito real. 33. Impossibilidade de subsumir os direitos pessoais de gozo aos direitos reais.

28. *Nota introdutória.* — Algumas correntes de doutrina incluem os direitos pessoais de gozo — ou alguns deles —, na categoria dos direitos reais. Na quase totalidade dos casos, e mais uma vez, analisa-se apenas a locação e, quando se inclui esta figura na categoria dos direitos reais, invocam-se razões que, variando de autor para autor, dependem das normas que, nas várias épocas e nos diversos ordenamentos jurídicos, têm disciplinado a relação locativa.

Aqui tratar-se-ão os direitos pessoais de gozo globalmente, abstraindo, numa primeira fase, dos argumentos especiais, quer dizer, daqueles que apenas são válidos relativamente a algum ou alguns destes direitos. Para além disso, sintetizar-se-á, na medida do possível, a discussão sobre o conceito de direito real, porque um procedimento diverso ultrapassaria em muito o objectivo deste estudo.

Assim, depois de definir a relação de natureza real, ver-se-á que os direitos pessoais de gozo — *todos* os direitos pessoais de gozo descritos no capítulo II — têm características que não permitem a sua subsunção à *realidade*.

29. O direito real como poder directo sobre uma coisa. — O direito real, para a chamada doutrina *realista* ou *clássica*, traduz-se numa relação entre uma pessoa e uma coisa, pelo que entre esta e o titular não se interpõe ninguém. Esta concepção sublinha o facto de, nos direitos reais, o titular aceder à coisa sem necessitar da actividade de quem quer que seja, derivando o respectivo conceito "directamente do *conhecimento empírico* que as pessoas têm da matéria" ([99]). BAUDRY-LACANTINERIE e CHAUVEAU dizem, a este propósito, que "o direito real estabelece uma relação directa entre o titular e a coisa submetida ao seu direito; não há intermediário entre o titular do direito e a coisa que é objecto dele. É por causa da intimidade que existe entre o sujeito activo do direito e o seu objecto, *res*, que o próprio direito é chamado real, *jus in re*" ([100]).

É possível descobrir diferenças de relevo entre os vários autores que se integram nesta corrente de pensamento, dividindo-os em três grupos fundamentais, consoante definem o *poder directo* exercido sobre a coisa como *material, imediato* ou *jurídico* ([101]). Quem define o poder como *material* pretende traduzir uma relação *física*, em que existe *posse*; por seu turno, *poder imediato* ([102]) implica "possibilidade de o titular *exercer o direito e alcançar o seu efeito útil, sem a intervenção de outrem*" ([103]); por último, fala-se em poder directo como poder *jurídico*, ligando uma pessoa a uma coisa ([104]).

Não se torna necessário proceder à crítica exaustiva deste conceito de direito real, nem vale a pena, igualmente, afastar certas objecções que não se afiguram convincentes, enunciadas pelos adversários desta teoria clássica. Serão referidos apenas os argumentos fundamentais com que tem sido refutada.

Em primeiro lugar, deve salientar-se a crítica, de importância vital, elaborada pela doutrina mais recente: na concepção realista ou clássica não há lugar para os deveres, e os direitos reais compreendem, para além de *poderes*, também certos deveres ([105]).

([99]) MENEZES CORDEIRO, *Direitos reais*, vol. I, p. 310.

([100]) *Les biens...*, p. 4.

([101]) OLIVEIRA ASCENSÃO, *Direito Civil — Reais*, p. 532.

([102]) Há quem tome *imediato* como sinónimo de *directo*. Mas, caso se proceda assim, fica a faltar um conceito geral que abranja os poderes *material, imediato* e *jurídico*. MENEZES CORDEIRO, *Direitos reais*, vol. I, p. 315, dizendo que a distinção entre directo e imediato é subtil, acaba por aceitá-la.

([103]) OLIVEIRA ASCENSÃO, *Direito Civil — Reais*, p. 533.

([104]) OLIVEIRA ASCENSÃO, *Direito Civil — Reais*, p. 534.

([105]) HENRIQUE MESQUITA, *Obrigações reais...*, p. 10. Cfr. também DUCLOS, *L'opposabilité...*, p. 156.

Em segundo lugar, à luz da concepção clássica, não haveria forma de distinguir os direitos pessoais de gozo dos direitos reais. A esta crítica não pode responder-se com o argumento de que os direitos pessoais de gozo, porque conferem também poderes sobre as coisas, devem subsumir--se ao conceito de *realidade*. Não é aconselhável, com efeito, unificar conceitualmente dois grupos de direitos (a que se poderá chamar reais e pessoais de gozo) com importantes características diferenciadoras. Em virtude das diferenças estruturais que separam os direitos normalmente englobados na categoria da *realidade*, daqueles outros descritos como pessoais de gozo ([106]), há efeitos jurídicos que são privativos dos primeiros e que, ou não se podem verificar de todo em todo nos direitos pessoais de gozo (como a usucapião) ou, então, verificam-se apenas numa medida limitada, restrita (como a inerência).

30. *O direito real como poder absoluto.* — A partir do século XIX, a concepção *realista* ou *clássica* foi abandonada e substituída por outra, de sinal oposto, denominada *personalista* ou *moderna*, que ficou a dever--se ao pensamento de KANT ([107]) e à pandectística, especialmente a WINDSCHEID ([108]). O direito real passou a ser entendido como a relação jurídica que *opõe* o respectivo titular — sujeito activo — a todos os outros sujeitos da ordem jurídica, ficando estes adstritos a uma obrigação de abstenção ([109]) (a chamada *obrigação passiva universal*).

A ideia básica dos autores personalistas é a de que não pode conceber--se uma relação entre uma pessoa e uma coisa, porque, "por definição, *todo o direito é uma relação entre pessoas*", pressupondo intersubjec-tividade e fundando-se toda a ciência jurídica sobre esta verdade elementar, a qual constitui um "axioma inabalável" ([110]). A doutina realista tinha esquecido isto porque o sujeito passivo, nos direitos reais, à primeira

---

([106]) *Supra*, cap. II.

([107]) Cfr. DEMOGUE, *Les notions fondamentales...*, p. 414 e s., e BARASSI, *Diritti reali e possesso*, vol. I, p. 13.

([108]) Cfr. MENEZES CORDEIRO, *Direitos reais*, vol. I, p. 323, nota 434.

([109]) ROGUIN, *La règle de Droit*, p. 54; PLANIOL, *Traité élémentaire...*, tomo I, p. 660, e DEMOGUE, *Les notions fondamentales...*, p. 416, que vai ao ponto de, expressamente, reduzir os direitos reais a obrigações (p. 440).

([110]) PLANIOL, *Traité élémentaire...*, tomo I, p. 658. *Vide* também BARASSI, *Proprietà e comproprietà*, p. 4, e *Diritti reali e possesso*, vol. I, p. 12 e ss.; NICOLÒ, *L'adem-pimento...*, p. 80; CICU, *L'obbligazione...*, p. 3, e MANUEL DE ANDRADE, *Teoria geral das obrigações*, p. 57.

vista não existe. Todavia — vêm dizer os personalistas —, o sujeito activo é o titular, sendo todos os outros, todos os não titulares, sujeitos passivos.

O direito real assentaria, assim, numa *relação absoluta*, isto é, numa relação que vincularia todos os não titulares a uma abstenção.

Não se pretende aqui — nem se torna necessário — fazer a crítica exaustiva desta concepção, designadamente através da análise das várias formulações dela elaboradas, mas tão-só apontar as falhas principais, que a tornam inadequada e inaceitável.

Em primeiro lugar, esta corrente assenta num erro de raciocínio, facilmente observável no pensamento de PLANIOL, quando afirma que "não pode haver uma relação jurídica entre uma pessoa e uma coisa porque, atribuir um direito ao homem sobre a coisa equivaleria a impor uma obrigação à coisa para com o homem, o que seria um absurdo. O *direito* apenas pode existir em benefício de uma pessoa contra outras pessoas capazes de o sustentar *como sujeitos passivos*, quer dizer, capazes de assumir obrigações" ([111]). É fácil observar o vício do raciocínio: o absurdo resulta de apenas se admitir a existência de direitos nas situações em que alguém fica obrigado. Esta última proposição nunca foi demonstrada (nem poderia sê-lo). Se um direito pressupõe, seguramente, outros homens — dado arbitrar conflitos de interesses — não implica, em todos os casos, obrigações.

Foram os personalistas quem verdadeiramente começou a confundir tudo, através da *"hipertrofia do valor técnico-jurídico atribuído à ideia corrente e moderna de relação jurídica"* ([112]). Confundiu-se o próprio direito com a protecção que lhe é dada, contribuindo, através dessa visão, para que mais tarde se colocasse em moldes errados a protecção dos direitos de crédito ([113]).

Por outro lado, como nota M. GOMES DA SILVA, "pretender que todo o homem está vinculado por um número infinito de relações, tantas quantos os membros da humanidade inteira, é levar a fantasia jurídica muito além do que a razão pode sofrer" ([114]).

([111]) *Traité élémentaire...*, tomo I, p. 658, nota 2. Cfr. também ROGUIN, *La règle de Droit*, p. 78.

([112]) M. GOMES DA SILVA, *Curso de direitos reais*, p. 83.

([113]) Esta confusão é denunciada com desenvolvimento por DUCLOS, *L'opposabilité...*, p. 155 e ss. (*maxime*, 167, 170 e s., 174 e s., 182 e s.).

([114]) *O dever de prestar...*, p. 51 (p. 31 da edição repaginada).

A "obrigação passiva universal", se bem se reparar, não chega a ser *obrigação* nenhuma, pois não tem qualquer correspondência com o direito do titular ([115]). A chamada "obrigação passiva universal", na verdade, não passa do dever de respeitar o direito real ([116]), que pode perfeitamente ser comum a outros direitos, desde que os interesses em presença assim o imponham. Neste ponto convergem autores como DEMOLOMBE ([117]), RIGAUD ([118]) e MENEZES CORDEIRO ([119]), tendo o primeiro escrito uma passagem extremamente significativa, que vale a pena transcrever:

"Afirma-se amiúde que o direito real é absoluto, ou seja, que existe em relação a todos, *erga omnes*; e o direito pessoal, relativo, ou seja, que apenas existe em relação àquele que se obrigou pessoalmente para com o credor.

Importa esclarecer este ponto: quer referir-se o dever geral e comum imposto a todos os membros da sociedade de respeitar os direitos alheios?

Sob este aspecto, o direito pessoal é tão absoluto como o direito real. O poder público garante, com efeito, a cada um, todos os direitos que lhe pertencem; tanto os seus direitos pessoais de crédito como os direitos reais de propriedade ou outros.

Mas é evidente que esta garantia do poder público e o dever social que resulta para todos os cidadãos de respeitar os direitos alheios pressupõem a existência destes direitos, não podendo constituí-los" ([120]).

Não dando como assente que o dever geral de respeito se manifeste da mesma forma em relação a todos os direitos ([121]), há um ponto em relação ao qual não deve haver dúvidas e que, neste momento, se revela fundamental: a chamada "obrigação passiva universal" não é, por um lado, verdadeira obrigação, e, por outro, não pode ser de forma alguma o contrapólo do direito em que está investido o titular do direito real, uma vez que o conteúdo deste não é constituído pelo resultado da obser-

---

([115]) OLIVEIRA ASCENSÃO, *Direito Civil — Reais*, p. 535.

([116]) Até um autor insuspeito — porque acaba por aceitar uma tese mista —, como ANTUNES VARELA, fala da "impropriamente chamada *obrigação passiva universal*", afirmando, ainda, que esta não passa de um "dever de não ingerência na coisa que constitui objecto do direito". Cfr. *Das obrigações em geral*, vol. I, 9.ª ed., p. 190, e, também, *Direito das obrigações*, vol. I, p. 28, nota 26.

([117]) Cfr. *Cours de Code Napoléon*, vol. IX, n.º 464, p. 339 e s.

([118]) *El derecho real*, p. 149 e ss.

([119]) *Direitos reais*, vol. I, p. 330 e s.

([120]) *Últ. loc. cit.*

([121]) Sobre esta questão, *vide* a parte II deste estudo.

vância do dever de abstenção ([122]) ([123]). De resto, como observa Oliveira Ascensão, a expressão *relação absoluta* é um absurdo linguístico, pois toda a relação é, obviamente, *relativa* ([124]). Falar em relação absoluta equivale a "tirar qualquer sentido ao próprio conceito de relação" ([125]). Esta teoria coloca "no mesmo plano a relação externa sujeito-terceiros do direito real e a relação interna credor-devedor do direito pessoal. Ora, a primeira promana da oponibilidade dos direitos subjectivos, enquanto a segunda deriva da sua relatividade" ([126]). Pelos motivos aduzidos, a concepção personalista, por um lado, é uma forma teoricamente incorrecta de captar a estrutura do direito real e, para além disso, não esclarece minimamente sobre o respectivo conteúdo.

31. *Teses mistas.* — As teses mistas têm como ponto de partida fundamental o princípio de que tanto a doutrina *realista* como a *personalista* atendem apenas a um aspecto do direito real, sendo, por tal razão, *incompletas*. Para estes autores, "se tomarmos qualquer das duas posições, é manifesto que qualquer delas não chega, que qualquer delas é uma posição unilateral" ([127]). E o caminho por que se envereda é o de definir o direito real, à luz da concepção clássica, como poder directo e imediato sobre uma coisa (*lado interno* ou aspecto *funcional* do direito) e, simultaneamente, à luz da concepção personalista, como poder em relação a todas as demais pessoas, através do qual lhes pode ser exigido

---

([122]) Giorgianni, *Contributo...*, p. 194 e s.; Santoro-Passarelli, *Teoria geral...*, pp. 36, 50 e s., e 59; Natoli, *La proprietà...*, p. 23 e ss.; Comporti, *Contributo...*, p. 37; Rigaud, *La théorie du droit réel...*, p. 429; Derruppé, *La nature...*, p. 259, e Ginossar, *Droit réel...*, p. 10 e s.

([123]) Prescindimos de reproduzir neste lugar as críticas movidas *supra* à concepção obrigacionista dos direitos pessoais de gozo, mas que, note-se, têm aqui toda a utilidade.

([124]) *As relações jurídicas reais*, p. 27. *Vide* também Menezes Cordeiro, *Direitos reais*, vol. I, p. 326.

([125]) Nicolò, *Istituzioni...*, p. 31, em nota.

([126]) Duclos, *L'opposabilité...*, p. 183. Este autor esclarece, justamente, que a oponibilidade a terceiros traduz um *efeito indirecto* do direito subjectivo, porque é "estranho à relação existente entre o sujeito e o objecto do direito" (*ob. cit.*, p. 162). Orlando Gomes e Antunes Varela, *Direito econômico*, p. 250, denunciam o "absurdo lógico" a que pode conduzir a identificação da *eficácia* com a *realidade*, quanto à *concessão administrativa do uso do solo*.

([127]) Orlando de Carvalho, *Direito das coisas*, p. 120. Cfr. também Barassi, *Diritti reali e possesso*, vol. I, p. 20.

Direitos Pessoais de Gozo 117

um comportamento de abstenção (*lado externo* ou aspecto *estrutural* do direito).

Mas também esta via não conduz a um resultado satisfatório. Se, relativamente à tese realista, ainda se pode dizer que ela resulta apenas incompleta, já a tese personalista é, pelo contrário, uma forma incorrecta de construir os direitos reais ([128]). Por tal razão, as doutrinas que constroem os direitos reais através da congregação das doutrinas realista e personalista acabam por suscitar a generalidade das críticas dirigidas a cada uma destas doutrinas, e ainda mais algumas que resultam do absurdo de se reunirem duas concepções contraditórias. Apreciando as teorias mistas, após referir que nelas se fala "num *lado externo* e num *lado interno* dentro das 'relações jurídicas reais'", escreve OLIVEIRA ASCENSÃO: "Mas o que possa ser o lado interno duma relação absoluta é para nós inteiramente incompreensível. Como é incompreensível que no 'lado interno' duma relação jurídica venha afinal a descobrir-se um poder sem relação. Com efeito, ao poder sobre a coisa não corresponde um dever correlativo — não há evidentemente um dever da coisa, e o dever universal de respeito não é a contrapartida desse poder sobre a coisa, mas do poder de exigir o respeito" ([129]). Não se torna necessário dizer mais para evidenciar, pelo menos nos quadros do entendimento que vê na relação jurídica um vínculo necessariamente intersubjectivo, a total inadequação das teorias mistas ou eclécticas.

32. *Definição de direito real.* — Apurado que as *doutrinas realistas*, *personalistas* e *mistas* não proporcionam uma correcta definição de direito real, cumpre enunciar uma noção que traduza a verdadeira natureza ou essência desta figura jurídica.

Por um lado, o direito real é dirigido ao aproveitamento de certas utilidades das coisas (corpóreas e incorpóreas), aproveitamento obtido sem necessidade da colaboração de ninguém.

Por outro lado, o direito real é um direito *estruturalmente absoluto*, isto é, um direito *independente*, um direito que não implica uma relação, um direito *absolutus* ([130]). Os direitos reais, em virtude desta absolutidade

---

([128]) MENEZES CORDEIRO, *Direitos reais*, vol. I, p. 336.

([129]) *Direito Civil — Reais*, p. 535.

([130]) Cfr. BRUGI, *Della proprietà*, p. 101 (referindo a propriedade como direito que "sta a sè e per sè"); SANTI ROMANO, *Diritti assoluti*, p. 59; TILOCCA, *La distinzione...*, p. 25 ("o direito real é intransitivo, quer dizer, é uma situação subjectiva vantajosa e isolada"); FRANCESCO ROMANO, *Diritto e obbligo...*, pp. 169 e s., e 189; LUMINOSO, *La tutela aquiliana...*, p. 37, e HENRIQUE MESQUITA, *Obrigações reais...*, p. 63 e s., em nota, e 73 e s.

estrutural, estão "ao abrigo da actuação de outros sujeitos — até do próprio concedente, caso se trate de um direito derivado" ([131]) e, portanto, são *inerentes* à coisa cuja afectação operam.

À ideia de que os direitos reais são *absolutos* nem sempre é atribuído o mesmo sentido ou significado, importando, por isso, esclarecer devidamente aquele que acaba de referir-se.

É possível encontrar várias noções de *absolutidade*. Assim, esta pode referir-se aos *limites*, à *eficácia*, às *formas de tutela* do direito ou à *estrutura* do próprio direito.

Quando a *absolutidade* é tomada como ausência de *qualquer limite* está, seguramente, a enunciar-se um conceito que não encontra expressão em qualquer figura do ordenamento jurídico, porque todo o direito está sujeito a restrições ([132]) e, para além disto, seria impossível integrar obrigações no seio de um direito absoluto ([133]). Trata-se, por conseguinte, de um sentido (do conceito de absolutidade) sem qualquer interesse prático.

No que à *eficácia* diz respeito, afirma-se que o direito absoluto (real) "tem de ser respeitado por todos" ([134]), contrariamente ao direito relativo (creditório), em que "nada nele clama para o exterior e nenhum terceiro tem de preocupar-se com a existência de tais vínculos meramente obrigacionais" ([135]). Desenvolvendo este entendimento, a absolutidade é expressamente concebida como *forma de tutela* ([136]), como uma "rede de protecção externa" ([137]), para significar que "o titular do direito tem a possibilidade de agir *contra quem quer que seja* para obter a reintegração do próprio direito", através de vários tipos de acções ([138]).

([131]) OLIVEIRA ASCENSÃO, *Direito Civil — Reais*, p. 538.

([132]) PLANIOL, *Traité élémentaire...*, tomo I, p. 723.

([133]) FRANCESCO ROMANO, *Diritto e obbligo...*, p. 170.

([134]) HEDEMANN, *Derechos reales...*, p. 35; GALGANO, *Diritto Privato*, p. 177 e s.

([135]) HEDEMANN, *últ. loc. cit.* Em idêntico sentido, SALEILLES, *Étude...*, p. 366, mas manifestando dúvidas quanto à eficácia dos direitos creditórios (nota 2). Também GIOVENE, *Per una teoria...*, p. 595 e ss., e *Il negozio giuridico...*, p. 82 e ss., colocando-se embora na mesma linha de entendimento, admite a responsabilidade dos terceiros que violem créditos, com base no *direito à integridade do património*.

([136]) De *"absolutidade da tutela"* fala TRIMARCHI, *Istituzioni...*, p. 120. Ver também MANUEL DE ANDRADE, *Teoria geral das obrigações*, p. 54; BAPTISTA MACHADO, *Introdução ao direito...*, p. 89, e GALGANO, *Diritto Privato*, p. 178.

([137]) NICOLÒ, *Istituzioni...*, p. 24, e BIANCA, *L'obbligazione*, p. 29.

([138]) DI MAJO, *Delle obbligazioni...*, p. 135. CIAN, *Antigiuridicità...*, p. 108 e ss., esclarece que esta tutela tem limitações.

Direitos Pessoais de Gozo 119

Por vezes utiliza-se um conceito de absolutidade relacionado com o anterior — concebido ainda como *forma de tutela* — mas mais restrito, tendo em vista os direitos de cuja violação, seja quem for que a cometa, nasce, verificados os outros pressupostos da *responsabilidade civil*, uma *obrigação de indemnizar*. Direitos absolutos são, assim, os abrangidos pelo n.º 1 do artigo 483.º. Desde que se entenda, no entanto, como parece decorrer de uma correcta interpretação deste preceito, que nele se compreendem direitos de natureza não real, a expressão direito absoluto desempenha aqui uma função meramente descritiva, constituindo a designação unitária de todos aqueles direitos (inclusivamente, direitos de crédito) a que a mencionada norma tenha aplicação e mais não sendo, pois, do que um puro *nomen* ([139]).

Por fim, surge o aspecto *estrutural,* com dois sentidos opostos. Para alguns, a absolutidade significa que determinado direito origina uma relação jurídica entre o sujeito respectivo e todos os não titulares, sendo neste sentido que as doutrinas personalistas e mistas afirmam a absolutidade dos direitos reais ([140]). Afastadas tais doutrinas, fica prejudicado, também, este sentido. Não há direitos que relacionem toda a gente. De resto, este conceito de absolutidade nega-se a si próprio. Como ironicamente salienta FRANCESCO ROMANO, quando a absolutidade significa "relação com todos, pretensão *erga omnes*, esfuma-se a diferença com o direito relativo, porque o direito absoluto torna-se o mais relativo dos direitos" ([141]). Por estes motivos direito absoluto em sentido estrutural deve definir-se como aquele que não implica nenhuma relação intersubjectiva — é um direito desligado, *independente* ([142]), "livre de qualquer relação intersubjectiva" ([143]). Pelo contrário, o direito estruturalmente relativo implica um dever correspondente, assentando, pois, numa relação jurídica entre pessoas ([144]).

([139]) RODOTÀ, *Il problema...*, p. 188.

([140]) Cfr. MANDRIOLI, *Diritti reali*, p. 881; SCUTO, *Teoria generale delle obbligazioni...*, pp. 13 e 16; BARASSI, *Diritti reali e possesso*, vol. I, p. 13; TRABUCCHI, *Istituzioni...*, p. 53, e DI MAJO, *Delle obbligazioni...*, p. 142. Entre nós, por ex., MANUEL DE ANDRADE, *Teoria geral das obrigações*, p. 48 e s.; ALMEIDA COSTA, *Direito das obrigações*, pp. 75 e 106, e DIAS MARQUES, *Noções...*, p. 265 e s.

([141]) *Diritto e obbligo...*, p. 170. Cfr. também SANTI ROMANO, *Diritti assoluti*, p. 57.

([142]) Cfr. OLIVEIRA ASCENSÃO, *A tipicidade...*, p. 265, e *Direito Civil — Reais*, p. 56, e MENEZES CORDEIRO, *Direito das obrigações*, vol. I, p. 253, e *Direitos reais — sumários*, pp. 107, 113.

([143]) FRANCESCO ROMANO, *Diritto e obbligo...*, p. 169 (também 189), e OLIVEIRA ASCENSÃO, *Direito Civil — Reais*, p. 56.

([144]) Cfr. SANTI ROMANO, *Diritti assoluti*, p. 59.

A existência de direitos sem relação ([145]) decorre implicitamente das razões em que assenta a rejeição da doutrina personalista, e é fácil de demonstrar pensando, nomeadamente, e para simplificar, no direito de propriedade. Efectivamente, não há qualquer dever que possa ser colocado como contrapólo do direito de propriedade, visando a realização do seu conteúdo. Se o *proprietário* tem os poderes de *usar*, *fruir* e *dispor*, como poderá alguém facultar ou prestar este tipo de utilidades? Que dever pode imaginar-se susceptível de ter algo a ver com semelhante conteúdo?

É em sentido estrutural que deve falar-se de absolutidade como característica dos direitos reais, na esteira de Carnelutti ([146]), quando afirma que nos direitos reais não se visa relacionar, mas, pelo contrário, afastar, separar o titular dos não titulares, isolar cada homem dos outros homens e pô-lo em contacto directo com a coisa ([147]).

Concluir-se-á, pois, que, conceitualmente, por todas as razões expostas ([148]), devem explicar-se os direitos reais através da ideia de *irrelação*.

É fácil aferir, no nosso ordenamento jurídico, a absolutidade estrutural dos direitos reais.

Em primeiro lugar, e acima de tudo, os direitos estruturalmente absolutos podem surgir independentemente de qualquer relação jurídica com outro sujeito e, por outro lado, mesmo que surjam a partir de um direito que funciona como sua matriz — isto é, a partir de uma relação jurídica estabelecida com outro sujeito —, não são afectados pela extinção desse direito. O direito estruturalmente absoluto só se extingue simultaneamente com o "direito-mãe", já foi por outros notado ([149]), quando a coisa sobre a qual incide desaparece, ou quando se verifica o evento de que dependia a sua duração. Mesmo aqui, contudo, não se verifica qualquer

---

([145]) De *irrelação* fala, justamente, Francesco Romano, *Diritto e obbligo...*, p. 189. Cfr. também Funaioli, *Oneri reali...*, p. 172; Weill e Terré, *Droit Civil — Les obligations*, p. 7, e Menezes Cordeiro, *Direito das obrigações*, vol. I, p. 253. Scuto, *Teoria generale delle obbligazioni...*, p. 13, exactamente por não conceber direitos sem relação, não aceita que possa falar-se de *absolutidade estrutural*.

([146]) *Appunti...*, p. 533. *Vide* também, entre nós, Henrique Mesquita, *Obrigações reais...*, p. 71.

([147]) Também neste sentido, Giovene, *Per una teoria...*, p. 595, e *Il negozio giuridico...*, p. 82, e Mosco, *I frutti...*, p. 442. Veja-se, ilustrando esta ideia, o exemplo apresentado por Barbero, para explicar aos alunos a relação jurídica, em *Guerra e pace...*, p. 331.

([148]) *Supra*, p. 113 e ss.

([149]) Mosco, *I frutti...*, p. 447 e s.

excepção ao princípio de que os direitos absolutos são independentes de qualquer outro direito. Quando o "direito-mãe" se extingue pelo facto de se verificar a perda da coisa sobre que incidia, o direito real derivado também se extingue, não propriamente pelo facto de o "direito-mãe" ter desaparecido, mas sim por ter ocorrido a perda da coisa. Incidindo o direito real sobre uma coisa "individual e actualmente determinada, com a perda da coisa extingue-se o direito" ([150]), o que se retira, desde logo, de preceitos como os contidos nos artigos 1476.°, n.° 1, alínea *d*), ou 1536.°, n.° 1, alínea *e*).

Por outro lado, quando o direito real derivado se extingue, uma vez verificado o evento que constituía o limite de duração do "direito-mãe", não se está perante nenhuma consequência que abale a absolutidade estrutural. Assim, por exemplo, o usufrutuário pode constituir servidões passivas, mas apenas dentro do limite temporal do seu direito (art. 1460.°, n.° 1, parte final, e 1575.°, *a contrario*). Quando o usufruto acabe, por ter chegado o termo do prazo por que havia sido constituído, a servidão passiva também se extingue, não propriamente por se ter dado a extinção do usufruto, mas por ter chegado o termo do prazo pelo qual a servidão havia sido constituída (e que era igual ao do usufruto). Mas se, diversamente, o usufruto se extinguir por renúncia (art. 1476.°, n.° 1, al. *e*)), a servidão continuará a onerar o prédio serviente até ao termo do prazo em que o usufruto, normalmente, se extinguiria ([151]).

Importa observar, em cada direito real, a presença da absolutidade, entendida neste sentido estrutural.

Quanto ao direito de propriedade, não parece que possam levantar-se dúvidas. Enquanto direito real máximo, não é logicamente possível a existência de um outro direito que, podendo dar-lhe origem, continue a subsistir em simultaneidade com ele. Deste modo, torna-se perfeitamente claro que a propriedade existe independentemente de qualquer outro direito e, portanto, independentemente de qualquer relação jurídica. Não interessa insistir sobre o ponto.

Quanto aos direitos reais menores, verifica-se também esta característica, bastando salientar alguns pontos para o confirmar.

O *usufruto* pode constituir-se por usucapião (art. 1440.°), independentemente, portanto, de qualquer relação jurídica estabelecida entre o usufrutuário e outro sujeito. Sendo isto assim, lógico é admitir que o

---

([150]) OLIVEIRA ASCENSÃO, *Direito Civil — Reais*, p. 314.

([151]) Cfr. MOSCO, *I frutti*, p. 448, exemplificando com um usufruto derivado de uma enfiteuse.

usufruto permaneça mesmo quando a coisa sobre a qual incide se transforme em *res nullius*, uma vez que estamos perante um direito que não carece de um causante. E é a esta solução que se chega através do preceito que regula a extinção do usufruto (art. 1476.°), dado não se fazer aí qualquer referência à transformação em *res nullius* da coisa sobre a qual o usufruto incide ([152]).

Os *direitos de uso e de habitação* (arts. 1484.° e ss.) não são usucapíveis (art. 1293.°). Têm de considerar-se, por conseguinte, geneticamente relativos, necessitando de um sujeito que, através de uma relação jurídica, lhes dê origem. Mas esta necessidade de uma relação jurídica entre dois sujeitos, no momento do nascimento do direito, não é suficiente para o caracterizar como relativo. A impossibilidade de constituição do direito por usucapião tem motivos específicos — de duvidosa valia ([153]) —, que nada têm a ver com a estrutura do direito. Quanto às formas de extinção dos direitos de uso e de habitação, já não se introduz qualquer alteração relativamente ao usufruto, remetendo a lei expressamente para este último (art. 1485.°). Deste modo, o direito de uso mantém-se ainda que a coisa sobre a qual incide se transforme em *res nullius*.

A extinta *enfiteuse* também podia constituir-se por usucapião (arts. 1497.° e 1498.°). Por outro lado, prescrevia-se, na alínea *d*) do artigo 1513.°, que a enfiteuse se extinguia "pela falta de pagamento do foro durante vinte anos". Poderia pensar-se, deste modo, que estávamos perante um direito relativo, na medida em que não subsistia sem o pagamento do foro. Todavia, não era esta a melhor explicação para o fenómeno, porque a citada alínea *d*) consagrava a aquisição, pelo enfiteuta, do domínio directo ([154]), passados exactamente vinte anos sem pagamento do foro. Assim, na base de tal solução não estava a impossibilidade de existir um domínio útil sem pagamento do foro, mas sim a injustificação do domínio directo. O decurso do mencionado prazo originava a prescrição da obrigação de pagamento do foro ([155]) e, em simultâneo, implicava a aquisição do domínio directo pelo enfiteuta.

([152]) Neste sentido, BARASSI, *I diritti reali limitati...*, p. 56 e ss. (veja-se a p. 58); MOSCO, *I frutti...*, p. 449, e BIGLIAZZI GERI, *Usufrutto...*, p. 19 e s. TILOCCA, *La distinzione...*, p. 16, admite, em geral, a existência de direitos reais menores sobre *res nullius*.

([153]) Cfr. PIRES DE LIMA e ANTUNES VARELA, *Código Civil anotado*, vol. III, anot. n.° 3 ao art. 1293.°, p. 73 e s.

([154]) PIRES DE LIMA e ANTUNES VARELA, *Código Civil anotado*, vol. III, anot. n.° 6 ao art. 1513.°, p. 730 e s.

([155]) O próprio legislador, no artigo 1515.°, mandava aplicar a este caso as regras da prescrição.

No que à *superfície* diz respeito, declara-se no artigo 1524.° que ela consiste "na faculdade de construir ou manter (...) uma obra em terreno alheio". Parece, *prima facie*, que o direito de superfície implica necessariamente a existência de um outro sujeito titular de um terreno. Contudo, nenhuma razão impõe que se tome a definição como perfeita, desde logo porque a superfície também pode incidir sobre um edifício (art. 1526.°) e o artigo 1524.° apenas fala em 'terreno'. Deve entender-se esta referência a "terreno alheio" como forma abreviada de designar um *imóvel sobre o qual não se tem um direito que permita retirar dele as utilidades proporcionadas pela superfície.*

Quanto aos modos pelos quais a superfície se pode constituir, o artigo 1528.° menciona expressamente a usucapião. A lei não faz qualquer referência à extinção da superfície no caso de o proprietário do prédio com ela onerado renunciar ao seu direito de propriedade ([156]). Por outro lado, a obrigação em que o superficiário fique investido para com o proprietário pode desaparecer sem afectar o direito de superfície (art. 1537.°, n.° 1).

As servidões prediais são definidas como constituindo um "encargo imposto num prédio em proveito exclusivo de outro prédio pertencente a dono diferente" (art. 1543.°). Esta definição é típica de um direito absoluto. Com efeito, se a referência ao prédio dominante visa identificar o titular do direito e ainda, de certo modo, a forma de obter as utilidades propiciadas pela servidão, já a referência ao prédio serviente visa apenas identificar o *objecto* do direito. O encargo é imposto sobre determinado prédio, independentemente de este ter ou não um titular.

Compreende-se, pois, que também as servidões possam ser constituídas por usucapião (art. 1547.°, n.° 1). A lei só exclui a usucapibilidade em relação às servidões não aparentes (art. 1548.°, n.° 1), isto é, àquelas que "não se revelam por sinais visíveis e permanentes" (art. 1548.°, n.° 2). Todavia, não há aqui qualquer indício de relatividade estrutural, apenas sendo excluída a aquisição por usucapião por motivos de ordem prática, nomeadamente pela dificuldade em distinguir estas servidões dos actos de mera tolerância ([157]).

A possibilidade de constituir uma servidão por "destinação do pai de família" (art. 1549.°) também é reveladora da absolutidade estrutural

---

([156]) *Vide infra*, sobre o artigo 1345.° (*coisas imóveis sem dono conhecido*), p. 125 e s.

([157]) Sobre estas razões, PIRES DE LIMA e ANTUNES VARELA, *Código Civil anotado*, vol. III, anot. n.° 2 ao art. 1548.°, p. 629 e s.

124 José Andrade Mesquita

deste direito. Assim, quando dois prédios ou duas fracções de um prédio tenham pertencido à mesma pessoa, haja sinais visíveis e permanentes que revelem inequivocamente uma situação estável de serventia de um dos prédios (ou de uma das fracções) em favor do outro, e os prédios ou as fracções do prédio se separem sem que haja, no documento relativo ao negócio que origine a separação, declaração contrária à constituição da servidão, esta constitui-se no preciso momento em que se verifique a separação quanto ao domínio. Imagine-se que o titular destes dois prédios renuncia ao direito de propriedade sobre um deles. A servidão constitui--se da mesma forma e, todavia, no momento da renúncia ([158]) não se vislumbra qualquer relação jurídica entre o titular da servidão e o titular de outro direito real.

Quanto à extinção das servidões, o legislador (art. 1569.°) também não faz qualquer alusão à transformação em *res nullius* do prédio serviente, pelo que, se for admitida a transformação dos imóveis em coisas *nullius*, está-se perante mais uma prova da absolutidade estrutural destes direitos ([159]).

Já se negou a possibilidade de eleger a absolutidade estrutural como nota típica de todos os direitos reais, defendendo-se, contrariamente, a existência de direitos reais estruturalmente relativos. Aponta-se, entre nós, a *servidão de vistas* (art. 1362.°) como exemplo de um direito real relativo ([160]). Afirma-se, concretamente, que na servidão de vistas o direito se realiza, não pelo contacto entre a pessoa e a coisa, mas pela *abstenção* do titular do prédio serviente ([161]). Não é este, porém, o entendimento que melhor se harmoniza com o conteúdo da servidão em causa. O titular de uma servidão de vistas, com efeito, realiza o seu direito por si, através do prédio serviente, sem necessitar da actividade de ninguém. A obrigação negativa, o dever de não impedir ou perturbar o exercício da servidão,

---

([158]) *Infra*, p. 125 e s.

([159]) Admitindo servidões sobre *res nullius*, FADDA, *Servitù*, p. 37 e ss.; FUNAIOLI, *Intorno al concetto...*, p. 253; BARASSI, *I diritti reali limitati...*, p. 56, e ss.; MOSCO, *I frutti...*, p. 449, e BRANCA, *Servitù prediali*, p. 12. BIONDI, *Le servitù prediali...*, p. 92 e ss., afirma que, no Direito Romano, as servidões se mantinham quando os prédios se tornavam *nullius*.

([160]) MENEZES CORDEIRO, *Direito das obrigações*, vol. I, p. 254; *Direitos reais*, vol. I, p. 439, nota 640, e p. 491, e *Direitos reais — sumários*, p. 114.

([161]) Idêntica afirmação se faz, com frequência, em relação a todas as servidões negativas. Tratou-se já, incidentalmente, deste problema, ao fixar os contornos da figura do direito pessoal de gozo: *supra*, p. 13 e ss.

que efectivamente incumbe ao titular do prédio serviente, não realiza o direito de vistas. Por outro lado, aquele dever incumbe ainda a todos os outros — não titulares do prédio onerado —, apenas se verificando que estes não deixam de ficar vinculados pelo dever de abstenção no caso de a servidão terminar, pois têm de respeitar o direito do titular do prédio serviente. Por outro lado — e este argumento, só por si, lança uma luz definitiva sobre a questão —, se o direito em que fica investido o titular da servidão de vistas fosse relativo, isto é, se assentasse numa relação jurídica obrigacional entre dois proprietários, a servidão de vistas extinguir--se-ia caso fosse possível a transformação do prédio serviente em *res nullius*. Poderá tentar desvalorizar-se este argumento afirmando que, como a servidão de vistas incide sobre coisas imóveis (prédios), não é possível, no nosso ordenamento jurídico, a transformação destas em *res nullius*. Não interessa desenvolver a questão, nomeadamente através da indagação do exacto significado do artigo 1345.° ("As coisas imóveis sem dono conhecido consideram-se do património do Estado") ([162]). Se um particular renunciar ao direito de propriedade sobre um imóvel onerado com uma servidão de vistas, o Estado, ao adquirir o imóvel com base no artigo 1345.°, terá certamente de respeitar a servidão, uma vez que nada justifica a extinção desta. Ora, a subsistência da servidão, na sequência da renúncia ao direito de propriedade e da aquisição do imóvel pelo Estado, constitui prova bastante da absolutidade estrutural da servidão de vistas. A aquisição originária, pelo Estado, de um imóvel que não tenha "dono conhecido" pressupõe um momento lógico em que, sobre o imóvel, não existe qualquer direito de propriedade. Isto mostra que a servidão de vistas não implica necessariamente uma relação obrigacional com o proprietário do prédio serviente, pois ela subsistirá mesmo que, em determinado momento, não exista nenhum titular deste prédio. Caso a servidão de vistas assentasse numa estrutura relativa, no momento da renúncia do titular do prédio serviente, o titular do prédio dominante deixaria de poder gozar as utilidades propiciadas pela servidão. Por outro lado, se se entender que a aquisição da propriedade por parte do Estado não ocorre automaticamente, consagrando o artigo 1345.° uma mera presunção ([163]), também não se verificam quaisquer motivos para fazer terminar a servidão. E, caso se permitisse a transformação de imóveis em *res nullius*, nenhuma razão

---

([162]) Sobre este problema, em sentidos não coincidentes, PIRES DE LIMA e ANTUNES VARELA, *Código Civil anotado*, vol. III, anot. ao art. 1345.°, p. 175 e s., e OLIVEIRA ASCENSÃO, *Direito Civil — Reais*, p. 394 e ss.

([163]) Assim, OLIVEIRA ASCENSÃO, *Direito Civil — Reais*, p. 395.

imporia a extinção das servidões. Não devem, por todos estes motivos, restar dúvidas de que a servidão de vistas é um direito estruturalmente absoluto, dado não necessitar de uma relação jurídica estabelecida com um concedente.

Alguns problemas levantam também os *direitos potestativos*. Há direitos que a generalidade da doutrina nacional vem integrando no campo da *realidade* e que se traduzem, sem dúvida, em direitos potestativos ([164]). Ora, aos direitos potestativos deve assinalar-se a característica da relatividade.

Em primeiro lugar, importa caracterizar os direitos potestativos. Trata-se de direitos que atribuem ao respectivo titular o poder de, por um acto livre de vontade, só por si ou recorrendo a uma decisão judicial, produzir efeitos jurídicos que inelutavelmente se impõem à contraparte. A situação jurídica desta última é qualificada como *sujeição*, pelo facto de nada poder fazer no sentido de evitar a produção dos efeitos jurídicos ([165]). Enquanto, no direito subjectivo *stricto sensu*, quando existe um contrapólo, este é constituído pelo dever jurídico, nos direitos potestativos o contrapólo consiste na referida *sujeição*.

Assim caracterizados, serão os direitos potestativos estruturalmente absolutos, como parte da doutrina pretende, ou, pelo contrário, relativos? Começar-se-á por observar que dos direitos potestativos derivam, depois da sua actuação, outras situações. Assim, de um direito potestativo poderá nascer, por exemplo, um direito real ou um direito de crédito ([166]). Não é deste aspecto que se trata aqui. Procura averiguar-se a natureza (absoluta ou relativa) do próprio direito potestativo e não a das situações que dele resultem.

Tome-se o exemplo de um direito *potestativo constitutivo* — o direito de constituir uma servidão de passagem em benefício de um prédio encravado (art. 1550.°). Este direito, como é bom de ver, implica sempre uma outra pessoa que se encontre num estado de sujeição

---

([164]) Assim, MENEZES CORDEIRO, *Direitos reais*, vol. I, p. 491, considera o "direito de preferência real" como um direito real potestativo. Por outro lado, considera os direitos potestativos como estruturalmente absolutos (*Direitos reais — sumários*, p. 114 e s., nota 3). Também OLIVEIRA ASCENSÃO, *Direito Civil — Reais*, p. 543, tende para esta ideia.

([165]) *Vide* MANUEL DE ANDRADE, *Teoria geral...*, vol. I, p. 12 e s.; CASTRO MENDES, *Teoria geral...*, vol. I, p. 364; MOTA PINTO, *Teoria geral...*, p. 174, e MENEZES CORDEIRO, *Direito das obrigações*, vol. I, p. 255, e *Teoria geral...*, p. 236.

([166]) MENEZES CORDEIRO, *Teoria geral...*, p. 240 e s.

Direitos Pessoais de Gozo   127

correspondente, sujeição esta que, portanto, possibilita a existência daquele direito. Imagine-se que, à face da nossa lei, são possíveis situações de prédios sem dono e que o "prédio rústico vizinho", sobre o qual o direito potestativo propicia a constituição da servidão de passagem, é uma *res nullius*. Haverá, nesta hipótese, algum direito potestativo? Como é que o titular exerce esse direito potestativo? Quem deverá ser demandado na acção de constituição da servidão? Parece evidente que, nesta eventualidade, o direito potestativo desaparece. O titular do prédio encravado poderá, pura e simplesmente, passar através da *res nullius*.

É possível multiplicar os exemplos, recorrendo também a direitos potestativos *modificativos* ou *extintivos*. Se, nesta mesma servidão legal de passagem, encontrando-se preenchidos os requisitos do artigo 1568.°, n.° 2, o titular pretendesse a respectiva mudança para outro local e o prédio serviente se houvesse tornado entretanto *nullius*, a mudança da servidão não poderia efectivar-se, assistindo, logicamente, ao titular da servidão o direito de passar por onde lhe aprouvesse.

Igualmente se passam as coisas com os direitos potestativos extintivos. Mantenha-se o exemplo da servidão de passagem. Nos termos dos n.ºs 2 e 3 do artigo 1569.°, estas servidões "serão judicialmente declaradas extintas, a requerimento do proprietário do prédio serviente, desde que se mostrem desnecessárias ao prédio dominante". O direito potestativo do titular do prédio serviente só existe porque há alguém adstrito a suportar os respectivos efeitos — precisamente o titular do prédio dominante.

MENEZES CORDEIRO, que, como já se disse, defende a absolutidade estrutural dos direitos potestativos, apresenta um exemplo que, se consubstanciasse um direito potestativo, comprovaria a sua tese. Trata-se do "'direito' de ocupação", previsto no artigo 1318.° ([167]). Porém, o *poder de ocupar uma coisa* não implica qualquer posição de proeminência de uma pessoa relativamente a outra ([168]), pelo que não pode falar-se de direito potestativo, mas antes de um *poder jurídico* que não constitui nenhuma modalidade de direito subjectivo ([169]).

([167]) *Teoria geral...*, p. 239.

([168]) BRANCA, *Istituzioni...*, p. 21. Este autor faz uso de uma sistematização e de uma terminologia que leva à integração do *poder de ocupar* na categoria das *faculdades* (*facoltà*).

([169]) Repare-se que, mesmo MENEZES CORDEIRO, quando utiliza a palavra direito, referida à ocupação, a escreve entre aspas. Cfr. *últ. loc. cit.*

Concluindo, deve afirmar-se que o *direito potestativo é sempre estruturalmente relativo* ([170]).

Por outro lado, o *direito potestativo* em caso algum reveste a natureza de um *direito real*, de *crédito* ou *pessoal de gozo*. Um direito potestativo pode dar lugar, por exemplo, a direitos reais ou obrigacionais, como já se viu, mas não é, ele próprio, um direito real ou uma obrigação. Traduzindo-se o direito potestativo na possibilidade de introduzir modificações na esfera jurídica alheia, ele não só é *relativo*, o que bastaria para o afastar da categoria dos direitos reais, como não atribui qualquer possibilidade de actuação *imediata* sobre uma coisa. Esta característica da realidade falta de todo nos direitos potestativos, dado que não conferem poderes sobre uma coisa, mas tão só a possibilidade de actuar transformações jurídicas. Repete-se: de um direito potestativo, depois de exercido, podem derivar direitos reais, mas o próprio direito potestativo *não é estruturalmente absoluto*, porque implica uma relação jurídica com outra pessoa, vinculada a uma sujeição correspondente ao conteúdo do direito; *nem é um direito imediato*, porque não permite retirar qualquer utilidade de uma coisa independentemente da actuação de outro sujeito.

Também o problema dos *direitos reais estruturalmente mistos* ([171]) deve considerar-se uma falsa questão. Um direito ou é (estruturalmente) *absoluto* ou *relativo*, não podendo, em simultâneo, implicar e não implicar uma relação jurídica. Sucede apenas que, por vezes, ligados aos direitos reais surgem certos direitos estruturalmente relativos, certas relações creditórias que em nada alteram a estrutura dos direitos reais. Com efeito, as relações que se estabelecem tendo como ponto de referência direitos reais não são direitos reais nem fazem parte destes: são direitos de crédito com um regime específico. Por outro lado, importa sublinhar que, em muitas situações, só aparentemente existem relações jurídicas intersubjectivas referidas a uma coisa. Pense-se, por exemplo, nas normas que estabelecem a harmonização das situações de vizinhança, em virtude de os imóveis, por serem limítrofes ou vizinhos, levantarem, no concernente aos poderes dos respectivos proprietários, problemas de definição de fronteiras. Nestes casos, a generalidade das situações cabe dentro do campo da *realidade*, uma vez que não surgem relações jurídicas entre os proprietários em conflito, havendo apenas uma delimitação da soberania de cada um, que tanto pode ficar aquém como ir além dos limites materiais da coisa ([172]).

([170]) Expressamente neste sentido, Nicolò, *Istituzioni...*, p. 33 e ss., e Santoro--Passarelli, *Diritti assoluti e relativi*, p. 755.

([171]) Menezes Cordeiro, *Direitos reais*, vol. I, p. 491 e s.

([172]) *Vide* Henrique Mesquita, *Obrigações reais...*, p. 94 e ss.

Direitos Pessoais de Gozo

Por último, em ligação com o problema da *absolutidade estrutural* tem de referir-se a questão da *inerência*. Quando se analisam os direitos sob um prisma estrutural (classificando-os em absolutos ou relativos), faz-se, por vezes, apelo a um conceito que, de uma forma quase plástica [173], se costuma designar por *inerência* do direito à coisa. Fala-se de *inerência* relativamente aos direitos que implicam ligação a uma coisa, "quando o ordenamento jurídico atribui, à descrita ligação funcional entre o poder e a coisa, a virtude de tornar possível ao titular a satisfação do seu interesse, qualquer que seja a essência das relações de facto ou jurídicas que envolvam a coisa" [174].

Para GIORGIANNI, dizem-se *absolutos* os direitos dotados de *inerência* [175]. É preciso, todavia, ter cuidado, para não tomar a nuvem por Juno [176]. Definindo a absolutidade em termos estruturais — como *irrelação* [177] —, torna-se fácil concluir que as manifestações de inerência encontram justificação nessa mesma absolutidade, nessa posição absoluta atribuída a um sujeito [178]. As manifestações de inerência podem aparecer, contudo, em direitos relativos e faltar, em certos casos, nos direitos absolutos. Convém explicitar o ponto.

A *inerência* traduz uma tal ligação entre o direito e a coisa, que esta não se separa daquele, continuando, "mesmo que 'passe por mil mãos'",

---

[173] GIORGIANNI, *Contributo...*, p. 164; FUNAIOLI, *Intorno al concetto...*, p. 256; BARASSI, *I diritti reali limitati...*, p. 49, *Diritti reali e possesso*, vol. I, p. 40, e PERSICO, *Anticresi*, p. 534.

[174] GIORGIANNI, *Diritti reali...*, p. 752 (ver também, *Contributo*, p. 164, e *L'obbligazione*, p. 99). Definição semelhante formula OLIVEIRA ASCENSÃO, *Direito Civil — Reais*, p. 546, acrescentando que a inerência é "uma mera imagem", por não se poder ligar uma "realidade normativa, um direito, com uma realidade pré-legal, a coisa".

[175] *Contributo...*, p. 159 e ss., nomeadamente, 164, 166. O ensinamento de GIORGIANNI é seguido por FUNAIOLI, *Intorno al concetto...*, p. 255.

[176] TROPLONG atribui natureza real ao direito do locatário exactamente por identificar as manifestações de inerência com a absolutidade. Cfr. *De l'échange e du louage*, vol. I, n.º 9, p. 61 e s., e vol. II, p. 17 e ss. Também SANTORO-PASSARELLI, *Diritti assoluti e relativi*, p. 754 e s. denota idêntica tendência. DI MAJO, *Delle obbligazioni...*, p. 141, começa por aceitar o mesmo caminho, mas acaba por colocar o problema em termos mais exactos. GIOVANNI COCO, *Locazione...*, p. 926, nota 77, faz, por seu lado, quanto a este aspecto, restrições a GIORGIANNI.

[177] *Supra*, p. 119 e s.

[178] Também consideram que a estrutura ou natureza do direito determina as vicissitudes deste, SANTI ROMANO, *Diritti assoluti*, p. 60; TILOCCA, *La distinzione...*, p. 25, em nota ("o direito é oponível por ser real, e não real devido à oponibilidade"); TABET, *La locazione — conduzione*, p. 95, e PROVERA, *Locazione...*, p. 42, nota 5.

a ser objecto do direito, não havendo "acto, jurídico ou material, que tenha o efeito de produzir esta separação" ([179]). A *inerência* concretiza--se, por um lado, na *sequela*, sua manifestação dinâmica ([180]) e que consiste na possibilidade de opor a posição jurídica a quem se colocar numa situação — material ou jurídica — perturbadora do direito ([181]). Por outro lado, concretiza-se na *prevalência* ([182]) ([183]), que traduz a possibilidade de a situação jurídica em causa se sobrepor a outros direitos com ela conflituantes.

A *sequela* e a *prevalência* (enquanto concretizações da inerência) derivam da *absolutidade estrutural* ([184]). O direito estruturalmente absoluto, a partir do momento em que surge, implica o sacrifício dos outros direitos conflituantes, por isso que se trata de um direito *absolutus*, independente

---

([179]) Oliveira Ascensão, *Direito Civil — Reais*, p. 61. Pessoa Jorge, *Direito das obrigações*, p. 133, diz que a inerência significa que o direito subsiste enquanto a coisa subsistir e acompanha-a.

([180]) Menezes Cordeiro, *Direitos Reais*, vol. I, p. 456, e *Direitos reais — sumários*, p. 120.

([181]) Oliveira Ascensão, *Direito Civil — Reais*, p. 552 e s., dá uma noção mais estrita.

([182]) É mais correcto falar em *prevalência* do que em *preferência*. Cfr. Dias Marques, *Direitos reais*, p. 37; Oliveira Ascensão, *Direito Civil — Reais*, p. 556, e Henrique Mesquita, *Direitos reais*, p. 18. Por vezes também se fala em *direito de exclusão*: cfr. Gomes da Silva, *Curso de direitos reais*, p. 57.

([183]) O âmbito da prevalência não é pacífico. Cfr. Oliveira Ascensão, *Direito Civil — Reais*, p. 555 e ss., e Menezes Cordeiro, *Direitos reais — sumários*, p. 121 e ss., nota 8.

([184]) Weill e Terré, *Droit Civil — Les obligations*, p. 7, consideram a sequela e a prevalência consequências da absolutidade (entendida, todavia, como *eficácia — oponibilidade a todos*); neste mesmo sentido, Henrique Mesquita, *Direitos reais*, p. 15 e ss.; Antunes Varela, *Das obrigações em geral*, vol. I, 9.ª ed., p. 175 e ss., e Ribeiro de Faria, *Direito das obrigações*, vol. I, p. 37 e ss. Mota Pinto, *Direitos reais*, p. 82, segue o mesmo caminho, mas falando, simultaneamente, em lado interno, o que torna o seu pensamento pouco líquido (cfr. Menezes Cordeiro, *Direitos reais*, vol. I, p. 453, nota 671). Galgano, *Diritto Privato*, p. 178, chega a identificar a *absolutidade* com a *prevalência*. Para Pessoa Jorge, *Direito das obrigações*, p. 133, a sequela é consequência da inerência; próximo desta posição está Menezes Cordeiro, *Direitos reais*, vol. I, pp. 456, 458, afirmando mesmo que a sequela é apenas uma "expressão dinâmica da inerência" (*Direitos reais — sumários*, p. 120). Para este último autor a prevalência não é característica dos direitos reais (*Direitos reais*, vol. I, p. 452). Segundo Di Majo, *Delle obbligazioni...*, p. 135, a sequela deriva da absolutidade entendida como forma de tutela (cfr. *supra*, nota 138).

de qualquer relação. É por não implicar qualquer relação que o direito absoluto vale, em princípio, quaisquer que sejam as relações estabelecidas sem o concurso de vontade do respectivo titular — tais relações são, por definição, insusceptíveis de o atingir.

Os direitos absolutos — estruturalmente absolutos — que incidem sobre uma coisa são direitos inerentes. Com efeito, se não implicam uma relação com quem quer que seja, também não podem, em princípio, ser afectados por ninguém. Todavia, nem a absolutidade implica, necessariamente, total inerência, nem a relatividade a afasta de todo.

O legislador consagra restrições à inerência relativamente a direitos absolutos (reais) e estabelece algumas manifestações de inerência em direitos estruturalmente relativos.

A inerência é prejudicada, nos direitos absolutos, em primeiro lugar, porque as normas do registo geram a possibilidade de um direito ser precludido por outro primeiramente registado (art. 6.º do CRP) ([185]). Por outro lado, também as normas dos artigos 243.º e 291.º podem quebrar a inerência do direito absoluto. E igualmente as normas que disciplinam a posse limitam a inerência, nomeadamente proporcionando a aquisição originária ao possuidor.

Em face do exposto, deve definir-se *direito real como todo aquele que, sendo estruturalmente absoluto, atribui imediatamente utilidades de uma coisa* ([186]).

33. *Impossibilidade de subsumir os direitos pessoais de gozo aos direitos reais.* — Os direitos pessoais de gozo possibilitam, tal como os reais, a utilização *directa — rectius, imediata —* de uma coisa, conforme já foi salientado e será ainda desenvolvido ([187]). Todavia, a identificação entre direitos pessoais de gozo e direitos reais só seria possível no caso de se concluir, igualmente, pela absolutidade estrutural daqueles. Os direitos pessoais de gozo, porém, não apresentam esta característica. Como veremos em seguida, trata-se sempre de direitos estruturalmente relativos.

([185]) HENRIQUE MESQUITA, *Direitos reais*, p. 18. Contra, OLIVEIRA ASCENSÃO, *Direito Civil — Reais*, p. 555.

([186]) A crítica de OLIVEIRA ASCENSÃO, *Direito Civil — Reais*, p. 544, não atinge esta formulação de absolutidade, mas apenas o conceito de relação absoluta (quer dizer, apenas atinge as teses personalistas e mistas).

([187]) *Supra*, p. 13 e s. e *infra*, p. 133 e ss.

SECÇÃO III

Os direitos pessoais de gozo como *tertium genus*

SUMÁRIO: 34. O direito pessoal de gozo como direito imediato sobre uma coisa. 35. O direito pessoal de gozo como direito estruturalmente relativo. 36. Cont.: o problema da inerência. 37. Conclusão: complexidade dos direitos pessoais de gozo; núcleo central e zona periférica; direito pessoal de gozo em sentido amplo e em sentido estrito.

34. *O direito pessoal de gozo como direito imediato sobre uma coisa.* — Partindo da definição tradicional de *obrigação* (acolhida no Código Civil: art. 397.°), concebida como uma *relação jurídica por virtude da qual uma pessoa (devedor) fica adstrita para com outra (credor) à realização de determinada prestação*, conclui-se que, nos direitos pessoais de gozo, o seu núcleo fundamental ou central escapa a este conceito. Efectivamente, o que caracteriza tais direitos é o poder, que assiste ao respectivo titular, de retirar determinadas utilidades de uma coisa sem a intermediação de ninguém [188]. E, conforme já foi sublinhado, é de todo impossível explicar este gozo em sede obrigacional, através de uma prestação de outrem. Por outro lado, vimos também que o poder de gozo se traduz num verdadeiro *direito subjectivo*, sendo incorrecto concebê-lo como um poder puramente *material* ou *factual*.

Importa agora salientar que os direitos pessoais de gozo têm por *objecto* uma *coisa*.

Para Mosco, trata-se de um elemento tão evidente que seria supérfluo tentar prová-lo [189]. Todavia — e à semelhança do que este autor acaba por fazer —, vão alinhar-se alguns argumentos sobre o assunto.

---

[188] *Supra*, p. 13 e s.
[189] *I frutti...*, p. 432.

Por um lado, o legislador, ao definir os direitos pessoais de gozo que regula autonomamente, fá-lo através de fórmulas reveladoras de que eles têm por objecto uma coisa. Desde logo, o artigo 1022.º define a locação como o "contrato pelo qual uma das partes se obriga a proporcionar à outra o gozo temporário de *uma coisa*, mediante retribuição", acrescentando-se, no artigo 1023.º, que a locação se chama "arrendamento quando *versa sobre coisa imóvel*, aluguer quando *incide sobre coisa móvel*". No arrendamento urbano, "uma das partes concede à outra o gozo temporário de um *prédio urbano*" (art. 1.º do RAU). Na mesma linha, o artigo 1129.º define comodato como "o contrato gratuito pelo qual uma das partes entrega à outra *certa coisa, móvel ou imóvel*, para que se sirva dela, com a obrigação de a restituir".

O facto de os direitos pessoais de gozo terem como objecto uma coisa implica várias consequências de relevo.

Pode celebrar-se um contrato que atribua a uma das partes um direito pessoal de gozo sobre coisa que ainda não existe, ou que, existindo, não se encontra na disponibilidade do concedente. Esta é a regra, por exemplo, na locação financeira, porque, normalmente, quando se celebra este contrato, o locador ainda não é proprietário da coisa locada [190].

Em casos com esta configuração, suscita-se o problema de saber qual a situação jurídica em que fica investido o concessionário que, aparentemente, viu nascer na sua esfera jurídica um direito pessoal de gozo. Não há quaisquer razões que imponham a nulidade do contrato, mas também não é admissível o surgimento de um direito que atribua *poderes imediatos* sobre uma coisa que, ou não existe, ou não se encontra na disponibilidade do concedente.

Por um lado, quando o direito pessoal de gozo incide sobre coisa alheia, não é de aplicar a disciplina do artigo 892.º [191]. Todavia, o

---

[190] *Supra*, p. 42.

[191] Este artigo foi ditado por duvidosas razões, nomeadamente, de evitar "aparências enganadoras". Por isso, a doutrina estabelecida no artigo 892.º não deve ser estendida a outras situações nas quais ainda mais dificilmente poderá encontrar justificação. No sentido da inaplicabilidade do preceito à locação, embora com argumentos diversos, HENRIQUE MESQUITA, *Obrigações reais...*, p. 165. Em sentido oposto, mas chegando às mesmas soluções defendidas em texto, por aplicação dos artigos 895.º e 897.º, PEREIRA COELHO, *Arrendamento...*, p. 104. Defendem, justamente, a validade da locação de coisa alheia, POLACCO, *Appunti sulle locazioni...*, p. 427 e ss.; MIRABELLI, *La locazione*, p. 276 e ss.; TABET, *La locazione — conduzione*, p. 180 e ss.; PROVERA, *Locazione...*, p. 87 e ss.; TRIFONE, *La locazione...*, p. 453 (o Código Civil italiano de

direito de gozo, na medida em que implica poderes sobre a coisa, só pode nascer a partir do momento em que o concedente adquira um direito que contenha esses mesmos poderes (nomeadamente, a propriedade). Por outro lado, deve aplicar-se aqui, por analogia [192], a norma do artigo 880.°, n° 1, ficando o concedente obrigado a "exercer as diligências necessárias" para que o concessionário seja investido no direito imediato sobre a coisa. Até se verificar esta ocorrência, o titular do direito pessoal de gozo não tem qualquer poder sobre a coisa, em virtude de o negócio que lhe atribuiu o direito ser *ineficaz* [193] em relação àquele que tinha legitimidade para efectuar a atribuição. Caso se esteja perante uma coisa futura, quer porque não existe ainda (*coisa absolutamente futura*), quer porque, embora existindo, não está na diponibilidade do causante (*coisa relativamente futura*), continua a aplicar-se, por analogia, a norma do artigo 880.°, chegando-se exactamente às mesmas soluções [194].

Quando a coisa objecto de um direito pessoal de gozo já não existe à data da celebração do contrato — por ex., o automóvel locado foi destruído num acidente —, o negócio é nulo por *impossibilidade física do objecto* (artigo 280.°, n.° 1) [195], ou, no caso dos negócios reais *quoad constitutionem* (caso, por ex., do comodato e da parceria pecuária), o contrato nem sequer chega a formar-se. Mesmo nos casos em que o direito pessoal de gozo implica uma primeira fase meramente creditó-

---

1942, de resto, não consagra a nulidade da venda de coisa alheia — *vide* art. 1478 e s., e GRECO e COTTINO, *Vendita*, p. 163), e, em França, BAUDRY-LACANTINERIE e WAHL, *Du contrat de louage*, pp. 4 e 69 e s. HENRI, LÉON e JEAN MAZEAUD, *Leçons de Droit Civil*, tomo III, vol. 2, 2.ª parte, pp. 398 e 411 e s., afirmam que a locação de coisa alheia é válida, embora ineficaz em relação ao proprietário (não aplicando o art. 1599 do *Code*); mas, com alguma incoerência, fundamentam a nulidade da venda de coisa alheia (citado art. 1599) no "*erro* cometido pelo adquirente, simultaneamente *sobre a substância e sobre a pessoa*": cfr. *Leçons de Droit Civil*, tomo III, vol. 2, 1.ª parte, p. 96 e s. FUBINI e SEQUI, *Locazione...*, p. 1013, defendem a nulidade da locação de coisa alheia.

[192] E não por remissão do art. 939.°, pois este artigo é demasiado restrito para abranger os direitos pessoais de gozo.

[193] Esta ineficácia resulta do art. 406.°, n.° 2. O art. 1034.°, por remissão para o art. 1032.°, estabelece, coerentemente, que o contrato celebrado nas circunstâncias descritas no texto se considera não cumprido.

[194] Neste sentido, relativamente às coisas absolutamente futuras, MOSCO, *I frutti...*, p. 432, e, quanto à locação, ABELLO, *Della locazione*, p. 25.

[195] Neste sentido, quanto ao ordenamento jurídico italiano, MOSCO, *I frutti...*, p. 432.

ria ([196]), deve considerar-se o *objecto fisicamente impossível*, porque "envolve uma prestação *impossível* no domínio dos factos" ([197]).

Deve também notar-se que, tendo o direito por objecto uma coisa, extinguir-se-á no caso de esta perecer. É a solução expressamente consagrada, quanto à locação, na alínea e) do n° 1 do artigo 1051.°, e, quanto à parceria pecuária, no artigo 1123.°, valendo, logicamente, em relação aos outros direitos pessoais de gozo ([198]).

A incidência sobre uma coisa determinada é comum aos direitos reais e aos direitos pessoais de gozo, mas não aos direitos de crédito. Assim, nas obrigações de *facere* ou de *non facere* não se encontra, pura e simplesmente, nenhuma coisa como objecto do direito do credor. O direito do credor diz respeito a um comportamento positivo ou negativo do devedor e não a uma coisa (determinada ou não). Quanto às obrigações de *dar, entregar* ou *restituir* ([199]), podem ter como objecto (mediato) uma coisa determinada. Todavia, a determinação da coisa não constitui elemento essencial deste tipo de obrigações, pois, como é sabido, o respectivo objecto (mediato) pode ser uma coisa definida apenas pelo seu género, qualidade e quantidade, ocorrendo a *concentração da obrigação* ou *determinação do objecto* em momento posterior ([200]). Por outro lado, é importante notar que, mesmo nas obrigações de prestação de coisa, estando o seu objecto mediato, desde logo, concretamente fixado (*obrigações específicas*), o credor não tem um direito que incida sobre a coisa, pelo que fica sempre dependente do cumprimento voluntário ou da execução específica. Por este motivo, pode constituir-se uma obrigação que tenha por objecto mediato uma coisa determinada mas ainda não existente (art. 399.°) ([201]). Mas não poderá surgir um direito pessoal de gozo sobre coisa futura, uma vez que o respectivo exercício implica a prática de actos sobre a coisa ([202]). Todavia, quando os direitos pessoais de gozo implicam

---

([196]) Cfr. *Infra*, p. 148 e ss.

([197]) PIRES DE LIMA e ANTUNES VARELA, *Código Civil anotado*, vol. I, anot. n.° 1 ao art. 280.°, p. 258.

([198]) MOSCO, *I frutti...*, p. 432.

([199]) Sobre estas modalidades, ANTUNES VARELA, *Das obrigações em geral*, vol. I, 9.ª ed., p. 89 e ss., e RIBEIRO DE FARIA, *Direito das obrigações*, vol. I, p. 75 e ss. ALMEIDA COSTA, *Direito das obrigações*, pp. 127, e 605 e s., fala em obrigações de *dar, prestar* ou *restituir*.

([200]) ANTUNES VARELA, *Das obrigações em geral*, vol. I, 9.ª ed., p. 846 e ss.

([201]) ANTUNES VARELA, *Das obrigações em geral*, vol. I, 9.ª ed., p. 92 e s.

([202]) MOSCO, *I frutti...*, p. 434.

Direitos Pessoais de Gozo   137

uma primeira fase meramente creditória — como na locação —, devem aplicar-se, nesta fase, os princípios das obrigações.

Os direitos pessoais de gozo incidem sobre uma coisa e atribuem poderes *imediatos* sobre ela. Já se defendeu, contudo, que a ligação entre o concessionário e a coisa não é imediata, por existir, entre o titular do direito pessoal de gozo e a coisa, o direito do concedente ([203]). Mas há um equívoco neste entendimento.

BARBERO observou que esta tese — a que defende a falta de imediação, devido à interposição do direito do concedente — consiste num vão jogo de palavras ([204]), mas deve entender-se que, mais do que isto, se está perante uma confusão de conceitos. De facto, afirmar, por exemplo, que entre o locatário e a coisa se situa o direito do locador, e pretender, com isso, excluir a imediação, resulta da confusão do *plano da satisfação dos interesses* com o *plano estrutural*. Tal confusão é expressamente feita por CARNELUTTI quando afirma, respondendo a THON, que, com o critério da *imediação*, não se visa caracterizar o modo de *gozo material*, mas a *posição jurídica* do sujeito que tem o direito de gozo ([205]). Por este motivo, aquele primeiro autor fala em imediação quando não há, entre o direito e a coisa que dele é objecto, nenhum outro direito. Ora, se a imediação tivesse este significado, seria um conceito de todo imprestável. Vejamos porquê.

Mesmo nas *obrigações* que têm como *objecto mediato* uma *coisa*, a mediação, entendida como interposição jurídica, não cobre todas as situações. Para CARNELUTTI, o que está de permeio, na relação creditória, e não se encontra no direito real, "não é uma acção mas um outro direito e, precisamente, o direito real do devedor sobre aquilo que constitui objecto da obrigação" ([206]). Ora, este ponto de vista, com efeito, nem sequer em relação a estas obrigações de prestação de coisa pode ser defendido, porque, em inúmeros casos, o devedor não tem qualquer direito real sobre a coisa. Assim, quando um caçador vende uma lebre que irá

([203]) CARNELUTTI, *Diritto e processo...*, p. 240, e *Obbligo del debitore...*, p. 296, e TABET, *Locazione...*, p. 1020.

([204]) *Sistema...*, vol. II, p. 324. Este autor já em *Il diritto soggettivo*, c. 38, intuiu que o *agere licere* do locatário ou comodatário é semelhante ao dos tiulares de, por exemplo, um usufruto (nesta primeira fase, contudo, integrava todos os direitos acabados de referir na categoria dos direitos reais).

([205]) *Obbligo del debitore...*, p. 296, e *Diritto e processo...*, p. 239 e s. Ao entendimento de CARNELUTTI adere FUNAIOLI, *Intorno al concetto...*, p. 261.

([206]) *Diritto e processo...*, p. 240.

caçar no dia seguinte, ou quando um agricultor aliena a colheita de fruta que o seu pomar irá produzir no próximo ano, está-se perante obrigações que têm como objecto mediato uma coisa e em que, no entanto, não há qualquer direito real por parte do devedor. A obrigação, como bem se sabe, nasce logo com a celebração do contrato. Definindo-se imediação como a ausência de qualquer direito interposto entre o titular de um direito (credor) e a coisa a que este respeita, teria de concluir-se tratar-se de direitos tão *imediatos* como os reais. Mas as críticas não terminam aqui.

Nos exemplos acima apontados, se o vendedor for já proprietário da lebre ou da fruta vendida, entre o credor da entrega (comprador) e a coisa a entregar não há igualmente qualquer direito do devedor, pois esse direito transferiu-se com o contrato de compra e venda. Por tudo isto, a definição de imediação em análise não serve: junta aquilo que substancialmente é diferente (*v. g.*, o direito de gozo do proprietário ou do locatário e o direito a que uma coisa lhe seja entregue — defendendo, em ambos os casos, a imediação) e separa o que é substancialmente igual (*v. g.*, o crédito do comprador à entrega de uma colheita de fruta já separada ou ainda ligada às árvores — dizendo que, no primeiro caso, existe imediação).

Em segundo lugar, a imediação, assim entendida, perde todo o sentido perante obrigações de *facere* ou de *non facere*, uma vez que estas, mesmo implicando uma coisa, nunca a têm por objecto. Por exemplo, numa *obrigação de não concorrência*, entre o credor e o devedor (obrigado, em certos termos, a não concorrer com ele) não há um direito do devedor sobre determinada coisa, existindo, no máximo, um *poder legal* — o de levar a cabo uma actividade comercial.

A haver lugar para um conceito de imediação com algum interesse, ele terá de encontrar-se na *forma de acesso* às utilidades propiciadas pelo direito.

Cada direito, para satisfazer determinados interesses, coloca o titular em posição de aceder a certas utilidades. Nos direitos pessoais de gozo, tal como nos direitos reais, o titular é colocado em posição de, só por si, aceder a essas utilidades proporcionadas pelo direito em que está investido. Em ambas as categorias de direitos, o respectivo titular acede *imediatamente* a uma certa coisa. O titular de um direito pessoal de gozo, para satisfazer o seu interesse, não necessita da intervenção ou cooperação activa de ninguém — necessita, pelo contrário, que todos se afastem e o deixem aceder à coisa. Por outro lado — repete-se —, não há possibilidade de conceber uma actividade de quem quer que seja capaz de propiciar as utilidades que o direito pessoal de gozo confere ([207]).

([207]) Mosco, *I frutti...*, p. 438.

Refira-se, ainda, que o *locador*, o *comodatário*, o *parceiro pensador*, etc., têm, inclusivamente, a *detenção* da coisa. Isto deriva, para a *locação*, das als. *a)* e *b)* do artigo 1031.°, que estabelecem a obrigação de o locador entregar a coisa ao locatário e de lhe assegurar o gozo [208]. Para a *parceria pecuária* e para o *comodato* deriva, respectivamente, dos artigos 1121.° e 1129.°, onde a entrega é referida como um elemento constituinte do contrato. O locador pode, inclusivamente, efectuar benfeitorias na coisa (como se depreende do art. 1046.°, e, especificamente para o arrendamento rural, do art. 14.° do citado Decreto-Lei n.° 385/88), sendo igual prerrogativa atribuída também ao comodatário (art. 1138.°, n° 1). Está-se perante um verdadeiro *poder* [209], integrado no direito pessoal de gozo, revelador de uma actuação directa sobre uma coisa.

Em certos casos (nomeadamente, nas *servidões pessoais*), o direito pessoal de gozo não implica, por parte do respectivo titular, a detenção da coisa, o que em nada afecta — já foi referido — a imediação, uma vez que o concessionário retira as utilidades, também nestes casos, exactamente da mesma forma — *directamente*, sem a intervenção de ninguém. E se se prosseguisse na análise dos outros tipos de direitos pessoais de gozo, confirmar-se-ia que, independentemente de haver detenção, o direito é sempre *imediato*.

a) Imediação e aquisição de frutos. — O titular de um direito pessoal de gozo, em certos casos, faz seus os frutos naturais produzidos pela coisa objecto do direito. Esta é a regra na locação — sempre que se esteja perante uma coisa capaz de produzir frutos —, encontrando-se, desde logo, implícita no poder de gozar a coisa para os fins a que se destina (alínea *b)* do art. 1031.°), e, quanto ao arrendamento rural, na noção deste contrato (art. 1.° do Decreto-Lei n° 385/88, de 25 de Outubro) [210]. O poder de fruição, em que se encontra investido o titular de um direito pessoal de gozo, só aparentemente é igual ao do comprador dos frutos ainda ligados às árvores. A semelhança reside no facto de que tanto, por exemplo, o locatário de um pomar, como aquele que adquiriu os frutos do mesmo, não são proprietários enquanto não se fizer a colheita e, uma vez efectuada esta, podem tornar-se proprietários. Mas só aparen-

---

[208] *Supra*, p. 33, e MENEZES CORDEIRO, *Direitos reais*, vol. II, p. 955, e *Da natureza...*, p. 65.

[209] Cfr. MENEZES CORDEIRO, *Teoria geral...*, p. 252 e ss.

[210] Já o comodatário, por exemplo, não tem — salvo se houver convenção nesse sentido — direito aos frutos colhidos (art. 1132.°).

140 José Andrade Mesquita

temente se encontram em idêntica posição jurídica. Conforme resulta do que já foi dito e se tornará mais claro na parte final desta secção, a estrutura do direito meramente creditório (na hipótese figurada, resultante da compra e venda) é diversa da estrutura dos direitos pessoais de gozo, influenciando a aquisição dos frutos.

Quando, através de um direito de gozo, se atribui o poder de apropriação dos frutos da coisa, isso tem também o sentido de — como foi salientado por Mosco [211] — impedir que o direito do concedente se estenda aos frutos uma vez verificada a respectiva separação. A explicação para este fenómeno arranca, igualmente, da imediação que existe entre o titular do direito pessoal de gozo e a coisa. Como o concessionário tem um direito imediato — dirigido, portanto, à coisa, sem necessidade de colaboração de ninguém —, não necessita do concedente para satisfazer o seu interesse, precisando apenas dele para ser titular do direito que lhe possibilita satisfazê-lo. Mas, se não necessita do concedente — que não fica com qualquer obrigação relativamente aos frutos —, também é forçoso entender que o direito deste não se estende aos frutos enquanto bens autónomos, pois, caso contrário, teria de existir uma obrigação de transferência para o concessionário. Ora, nos direitos pessoais de gozo não existe qualquer obrigação, do concedente, que tenha os frutos por objecto.

Em face disto, poderia haver a tentação de — na companhia de eminentes civilistas — considerar que "a aquisição da propriedade dos frutos por parte do titular do direito de gozo é uma aquisição originária e imediata, como é originária e imediata a aquisição por parte do proprietário da coisa-mãe" [212]. Não pode, todavia, aceitar-se esta explicação, uma vez que ela não está de acordo com os dados normativos. Com efeito, a aquisição dos frutos por parte, por exemplo, do arrendatário rural, verifica-se porque o locador tem um direito que lhe possibilita conceder a coisa a título de arrendamento (normalmente, o direito de propriedade) e, portanto, é proprietário dos frutos antes da separação destes. Caso o locador não tenha qualquer direito sobre os frutos, fica o "arrendatário" impedido de os adquirir com base no arrendamento. O arrendatário, portanto, adquire os frutos (também) *devido* ao direito de propriedade do locador sobre os mesmos, e não *apesar* desse direito ou *independentemente* dele. Manuel de Andrade afirma que "na aquisição derivada intervém (...) uma relação entre o titular anterior e o novo, não

---

[211] *I frutti...*, p. 457.

[212] Mosco, *I frutti...*, p. 456.

querendo isto dizer, todavia, que para se operar seja sempre necessário o concurso da vontade daquele" ([213]). Ora, é isto que se passa no presente caso. Todavia, sendo uma aquisição derivada, efectua-se, sem dúvida, em moldes diversos daqueles em que se processa a aquisição por parte de um comprador.

Com o objectivo de esclarecer a questão devidamente, é útil analisar duas situações de conflito: por um lado, entre titulares de um crédito (compradores) e, por outro, entre um credor dos frutos e o titular de um direito pessoal de gozo. Imagine-se que o proprietário de um pomar vende a fruta de determinada colheita (ainda nas árvores) a *A* e, posteriormente, celebra com *B* idêntico contrato. Segundo os princípios gerais das obrigações, o comprador que primeiro conseguir realizar a apanha dos frutos torna-se proprietário, ficando o outro com direito a uma indemnização.

Imagine-se, agora, que o conflito se verifica entre um locatário e um adquirente dos frutos. O proprietário de um pomar dá-o de arrendamento a *C* e, seguidamente, vende a *D* frutos pendentes da coisa locada. Será que este último pode, de alguma forma, fazer valer o seu direito de crédito, impedindo que o arrendatário adquira os frutos? É intuitivo que não pode ([214]). Mas importa analisar a situação. Como foi salientado, a aquisição dos frutos por parte do titular de um direito pessoal de gozo não é uma aquisição que se baseie num contrato de compra e venda, tendo por objecto os frutos, celebrado entre o concedente e o concessionário. Não existe, relativamente aos frutos, qualquer obrigação a cargo do concedente ([215]). Não parece restar alternativa diferente da de se admitir que o concessionário adquire os frutos em virtude de ser titular de um direito que lhe permite, no exercício de um poder, *apropriar-se* deles. Salientem-se algumas normas que confirmam este entendimento.

Não necessitando da colaboração do concedente, nem estando este obrigado a qualquer comportamento relativamente aos frutos, o locatário, para os adquirir, precisa, seguramente, de poder defender-se de eventuais ataques (de *facto* ou baseados num *direito*) de que estes possam ser alvo. Por isso a lei afasta todos os outros (todos, menos o concessionário) da prática de qualquer acto sobre a coisa, através da concessão da tutela possessória (veja-se, relativamente à locação, o artigo 1037.°, n.° 2). Tem

---

([213]) *Teoria geral...*, vol. II, p. 14.

([214]) Neste sentido, VENEZIAN, *Dell'usufrutto...*, vol. II, p. 761, nota 1, e, referindo apenas o usufruto, L. BIGLIAZZI GERI, *L'usufrutto...*, p. 197.

([215]) *Supra*, p. 89 e ss.

de entender-se que o legislador, ao atribuir esta possibilidade aos titulares de direitos pessoais de gozo ([216]), pretende colocá-los ao abrigo de qualquer perturbação na sua relação com a coisa quando exercem os seus poderes. Através desta tutela, o locatário pode reagir contra qualquer pessoa que pretenda, sem o seu consentimento, efectuar a colheita dos frutos (mesmo que esta se baseie num contrato de compra e venda celebrado com o concedente). Não se compreenderia que alguém, praticando um acto que a lei quer evitar (perturbação do gozo da coisa) passasse, com a prática desse acto, sem nada mais ([217]), a ser titular de um direito de propriedade. O arrendatário rural, por exemplo, quando se aperceba de que um terceiro vai colher os frutos do prédio arrendado pode recorrer, inclusivamente, à acção directa (artigos 1277.° e 336.°), com isso evitando, se for bem sucedido, que o terceiro adquira os frutos. Ora, seria absurdo entender que, caso não se oponha pela força, perde, definitivamente, a propriedade sobre os mesmos.

Tem, pois, de admitir-se que o direito de gozo, enquanto direito imediato, permite ao titular fazer seus os frutos sem necessitar da colaboração de ninguém. Uma vez verificada a separação dos frutos, a propriedade dos mesmos é *automaticamente* adquirida pelo titular do direito pessoal de gozo. E isto quer os frutos tenham caído por si ([218]), quer tenham sido separados por qualquer pessoa, mesmo que esta se baseie num contrato.

A norma contida no artigo no 407.° também se revela importante. Estabelecendo-se nela que, entre dois direitos pessoais de gozo incompatíveis entre si, prevalece o mais antigo em data ([219]), o concedente de um direito pessoal de gozo não poderá afectar o respectivo titular através da concessão de idêntico direito a um terceiro. Caso este terceiro, em vez de ficar investido na titularidade de um direito pessoal de gozo, seja apenas credor (adquirindo ao concedente frutos ainda pendentes), não poderá, igualmente, afectar a posição jurídica do concessionário. O raciocínio é simples: não pode ter-se querido, através do artigo 407.°, proteger o concessionário contra direitos pessoais de gozo incompatíveis, deixando-o, simultaneamente, sem defesa contra direitos creditórios que contendam com a sua posição jurídica.

([216]) Sobre o alcance e sentido desta tutela, *vide infra*, p. 205 e ss.

([217]) Sem, por exemplo, posse de boa fé (art. 1270.°) ou o decurso do prazo que permita a usucapião.

([218]) Os frutos, quando não se destinam ao proprietário, "adquirem-se com a separação, qualquer que tenha sido a causa que a produziu", como salienta MONTEL, *Frutti...*, p. 671.

([219]) *Infra*, p. 191 e ss., faz-se uma interpretação mais pormenorizada desta norma.

Já foi defendido que, no momento da autonomização dos frutos, o direito do concessionário *prevalece* sobre o próprio direito do proprietário ([220]). Não deve recorrer-se, todavia, ao conceito de prevalência. Acontece, isso sim, que, não se estabelecendo qualquer obrigação que vincule o concedente a transferir os frutos para o titular do direito pessoal de gozo, tem de entender-se que, no momento da autonomização dos frutos, estes são automaticamente adquiridos pelo concessionário, não tendo o concedente direito a eles enquanto *coisas autónomas*. E, desta forma, se alguém lhos tiver adquirido, adquiriu de quem não tinha direitos sobre eles (enquanto coisas autónomas). Falar em prevalência implica a existência de dois direitos conflituantes e, neste caso, não chega a haver conflito de direitos ([221]).

Assim, mesmo no caso de o direito pessoal de gozo ter sido concedido em momento posterior ao da celebração da compra e venda dos frutos, se o comprador ainda não houver feito a colheita no momento em que o direito pessoal de gozo nasceu, não poderá obter os frutos com base na compra e venda: quem os adquire é o titular do direito pessoal de gozo ([222]). A explicação continua a assentar nas mesmas bases. O terceiro adquirente, enquanto credor, não pode afectar o concessionário e, no momento em que poderia adquirir um direito real, o vendedor não pode transferir-lhe a propriedade (cfr. art. 408.°, n.° 2, *in fine*), pois o seu direito não se estende aos frutos enquanto coisas autónomas.

Só num caso os frutos passam, com a separação, a pertencer a um terceiro comprador: no caso em que este os tenha adquirido ao concessionário.

É preciso ter em conta, ainda, as normas que disciplinam a *posse de boa fé*. O artigo 1270.° atribui a propriedade dos frutos ao possuidor de boa fé, pelo que, nesta hipótese, o titular do direito (pessoal ou real) perde a propriedade sobre os mesmos, não propriamente por deixar de ser possuidor ou detentor, mas porque o legislador faz corresponder à posse de boa fé a *aquisição originária* — aqui sim — dos frutos percebidos.

Já se defendeu que o titular de um direito pessoal de gozo só pode adquirir os frutos se estiver numa relação material com a coisa (detenção), não lhe bastando apenas a titularidade de um direito imediato. Sem aquela relação material não seria "possível dar uma explicação satisfatória para

---

([220]) Mosco, *I frutti...*, p. 459.

([221]) L. Pinto Coelho, *Lições...*, p. 42 e ss., e Oliveira Ascensão, *Direito Civil — Reais*, p. 556 e s.

([222]) Neste sentido, Mosco, *I frutti...*, p. 436.

a aquisição dos frutos por parte do titular do direito pessoal de gozo", pelo que, quando este fosse esbulhado, deixaria de adquirir os frutos ([223]). Não deve aceitar-se este ponto de vista, por não se encontrar qualquer fundamento para restringir a aquisição dos frutos aos casos em que o titular do direito pessoal de gozo mantém a detenção da coisa. Nada na lei permite fundamentar esta restrição. Pelo contrário, o artigo 213.°, relativo à partilha dos frutos, atende à *vigência do direito* e não à relação com a coisa. Também o artigo 214.° estatui que "quem colher prematuramente frutos naturais é obrigado a restituí-los, se vier a extinguir-se o seu direito antes da época normal das colheitas". Se o legislador houvesse acolhido a tese em análise, ter-se-ia referido ao momento em que cessa a relação material com a coisa e não à cessação do direito. Também a norma do artigo 26.°, n° 2, do Decreto-Lei n° 385/88, de 25 de Outubro, dificilmente encontraria justificação, pois estabelece que, mesmo terminado um arrendamento rural, "o novo cultivador não pode impedir a realização de todas as práticas necessárias à colheita, utilização e transformação dos frutos pendentes" ao anterior arrendatário, numa altura em que este já não é detentor.

Para além destes argumentos, outros ainda se podem alinhar, e seguramente com maior peso. Caso se admitisse a tese em apreço, deixando o concessionário de adquirir os frutos ao perder a detenção da coisa, seria então necessário determinar quem é o proprietário deles. Coerentemente, para o defensor da tese que analisamos — BARCELLONA —, o fundamento da aquisição dos frutos deve procurar-se na *posse da coisa-mãe*, posse essa "entendida em sentido lato, como gestão económica do bem produtivo, no próprio interesse", mesmo que seja exercida de má fé ([224]). Desemboca--se, assim, numa solução manifestamente injusta, privando o titular do direito de toda e qualquer tutela real, mesmo relativamente ao possuidor de má fé ([225]).

As relações de posse ou de detenção não se revelam, fora do âmbito de aplicação do artigo 1270.°, importantes para decidir a quem respeitam os frutos da coisa: o importante é averiguar qual o titular do direito que atribui o poder de apropriação destes. Esta solução está mais de acordo com o artigo 408.°, n.° 2, *in fine*, ao estabelecer que a propriedade dos

---

([223]) BARCELLONA, *Frutti*, p. 224.

([224]) *Frutti*, p. 233.

([225]) Solução expressamente acolhida por BARCELLONA, *Frutti*..., p. 234, (ver também a p. 221 e s.) e combatida por LUMINOSO, *La tutela aquiliana*..., p. 342.

frutos se adquire com a colheita (^{226}), sem mandar atender à pessoa que a leva a cabo.

Devem, contudo, distinguir-se os direitos *imediatos* daqueles que o não são. Só o titular de um direito imediato — isto é, de um direito que dá ao seu titular a possibilidade de satisfazer o interesse visado por esse mesmo direito mediante o exercício de poderes dirigidos ao respectivo objecto — pode adquirir os frutos sem a cooperação de quem quer que seja e, portanto, só ele é independente da actuação de outros sujeitos, adquirindo automaticamente os frutos. Desta forma, quando se diz que o arrendatário não pode adquirir os frutos antes de a coisa lhe ser entregue, porque não tem título de aquisição (^{227}), expressa-se uma ideia exacta. A justificação, todavia, não reside no facto de faltar uma relação material com a coisa, mas no de não existir um direito imediato, uma vez que este só surge quando se esgota a fase meramente creditória. O arrendatário não poderá, por conseguinte, reivindicar os frutos colhidos por um terceiro entre o momento da celebração do contrato que deu origem ao seu direito e o momento da entrega da coisa, porque, antes desta entrega, ele é apenas credor do concedente, o que não lhe permite adquirir os frutos só por si. Depois da entrega pode fruir a coisa, mas, obviamente, para o futuro, não podendo fruir o que não existe (^{228}).

b) Imediação e acessão. — Segundo o Código Civil — artigo 1325.º —, dá-se a *acessão* "quando com a coisa que é propriedade de alguém se une e incorpora outra coisa que lhe não pertencia". Também nos direitos pessoais de gozo surgem problemas de *acessão*, que deverão ser resolvidos tendo em conta a *imediação* destes direitos.

Imaginem-se as seguintes situações:

— numa corrente de água, que atravessa um terreno tomado de arrendamento por *A*, forma-se uma ilha (cfr. o art. 1331.º);
— por acção das águas, uma embarcação é arrojada para o mesmo terreno, sem que o proprietário daquela a remova dentro do prazo em que poderia fazê-lo (cfr. o art. 1329.º, n.º 1);

(^{226}) Neste sentido, em face de preceito idêntico do Código Civil italiano (§ 1.º do art. 821), TEDESCHI, *L'anticresi*, p. 70.

(^{227}) BARCELLONA, *Frutti...*, p. 224.

(^{228}) Claro que, admitindo o *efeito externo das obrigações*, poderá o arrendatário responsabilizar o terceiro.

146 *José Andrade Mesquita*

— quando procede a uma sementeira no seu terreno, *B* deixa cair sementes sobre o prédio que *A* tomou de arrendamento e que é confinante com aquele terreno;
— por último, no mesmo prédio arrendado, *A* faz uma sementeira com sementes alheias.

Em todos estes casos levantam-se problemas de *acessão*. Interessa, principalmente, analisar a posição jurídica do concessionário (locatário) relativamente às coisas que se juntaram ao terreno ou foram nele incorporadas.

A doutrina tem negado a possibilidade de o titular de um direito pessoal de gozo beneficiar das normas que regulam a acessão, considerando que estas só se aplicam aos direitos reais [229]. Mas deve perfilhar-se opinião diversa.

Nos direitos pessoais de gozo, o aspecto da *imediação* — não é demais repeti-lo — traduz a forma de o titular do direito aceder às utilidades da coisa (o concessionário, tal como nos direitos reais, não depende da actividade de ninguém). Nada impede, por isso, que as utilidades venham a ser quantitativamente alargadas, por virtude das regras que disciplinam a acessão, podendo igualmente acontecer que o titular do direito venha a defrontar-se com a situação inversa, isto é, com a situação em que o objecto do seu direito sofre uma diminuição física: o locatário de um prédio agrícola, por exemplo, não pode invocar qualquer direito sobre o terreno desse prédio que, por acção das águas, insensivelmente se for deslocando para um prédio inferior [230].

O titular de um direito pessoal de gozo acede directamente às utilidades da coisa compreendidas no conteúdo do seu direito, pelo que deve beneficiar da acessão dentro dos poderes por este conferidos. O que conta, portanto, para resolver os problemas de acessão não é a estrutura do direito em causa (absoluto ou relativo) [231], mas antes o conteúdo desse direito e a forma directa de acesso aos bens, isto é, a *imediação*.

Quanto aos efeitos da acessão, não há diferença significativa entre, por exemplo, o usufruto — em relação ao qual a lei declara expressamente

---

[229] Entre nós, MENEZES CORDEIRO, *Da natureza...*, p. 414. Observe-se, no entanto, que este autor não afasta a possibilidade de o concessionário (nomeadamente, o locatário) se valer das normas da acessão, mas baseia tal entendimento na atribuição de carácter real aos direitos que proporcionam o gozo de uma coisa.

[230] Cfr. o art. 1328.°, n.° 2.

[231] Em sentido contrário, MOSCO, *I frutti...*, p. 450 e s.

que "abrange as coisas acrescidas" (art. 1449.º) ([232]) — e os direitos pessoais de gozo. Para decidir em que termos o titular de um direito pessoal de gozo beneficia das regras da acessão, revela-se de fundamental importância a análise do conteúdo de cada direito. Deve concordar-se com Mosco quando faz depender a acessão da manifestação de vontade das partes (mesmo tácita), porque é através de declarações de vontade que o direito se constitui com determinado recorte. Já não pode, porém, considerar-se que este autor resolve integralmente o problema quando afirma que, "no momento da constituição da locação, o locatário adquire poderes que são, com certeza, exercitáveis imediatamente sobre a coisa, mas são exercitáveis sobre a extensão que a coisa tem no momento da constituição do direito, ou sobre a maior extensão prevista no contrato" ([233]). A questão não pode ser totalmente resolvida desta forma, porque, desde logo, há problemas de acessão (como o das sementes que alguém lança no terreno) completamente alheios à extensão da coisa. Fora isto, é evidente que o locatário não pode exercitar o seu direito para além dos limites estabelecidos no contrato. Assim, por exemplo, deverá respeitar--se a estipulação segundo a qual o locatário não pode aproveitar qualquer ilha que venha a formar-se no curso de água que atravessa o terreno locado. Na generalidade dos casos, nada se estabelecendo, tem de atender--se, desde logo, às normas dos artigos 237.º e 239.º, quanto à interpretação e integração das declarações de vontade, determinando, deste modo, o conteúdo e objecto do direito. Por outro lado, se, para resolver o problema da acessão, for necessário determinar o fim a que a coisa locada se destina, deverá tomar-se em linha de conta a disciplina do artigo 1027.º ([234]).

Podem solucionar-se agora as quatro hipóteses acima enunciadas.

Na primeira hipótese, o direito do locatário estender-se-á, em regra, à ilha formada, passando aquele a exercer sobre a ilha os poderes que lhe competem relativamente ao resto do terreno.

Na segunda hipótese, em que uma embarcação é arrojada sobre o terreno, o respectivo proprietário poderá retirá-la, pois o aproveitamento da embarcação nada tem a ver com o conteúdo do direito pessoal de gozo.

Relativamente à hipótese em que um proprietário vizinho deixa cair sementes sobre o prédio locado, não pode o locador aproveitá-las, apesar

---

([232]) Quanto ao titular de uma hipoteca, a lei reconhece parcialmente a possibilidade de beneficiar da acessão (art. 691.º, n.º 1, al. b)). Cfr. MENEZES CORDEIRO, Da natureza..., p. 414, nota 8.

([233]) No mesmo sentido, ABELLO, Della locazione, p. 428, nota 1, acrescentando que o locatário poderá gozar gratuitamente da acessão se esta for de pouca importância.

([234]) Supra, p. 33 e s.

148   *José Andrade Mesquita*

de se integrarem no seu património, porque, simultaneamente, elas caem dentro da esfera de poderes atribuída ao locatário. A solução consiste, pois, em atribuir ao locatário as faculdades conferidas pelas normas da acessão. É o único entendimento que se harmoniza com o conteúdo da relação locativa e com as limitações que dela decorrem para os poderes do locador.

Imagine-se que o terceiro não se limitava a deixar cair algumas sementes e semeava todo o terreno, sabendo que não podia fazê-lo. E imagine-se, também, que o locador — caso pudesse beneficiar da norma do artigo 1341.° — optava por ficar com a sementeira pelo valor fixado segundo as normas do enriquecimento sem causa. Em primeiro lugar, este valor seria certamente de zero, uma vez que o locador nunca teria feito tal sementeira nem poderia, mais tarde, fazer a colheita, porque, caso a fizesse, violaria o direito do locatário. Por outro lado, o locatário pode fazer a colheita, sem ter pago qualquer soma, mesmo que se prove que, sem a intervenção do terceiro, ele semearia o terreno exactamente da mesma forma. Tudo isto é inadmissível em face do artigo 1341.°. Por outro lado, seria completamente estranho atribuir a alguém que não pode fazer a colheita o poder de decidir se uma sementeira deve ou não ser mantida.

Por último, se o locatário fizer a sementeira com sementes alheias, não havendo culpa do respectivo dono, este tem direito a receber daquele o valor das sementes ao tempo da incorporação, além da indemnização a que eventualmente haja lugar, nos termos do artigo 1339.°. Este preceito regula a situação em que alguém utiliza materiais, sementes, ou plantas alheias em terreno seu, e o locatário não está nesta situação. Todavia, integrando-se o resultado da sementeira na esfera do locatário e não na do concedente, o caso tem plena similitude com aquele em que alguém utiliza materiais, sementes, ou plantas alheias em terreno seu. Qualquer solução que ignore o direito imediato do locatário conduzirá a resultados manifestamente incorrectos.

c) *Imediação e momento em que o direito pessoal de gozo surge.* — O aspecto da imediação, tal como vem sendo definido, permite ainda retirar outras conclusões da maior importância prática.

O *interesse de imediação*, que pressupõe a *actualidade da coisa* ([235]), significa, como tem sido sublinhado, que o titular do direito pode aceder, só por si, às utilidades desta. O titular de um direito pessoal de gozo não necessita de conseguir de ninguém qualquer prestação: satisfaz-se mediante

---

([235]) Cfr. Mosco, *I frutti...*, p. 440.

o gozo directo da coisa durante determinado tempo. Os direitos pessoais de gozo apresentam um carácter *estático* ([236]), por contraposição aos direitos de crédito, considerados dinâmicos, em virtude de implicarem uma actividade de um sujeito para com outro.

Mas, se se reparar, há casos em que o titular do direito pessoal de gozo começa por ter um direito meramente creditório, que origina, para o concedente, uma obrigação de *entregar*. Assim, por exemplo, o locador tem a obrigação de *entregar* a coisa ao locatário (art. 1031.°, alínea *a*)); as autoridades judiciais, no processo de justificação da ausência, têm de fazer a *entrega* dos bens a determinadas pessoas (curadores definitivos) (arts. 99.° e ss.); aquele que entra para uma sociedade com o uso e fruição de certa coisa é obrigado a *entregá-la* à sociedade (art. 984.°, alínea *b*)). Noutros casos, havendo também uma entrega feita pelo concedente ao concessionário, não pode todavia falar-se de obrigação de entrega, uma vez que esta é constitutiva do próprio contrato. Assim, o *comodato* só surge se for feita a entrega da coisa ao comodatário (art. 1129.°); da mesma forma, a *parceria pecuária* surge apenas no momento em que os animais são entregues ao parceiro pensador (art. 1121.°). Nestes casos, de contratos reais *quoad constitutionem*, entrega-se a coisa ao titular do direito pessoal de gozo, mas não chega a surgir uma obrigação de entrega. Noutros tipos de direitos pessoais de gozo nem existe uma obrigação de entrega, nem esta é um elemento constitutivo do contrato. Assim, nas servidões irregulares não se procede a qualquer entrega ao concessionário com vista à efectivação do seu direito (pense-se, por exemplo, numa servidão irregular *altius non tollendi* ou *non aedificandi*).

Ora bem. Quando o titular do direito de gozo tem, numa primeira fase — como sucede, por exemplo, na locação —, um direito de crédito em relação à contraparte (que fica obrigada a efectuar a entrega da coisa), põe-se o problema de conciliar o aludido carácter *estático* e *imediato* dos direitos pessoais de gozo com esta relação estritamente obrigacional.

De entre os autores que analisaram pormenorizadamente os direitos pessoais de gozo, uma corrente minoritária concebe o nascimento destes direitos independentemente de o titular ter conseguido a disponibilidade da coisa. Segundo tal corrente, mesmo nos casos em que há um momento inicial puramente creditório — obrigação de entrega —, isso não impediria o surgimento imediato do direito de gozo ([237]).

([236]) Mosco, *I frutti...*, p. 441.

([237]) Mosco, *I frutti...*, pp. 414 e 559; Tedeschi, *L'anticresi*, p. 22, nota 4, mas apenas com respeito à anticrese, e Luminoso, *La tutela aquiliana...*, p. 315 e ss.

150   *José Andrade Mesquita*

Torna-se necessário analisar as razões invocadas a favor deste entendimento.

Um dos autores que apresentam a defesa mais completa desta tese — o civilista italiano LUMINOSO — começa por afirmar que tem de atender-se, antes de mais, ao princípio da autonomia privada. Deste princípio deriva a "regra de correspondência" dos efeitos jurídicos às cláusulas ditadas pelas partes no contrato ([238]), pelo que "não há dúvida de que a modalidade temporal da atribuição patrimonial em que se concretiza a constituição do direito pessoal de gozo deve ser encontrada, caso a caso, de acordo com a regulamentação fixada com o concreto contrato de concessão" ([239]). Daqui conclui que, em regra, o direito pessoal de gozo nasce no momento da celebração do contrato, apenas surgindo em momento posterior, nomeadamente na altura em que a coisa é entregue, no caso de as partes assim o estipularem.

Para além disto, invoca ainda LUMINOSO outras razões retiradas de algumas normas do Código Civil italiano ([240]). Não cabendo discutir as soluções deste ordenamento jurídico, ser-lhe-ão feitas referências através da análise dos correspondentes preceitos que, em Portugal, se revelam importantes para solucionar o problema.

O primeiro argumento aduzido pelo autor em referência é extremamente frágil, porque a liberdade contratual existe nos limites da lei (art. 405.°) e, deste modo, só pode recorrer-se ao referido princípio caso se conclua não haver qualquer norma ou princípio que, imperativamente, estabeleça disciplina diversa. Por outro lado, mesmo que as partes sejam livres quanto à fixação do momento em que o direito nasce, a qualificação que elas porventura lhe atribuam é absolutamente irrelevante, pois o que conta, para tal efeito, são apenas os princípios e os quadros dogmáticos a que as regras contratuais devam reconduzir-se.

Também se faz apelo, para solucionar o problema, às normas que estabelecem, relativamente a alguns direitos pessoais de gozo, uma disciplina específica baseada no registo ([241]). O concessionário cujo direito

---

([238]) Tal correspondência não é, obviamente, total. *Vide* CATAUDELLA, *Sul contenuto del contratto*, p. 76 e ss.

([239]) *La tutela aquiliana...*, p. 315 e s.

([240]) Especificamente, dos artigos 2643, n°s. 8, 10, 11, e 12, 2644, e 1380, §§ 2 e 3. Cfr. LUMINOSO, *La tutela aquiliana...*, p. 322 e s.

([241]) Essa disciplina, na Itália, consta dos preceitos que se citam na nota anterior (excluindo o § 2 do art. 1380).

se encontre registado com base nestas normas ([242]), mesmo que não tenha obtido ainda a detenção da coisa, pode pedir a entrega do imóvel ao terceiro adquirente que se encontre já na respectiva posse, uma vez que o seu direito lhe é oponível. Também na hipótese de conflito entre dois direitos pessoais de gozo (nomeadamente, entre duas consignações de rendimentos), se o direito daquele que conseguiu a detenção não prevalecer — devido às norma do registo —, pode o respectivo titular ser forçado a abrir mão da coisa que constitui o objecto dos direitos conflituantes.

Conclui LUMINOSO, partindo deste tipo de soluções, que não pode considerar-se o direito do concessionário, antes da entrega, meramente obrigacional, porque "um simples crédito à entrega em relação ao concedente não poderia nunca justificar uma acção (directa) de entrega contra um terceiro detentor" ([243]).

A construção de LUMINOSO nega-se a si própria, uma vez que necessita de apelar para as regras do registo. Ora, através destas normas é perfeitamente possível fazer recair obrigações sobre um sujeito que não as assumiu, mas que adquiriu um direito sobre determinada coisa (cfr., nomeadamente, entre nós, as als. *p*) ou *s*) do art. 2.º, nº 1, do CRP).

Quanto ao argumento extraído do artigo 1380, § 2.º, do Código Civil italiano — "se nenhum dos contraentes conseguiu o gozo, é preferido aquele que tem o título de data certa anterior" —, não obtendo unanimidade em Itália, muito menos faz sentido em Portugal, uma vez que deve ser atribuído, através de uma cuidadosa interpretação, sentido diverso ao correspondente artigo 407.º ([244]).

Também a corrente doutrinal maioritária — que faz nascer o direito pessoal de gozo no momento da *entrega* — tem por vezes buscado apoio em normas que não se podem considerar conclusivas.

Para MIRABELLI, as normas reguladoras do *risco pela perda da coisa* comprovam a tese segundo a qual o direito *não surge* no momento da celebração do contrato.

Vejamos o que se passa, quanto ao *risco*, em matéria de locação ([245]).

([242]) Cfr., entre nós, quanto à *consignação de rendimentos*, o art. 2.º, nº 1, al. h), do CRP.

([243]) *La tutela aquiliana...*, p. 323.

([244]) *Infra*, p. 191 e ss.

([245]) MIRABELLI refere-se apenas à locação e baseia-se no Código Civil italiano. Cfr. *È la locazione una vendita...*, p. 532 e s. Contra, LUMINOSO, *La tutela aquiliana...*, p. 317, em nota.

As normas disciplinadoras do *risco* são aquelas que definem, num contrato comutativo, quem suporta os prejuízos resultantes do perecimento ou deterioração da coisa, traduzindo-se, como salienta Manuel de Andrade, "em saber qual a sorte da contraprestação a que se vinculou o credor, uma vez exonerado o devedor de qualquer responsabilidade pela prestação tornada impossível". Trata-se, pois, de normas reguladoras do *"problema do risco da contraprestação"* ([246]). Ora, no caso de perecimento da coisa locada, o risco corre por conta do locador, porque, originando aquele perecimento a caducidade do contrato, este contraente deixa, desde logo, de ter direito a qualquer contraprestação (art. 1051.° alínea *e*)) ([247]). Não se estabelece aqui, porém, qualquer diferença em relação ao facto de o perecimento da coisa se verificar *antes* ou *depois da entrega*, pelo que, a retirar-se alguma conclusão, seria no sentido da irrelevância da entrega.

O regime jurídico do risco abrange, ainda, os casos em que a coisa, embora não perecendo, sofre deteriorações não imputáveis ao locador. O artigo 1040.° estatui, nos dois primeiros números, a este propósito, que:

"1. Se, por motivo não atinente à sua pessoa ou à dos seus familiares, o locatário sofrer privação ou diminuição do gozo da coisa locada, haverá lugar a uma redução da renda ou aluguer proporcional ao tempo da privação ou diminuição e à extensão desta, sem prejuízo do disposto na secção anterior.

2. Mas, se a privação ou diminuição não for imputável ao locador nem aos seus familiares, a redução só terá lugar no caso de uma ou outra exceder um sexto da duração do contrato".

Assim prevê-se, em primeiro lugar, a hipótese de a privação ou diminuição do gozo ocorrer por motivo não *atinente* ao locatário ou seus

---

([246]) *Teoria geral das obrigações*, p. 428. No mesmo sentido, Pereira Coelho, *Obrigações*, p. 243, e Antunes Varela, *Das obrigações...*, vol. II, p. 86.

([247]) Em sentido diferente, Menezes Cordeiro, *Da natureza...*, p. 409, dizendo que, nesta eventualidade, *"o locador perde as rendas e o locatário o gozo da coisa*, numa clara demonstração de que *o risco corre por conta dos dois, na exacta proporção dos seus direitos"*. Todavia, o risco só correria por conta dos dois se o locatário fosse obrigado a pagar *parte* da renda ou aluguer. Assim, não se vê qual o risco suportado por este último, uma vez que ele fica na mesma situação em que estaria se o contrato caducasse devido ao facto de ter terminado o prazo por que foi celebrado. No sentido do texto, Mirabelli, *È la locazione una vendita...*, p. 531, Bianca, *La vendita...*, p. 55, e Giovanni Coco, *Locazione...*, p. 924, que afirma: "a premissa — indiscutível e pacífica — de que o risco de perecimento da coisa locada permanece a cargo do locador...".

familiares, sendo *imputável* ao locador ou aos familiares deste; em segundo lugar, prevê-se a hipótese de a mesma situação não ser atinente ao locatário ou seus familiares, nem imputável ao locador ou aos seus familiares; em terceiro lugar, *a contrario*, prevê-se a hipótese de a diminuição do gozo ser provocada pelo locatário ou pelos familiares deste [248]. Quanto ao problema do risco, resulta do preceito que, no caso de tanto o locador como o locatário não serem "responsáveis" pela diminuição do gozo, a renda ou aluguer pode ser reduzida, pelo que o risco corre por conta do locador. Mas se a diminuição ou privação do gozo não excederem "um sexto da duração do contrato", não há qualquer modificação da renda, correndo o risco, nesta eventualidade, por conta do locatário.

Poderia pensar-se que a norma em análise estabelece uma disciplina aplicável *apenas depois da entrega*, pois todo o seu regime gira em torno da *diminuição do gozo*. Estar-se-ia, assim, perante um regime específico do risco, aplicável somente após o locatário obter o gozo da coisa. Todavia, o artigo 1040.º deve ser também aplicado no caso em que, tendo-se vencido a obrigação de entrega, não foi ainda cumprida, não se podendo, por isso, retirar qualquer indicação sobre o momento em que o direito pessoal de gozo nasce.

Alguma doutrina tem encontrado, no primeiro parágrafo do artigo 1380 do Código Civil italiano, apoio para a tese segundo a qual o direito pessoal de gozo apenas surge com a entrega [249]. Segundo este preceito, "se, através de contratos sucessivos, uma pessoa concede a diversos contraentes um direito pessoal de gozo relativo à mesma coisa, o gozo pertence ao contraente que primeiro o conseguiu".

Deve, sem dúvida, entender-se que esta norma se adapta mais facilmente à tese que faz coincidir o nascimento dos direitos pessoais de gozo com a entrega da coisa.

Estabelecendo-se entre nós, aparentemente, regra diversa, poderia pensar-se que no ordenamento jurídico português falha este apoio para a tese que faz coincidir o nascimento do direito com a entrega. De facto, o artigo 407.º dispõe que, "quando, por contratos sucessivos, se constituírem, a favor de pessoas diferentes, mas sobre a mesma coisa, direitos pessoais de gozo incompatíveis entre si, prevalece o direito mais antigo em data, sem prejuízo das regras próprias do registo".

---

[248] Cfr. uma sistematização diferente em PIRES DE LIMA e ANTUNES VARELA, *Código Civil anotado*, vol. II, anot. n.º 2 ao art. 1040.º, p. 374 e s.

[249] SATTA, *Doppia locazione...*, c. 336 e s., e NATOLI, *Il conflitto dei diritti...*, p. 144 e s. Contra, MIRABELLI, *È la locazione una vendita...*, p. 517.

154 José Andrade Mesquita

Importa, todavia, atentar devidamente no alcance do preceito e evitar conclusões precipitadas. O que nele se estatui é que prevalece o direito mais antigo em data, não se dizendo que esse direito seja o correspondente ao contrato primeiramente celebrado. Para saber qual o direito mais antigo em data é preciso definir, primeiramente, qual o momento em que o direito surge, ou melhor, qual o momento a partir do qual se justifica a prevalência de um direito pessoal de gozo sobre outro. Ora, como ulteriormente se verá, nada justifica a prevalência de um direito desta natureza antes de se tornar *imediato*, isto é, antes da efectiva constituição da *relação de gozo* [250].

Das normas sobre a aquisição de frutos também se podem retirar argumentos no sentido de fixar o momento em que o direito pessoal de gozo nasce. Não se justificando a repetição de ideias já expostas [251], relembre-se apenas que a *aquisição automática* dos frutos só pode verificar-se quando se esteja em presença de um direito para cuja realização ou efectivação não se torne necessária a actividade de um terceiro, isto é, de um direito *imediato*. Na situação oposta será mister conseguir o cumprimento, podendo o devedor recusá-lo ou praticar actos que o impossibilitem.

Também o artigo 1032.°, ao regular o incumprimento por parte do locador, devido ao facto de "a coisa locada apresentar vício que não lhe permita realizar cabalmente o fim a que é destinada, ou carecer de qualidades necessárias a esse fim ou asseguradas pelo locador", assenta na diferente forma de acesso à coisa, antes e depois da entrega. Assim, caso o defeito já exista no momento da entrega, é ao locador que cumpre provar que o desconhecia sem culpa, para se eximir à responsabilidade. Nos casos em que o defeito tem origem em momento posterior à entrega, só se considera o contrato não cumprido se o locador for culpado pelo facto, o que será, certamente, situação rara [252]. Esta diferença de regime — que leva, antes da entrega, em princípio, à responsabilização do locador por não cumprimento do contrato e a consequências opostas depois da entrega — radica no facto de que, na fase meramente creditória, o locatário não tem qualquer poder sobre a coisa [253].

---

[250] Sobre a interpretação do artigo 407.°, ver *infra*, p. 191 e ss.

[251] *Supra*, p. 139 e ss.

[252] PIRES DE LIMA e ANTUNES VARELA, *Código Civil anotado*, vol. II, anot. n.° 3 ao art. 1032.°, p. 360 e s.

[253] As excepções a este regime, contidas no art. 1133.°, não alteram em nada esta conclusão.

Quando, na Parte II deste estudo, se tratar da tutela aquiliana, expor-se-ão também argumentos no sentido de diferenciar a posição dos titulares de um direito pessoal de gozo conforme se tenha ou não ultrapassado a fase meramente creditória.

Mas diremos, desde já, que o direito pessoal de gozo em *sentido estrito* ou *próprio* apenas existe a partir do momento em que se verifique *imediação*, só podendo falar-se, até esse momento, de uma estrutura creditória, potencialmente criadora de um direito pessoal de gozo ([254]).

É possível, agora, compreender a ligação entre o princípio da liberdade contratual e o momento em que o direito pessoal de gozo surge. Às partes é lícito, seguramente, fixar esse momento, mas, enquanto tiverem apenas obrigações uma para com a outra, não se pode falar de direito pessoal de gozo em sentido *estrito ou próprio*, mas apenas em sentido *amplo* ou *impróprio*, uma vez que falta qualquer forma de imediação ([255]).

35. *O direito pessoal de gozo como direito estruturalmente relativo.* — Um *direito estruturalmente relativo* implica, para além do respectivo titular, *outro sujeito* — um *contrapólo* sem o qual não pode nem constituir-se nem subsistir. Ora, os direitos pessoais de gozo, ao contrário dos direitos reais, pressupõem necessariamente uma relação entre dois sujeitos, pelo que são estruturalmente relativos.

Com efeito, não é possível que alguém se encontre investido, por exemplo, na posição jurídica de locatário ou comodatário sem que exista um locador ou um comodante — sem que exista, em todos os casos, um *concedente*. Nos direitos pessoais de gozo, por outras palavras, o titular está sempre ligado a outrem, através de uma relação jurídica ([256]).

O legislador não prevê a possibilidade de aquisição por *usucapião* de nenhum dos tipos integrados na categoria dos direitos pessoais de gozo ([257]). Claro que o argumento não seria decisivo para afastar a possibilidade desta aquisição originária, caso se concluísse pela existência de uma lacuna. Mas não é, seguramente, o que se passa. O facto de os direitos pessoais de gozo assentarem numa relação obrigacional leva a que esta não possa constituir-se sem o concurso da vontade de uma das

---

([254]) Cfr. GIOVANNI COCO, *Locazione...*, p. 930 e s.

([255]) *Infra*, p. 166.

([256]) Intuição tida já por FUNAIOLI, *Intorno al concetto...*, p. 263. Cfr. também PROVERA, *Locazione...*, p. 42.

([257]) Enunciados *supra*, no cap. II.

partes — o concedente —, pois solução diversa resultaria numa violência para o sujeito compulsivamente obrigado (258). A ausência de consagração legal da usucapibilidade dos direitos pessoais de gozo deriva da consciência, por parte do legislador, da base obrigacional em que todos assentam, e não de qualquer lacuna, pelo que a aquisição pela via da posse deve ter-se por excluída (259).

Quanto às formas pelas quais os direitos pessoais de gozo se podem extinguir, cumpre fazer algumas observações.

Em primeiro lugar, relativamente à *locação*, existe uma norma que se revela importante para caracterizar o direito do locatário como relativo. Trata-se da alínea *c*) do artigo 1051.°, que decreta a caducidade da locação "quando cesse o direito ou findem os poderes legais de administração com base nos quais o contrato foi celebrado". A locação não subsiste sem que exista, como seu fundamento, uma relação jurídica do locatário com o titular de um direito que tenha a amplitude suficiente para lhe dar lugar. Trata-se de uma clara manifestação de *relatividade estrutural*. Todavia, havendo restrições na lei a esta norma da alínea *c*) do artigo 1051.°, importa analisá-las, com o objectivo de averiguar se essas restrições originam qualquer forma de absolutidade.

Em matéria de arrendamento urbano, vigoraram, não há muito tempo, restrições à alínea *c*) do artigo 1051.°. Essas restrições não estabeleciam qualquer forma de absolutidade, mas, pelo contrário, confirmavam a relatividade. O Decreto-Lei n° 67/75, de 19 de Fevereiro, introduziu um n.° 2 ao artigo 1051.° (260), contendo uma norma específica para o arrendamento urbano, pela qual o contrato não caducava se o inquilino, no prazo de 180 dias após o conhecimento do facto determinante da caducidade, comunicasse ao senhorio que pretendia manter a sua posição contratual. Este desvio à regra geral, no sentido de defender o arrendatário, não alterava em nada a estrutura relativa da locação (arrendamento urbano), traduzindo-se, pelo contrário, numa solução reveladora da natureza inter-subjectiva do direito, uma vez que pressupunha a existência do inquilino e do senhorio. Hoje, a norma do n.° 2 do artigo 1051.° encontra-se revo-

---

(258) Cfr. MICCIO, *La locazione*, p. 24 e s.; GIOVANNI COCO, *Locazione...*, p. 931, e PIRES DE LIMA e ANTUNES VARELA, *Código Civil anotado*, vol. II, anot. n.° 2 ao art. 1056.°, p. 399.

(259) Neste sentido, GALGANO, *Diritto Privato*, p. 179, e, quanto às servidões irregulares, MESSINEO, *Le servitù...*, p. 32.

(260) A redacção deste preceito foi alterada pelo Decreto-Lei n° 328/81, de 4 de Dezembro, e pela Lei n° 46/85, de 20 de Setembro.

Direitos Pessoais de Gozo

gada pelo artigo 5.°, n.° 2, do Decreto-Lei que aprovou o RAU, estabelecendo-se, neste último (no artigo 8.°, n.° 2, alínea *b*)), uma norma tendente a evitar falsas expectativas ao inquilino.

Outra ordem de restrições está contida no artigo 1052.°, que prevê três hipóteses diferentes ([261]).

A primeira hipótese (alínea *a*)) diz respeito à situação em que o locador seja usufrutuário e a propriedade se consolide na sua mão, estatuindo-se que, nesta eventualidade, o contrato de locação não caduca. Tal solução afigura-se lógica e justa, não levantando qualquer problema em sede de relatividade do direito.

A segunda hipótese, prevista na alínea *b*) do preceito citado, exige algumas explicações para poder ser compreendida. Nos casos em que a coisa tenha sido dada em locação pelo usufrutuário, estabelece-se que o arrendamento só caduca no termo normal do usufruto, mesmo que o usufrutuário renuncie ao seu direito ou o aliene. Com esta norma "pretende-se evitar que a caducidade fique, injustificadamente, na dependência exclusiva da vontade do usufrutuário-locador" ([262]). Deste modo, se o usufrutuário alienar o seu direito, não se suscita qualquer problema, uma vez que o adquirente passa a ocupar a posição de locador. Em caso de renúncia ao usufruto, o proprietário da raiz assume a posição de locador, porque, devido ao *princípio da elasticidade ou da consolidação* ([263]), fica investido na propriedade plena. Nada disto põe em causa a relatividade da locação. Se ocorrer a renúncia à nua-propriedade, sem aquisição da mesma por parte de ninguém, não parece poder defender-se posição diferente da seguinte: havendo também renúncia ao usufruto, com a concomitante transformação da coisa em *nullius*, a locação caduca, podendo o locatário, obviamente, adquirir a propriedade da coisa por ocupação (art. 1318.°) ([264]). Mas, se o não fizer, não poderá opor o seu direito a um outro ocupante ([265]). Ainda aqui se verifica a relatividade da locação.

([261]) Esta norma vem já da redacção de 1966 e apenas sofreu uma alteração, introduzida pelo Decreto-Lei n.° 496/77, de 25 de Novembro, que incidiu sobre a al. *c*) do preceito, tendo por objectivo compatibilizá-lo com a abolição do regime dotal — sem quaisquer implicações, portanto, na questão em análise. Cfr. PIRES DE LIMA e ANTUNES VARELA, *Código Civil anotado*, vol. II, anot. n.° 5 ao art. 1052.°, p. 395 e s.

([262]) PIRES DE LIMA e ANTUNES VARELA, *Código Civil anotado*, vol. II, anot. n.° 3 ao art. 1052.°, p. 395.

([263]) Cfr. WIEACKER, *História...*, p. 496.

([264]) Relativamente aos imóveis, o problema só se colocaria admitindo a possibilidade de renúncia sem consequente aquisição automática pelo Estado (cfr. o art. 1345.°).

([265]) Neste sentido, MOSCO, *I frutti...*, p. 450.

Por último, se o contrato de locação for celebrado pelo cônjuge administrador e, entretanto, cessarem os respectivos poderes de administração, estabelece-se que a relação locativa não caduca: alínea *c*) do artigo 1052.º. Admite-se, neste preceito, que os efeitos da locação perdurem para além do período de vigência dos poderes daquele que celebrou o respectivo contrato, não só para conferir estabilidade à posição do locatário, mas também porque o legislador entendeu que cada um dos cônjuges deve ficar vinculado pelos actos que o outro, na qualidade de administrador, pratique em relação ao património do casal. Seja qual for, porém, o fundamento da solução legal, continua a existir um locador, pelo que a norma em causa também não levanta problemas quanto à relatividade estrutural do direito do locatário.

Importa ainda analisar, relativamente ao arrendamento, o artigo 1053.º ([266]), que confere ao arrendatário uma dilação, em certos casos de caducidade, para a restituição do prédio ([267]). Compreendem-se facilmente os interesses que esta norma visa tutelar e, qualquer que seja o enquadramento teórico da solução, não podem restar dúvidas de que se está perante um direito relativo. Existe, com efeito, *alguém que não pode exigir a restituição do prédio dentro de certo prazo* e que, portanto, tem a obrigação de permitir o gozo ao inquilino, contraparte da relação intersubjectiva.

Outra norma que, à primeira vista, pode criar a ideia da existência de um direito absoluto é a do artigo 1056.º, onde se estabelece que, no caso de o arrendamento caducar, continuando o locatário "no gozo da coisa pelo lapso de um ano, sem oposição do locador", o contrato de locação renova-se nas condições do artigo 1054.º ([268]). Está-se, contudo, perante a renovação de um contrato caducado, dependente de determinadas circunstâncias fácticas que permitem presumir um acordo tácito quanto à renovação ([269]) ([270]), e não mais do que isso. Assim, se, por exemplo, o

---

([266]) Como resulta da respectiva letra, esta norma é privativa do arrendamento. Cfr. Pires de Lima e Antunes Varela, *Código Civil anotado*, vol. II, anot. n.º 1 ao art. 1053.º, p. 396.

([267]) Tratando-se de arrendamento para comércio, indústria ou exercício de profissão liberal (cfr. art. 117.º do RAU), estabelece-se uma disciplina própria no art. 114.º do RAU, que abrange tanto a caducidade como a denúncia, o que leva a que este último preceito concorra com o art. 70.º do mesmo diploma. Cfr. Pereira Coelho, *Arrendamento...*, p. 324, nota 1, referindo as correspondentes normas do Código Civil.

([268]) Isto é, pelo prazo do contrato, ou por um ano se aquele for mais longo.

([269]) Neste sentido, Pires de Lima e Antunes Varela, *Código Civil anotado*, vol. II, anot. n.º 3 ao art. 1056.º, p. 399.

([270]) A renovação do contrato caducado poderá dar-se também, de forma tácita,

locatário falecer e um terceiro entrar no gozo da coisa, este não vem a ficar investido na posição de locatário ([271]).

Deste modo, torna-se evidente que, nos termos do transcrito artigo 1056.º, durante o período de tempo (um ano) que medeia entre a caducidade e a renovação do contrato, o "locatário" não é titular de qualquer direito absoluto, por isso que não é sequer titular de qualquer direito subjectivo que lhe confira o gozo da coisa, encontrando-se apenas numa *situação de facto*.

Quanto ao subarrendamento, o artigo 45.º do RAU dispõe que este "caduca com a extinção, por qualquer causa, do contrato de arrendamento" ([272]), vigorando igual regime quanto à locação em geral ([273]). Está-se perante uma clara manifestação de relatividade estrutural.

No respeitante à *parceria agrícola*, o artigo 33.º do Decreto-Lei nº 385/88, de 25 de Outubro, manda aplicar as normas sobre arrendamento rural contidas neste mesmo diploma, pelo que se cai no regime geral da locação acabado de referir.

No que concerne ao contrato de *parceria pecuária*, o legislador estabelece que se verifica a respectiva caducidade — tal como no contrato de locação — quando "cesse o direito ou findem os poderes legais de administração com base nos quais o contrato foi celebrado" (art. 1123.º). A esta regra não é feita qualquer restrição, o que torna perfeitamente claro estarmos perante um direito relativo. Entende a doutrina, com bom fundamento, que deve aplicar-se à parceria pecuária a restrição contida na alínea *a*) do artigo 1052.º, respeitante à locação ([274]), tendo aqui inteiro cabimento, por conseguinte, as considerações acima feitas sobre este contrato ([275]).

---

segundo as normas gerais (arts. 217.º e 234.º), caso haja o pagamento de uma renda e a aceitação desta — fora, portanto, do condicionalismo referido no artigo 1056.º.

([271]) Neste sentido, PIRES DE LIMA e ANTUNES VARELA, *Código Civil anotado*, vol. II, anot. n.º 2 ao art. 1056.º, p. 399, e PEREIRA COELHO, *Arrendamento...*, p. 322, nota 3.

([272]) Em caso de caducidade do contrato de arrendamento por morte do inquilino, o subarrendatário tem direito, nos termos dos arts. 90.º e ss. do RAU, a que seja celebrado consigo um novo contrato de arrendamento.

([273]) Cfr. PEDRO MARTINEZ, *O subcontrato*, p. 106.

([274]) PIRES DE LIMA e ANTUNES VARELA, *Código Civil anotado*, vol. II, anot. n.º 3 ao art. 1123.º, p. 732.

([275]) Relativamente às outras restrições estabelecidas no artigo 1052.º, parece não haver motivo para as estender à parceria pecuária: *vide* PIRES DE LIMA e ANTUNES VARELA, *últ. loc. cit.*

Também o *comodato* não pode sobreviver sem a existência de uma relação jurídica do comodatário com um outro sujeito. Por isso o artigo 1130.º estabelece que, no caso de "o comodante emprestar a coisa com base num direito de duração limitada, não pode o contrato ser celebrado por tempo superior; e, quando o seja, reduzir-se-á ao limite de duração desse direito". O comodato não subsiste sem um direito que lhe sirva de fundamento, porque é estruturalmente relativo. Quanto às excepções previstas no n.º 2 do artigo 1130.º, basta remeter para o que se disse sobre a locação.

No *leasing*, o direito do locatário não só exige uma relação jurídica com o locador, como exige que este último seja, por regra, um banco ou uma sociedade de locação financeira (art. 4.º do Decreto-Lei n.º 72/95, de 15 de Abril). Para além disto, a relatividade evidencia-se ainda, com nitidez, de uma outra forma. Com efeito, todo o regime da locação financeira é concebido na pressuposição de que o locatário venha a ter possibilidade de adquirir a coisa objecto do contrato. Isto ressalta, desde logo, da noção de *leasing* contida no artigo 1.º do Decreto-Lei n.º 149/ /95, de 24 de Junho, ao dispor que o locatário pode comprar a coisa locada "decorrido o período acordado, por um preço nele determinado ou determinável mediante simples aplicação dos critérios... fixados". Também na alínea *c*) do artigo 9.º, n.º 1, se menciona o dever de o locador vender a coisa, e na alínea *f*) do artigo 10.º, n.º 2 — ambos do diploma citado —, alude-se ao direito de o locatário comprar a coisa.

Igualmente a *anticrese* (ou *consignação de rendimentos*) origina um direito relativo. Precisamente por revestir esta natureza, não é susceptível de aquisição por usucapião. O legislador indica as formas de constituição da consignação de rendimentos no artigo 658.º, dizendo que se trata de um direito voluntário ou judicial e que, no primeiro caso, se constitui por negócio entre vivos ou por testamento.

Segundo o artigo 664.º, a anticrese extingue-se pelo decurso do prazo estipulado ou pelas causas que fazem cessar o direito de hipoteca, excluindo a constante da alínea *b*) do artigo 730.º [276]. Mas importa salientar que pode extinguir-se ainda por outras causas, nomeadamente pela extinção do usufruto, se tiver sido constituída com base neste direito [277], o que demonstra a natureza relativa da sua estrutura.

---

[276] Esta alínea estabelece um caso de prescrição — caducidade, segundo PIRES DE LIMA e ANTUNES VARELA, *Código Civil anotado*, vol. I, anot. n.º 2 ao art. 730.º, p. 751 —, cujo fundamento é inaplicável à anticrese.

[277] Neste sentido, PIRES DE LIMA e ANTUNES VARELA, *Código Civil anotado*, vol. I, anot. n.º 1 ao art. 664.º, p. 683.

A *curadoria definitiva* só pode ter lugar através de um processo judicial em que se pede a *justificação da ausência* (art. 99.°) e pressupõe sempre uma relação entre dois sujeitos, apesar de muito *apagada* e *distorcida*. Apagada, porque a generalidade das obrigações do mandatário geral, ao qual o curador fica equiparado (arts. 110.° e 94.°), não têm cabimento relativamente à curadoria. Distorcida, porque não pode propriamente dizer-se que o curador e o ausente cumpram obrigações um para com o outro. De qualquer modo, saliente-se que o curador tem, pelo menos, a obrigação de entregar os bens ao ausente no caso de este o requerer. Com efeito, uma vez regressado o ausente ou havendo notícia da sua existência e do lugar onde reside, a curadoria pode terminar, mas, enquanto o ausente não requerer a entrega, mantém-se o regime da curadoria definitiva (art. 113.°, n.° 2), tornando-se ainda mais clara, nesta fase, a relatividade. Além disto, a curadoria definitiva termina pela certeza da morte do ausente ou com a declaração de morte presumida (alíneas *c*) e *d*) do art. 112.°), o que também demonstra que o direito de gozo em que o curador fica investido é estruturalmente relativo, dado não subsistir no caso de certeza da morte do ausente. Todo o regime da curadoria definitiva é estabelecido na pressuposição de que o ausente pode regressar, ficando o curador obrigado a entregar-lhe os bens no momento em que este o requerer e ficando ainda, em certos casos, obrigado a reservar parte do rendimento para o ausente (art. 111.°, n.° 2).

O direito pessoal de gozo que resulta da *entrada de alguém para uma sociedade com o uso e fruição de determinados bens* também se apresenta como estruturalmente relativo. O Código Civil remete, nestes casos, e no que respeita à *execução da prestação*, à *garantia* e ao *risco* da coisa, para o regime da locação. São assim de aplicar as normas que, neste último contrato, regulam a caducidade (art. 1051.°), pelo que também aqui têm pleno cabimento as considerações feitas sobre a relação locativa.

Enumerámos, no capítulo II da primeira parte, uma série de tipos de direitos pessoais de gozo cujos contornos são traçados, em grande medida, pela vontade das partes — nomeadamente, as *servidões irregulares*, as *superfícies pessoais*, a *concessão de alojamento a trabalhadores* e o *gozo decorrente da tradição de uma coisa objecto de um contrato prometido*. Em todos estes casos, tal como em qualquer outra situação que, ao abrigo do princípio da liberdade contratual, as partes decidam criar, está-se indubitavelmente perante direitos relativos. Basta pensar em que, por um lado, não é admissível adquirir estes direitos por usucapião e, por outro, se está perante direitos só subsistentes na medida em que haja um outro direito que lhes sirva, continuamente, de fundamento.

Estas consequências derivam dos artigos 1306.°, n.° 1, e 397.° (conceito de obrigação), bem como do artigo 406.°, n° 2, que, no domínio dos contratos, estabelece o princípio da relatividade da vinculação quanto ao cumprimento.

A primeira das normas citadas, ao enunciar o princípio do *numerus clausus* dos direitos reais, afirmando expressamente que, fora dos tipos previstos, apenas pode haver direitos de "natureza obrigacional", pretende estabelecer que estes direitos são estruturalmente relativos, isto é, que vinculam apenas o credor e o devedor e que, portanto, não podem constituir-se como absolutos, com as típicas manifestações de inerência [278].

Por outro lado, o artigo 397.° confirma esta ideia, ao definir obrigação como "o vínculo jurídico por virtude do qual uma pessoa fica adstrita para com outra à realização de uma prestação". Quando um direito não é admitido como real, pode, na linguagem do legislador, valer como obrigacional. Os direitos pessoais de gozo — já foi salientado — não são redutíveis, integralmente, a relações creditórias, mas aqui importa salientar que eles implicam sempre uma relação entre dois sujeitos, relação esta que o legislador toma permanentemente em linha de conta, como faceta ou elemento da sua estrutura, quando estabelece o respectivo regime jurídico.

Também o artigo 406.°, n.° 2, ao estatuir que, "em relação a terceiros, o contrato só produz efeitos nos casos e termos especialmente previstos na lei", leva a excluir os direitos pessoais de gozo do âmbito dos direitos absolutos. O significado exacto deste preceito é objecto de controvérsia. Há quem pretenda ver nele uma exclusão da tutela aquiliana do crédito — mas deve rejeitar-se esta ideia [279]. "É preciso, com efeito, distinguir dois tipos de efeitos do contrato: *o efeito obrigatório* e a *oponibilidade do contrato*" [280]. O n.° 2 do artigo 406.° refere-se ao *efeito obrigatório*, significando que os terceiros não podem ficar vinculados, de nenhuma forma, pelas obrigações resultantes de um contrato, tendo por objectivo "vedar às partes a criação, por sua vontade exclusiva e sem o concurso de terceiros, de dívidas e créditos a que estes fiquem adstritos ou de que fiquem titulares" [281]. Decorre desta regra que os direitos pessoais de

---

[278] *Supra*, p. 129 e ss.

[279] *Vide* MENEZES CORDEIRO, *Direitos Reais*, vol. I, p. 435 e s., e *Direito das obrigações*, vol. I, p. 266, e RITA CABRAL, *A eficácia externa...*, p. 30 e ss.

[280] FARJAT, *Droit privé...*, p. 277.

[281] RITA CABRAL, *A eficácia externa...*, p. 41. Cfr. também WEILL e TERRÉ, *Droit Civil — Les obligations*, p. 584 e s.; SAVATIER, *La théorie...*, p. 196; FARJAT, *Droit*

gozo não previstos na lei não podem ter uma estrutura absoluta, porque, caso contrário, com a consequente inerência, vinculariam terceiros.

Em conclusão, não havendo na lei, fora do campo dos direitos absolutos, qualquer norma específica que confira a possibilidade de um direito poder subsistir por si, independentemente de uma relação com outrem, cai-se no regime geral, que, conforme se infere dos preceitos citados, apenas permite direitos relativos.

36. *Cont.: o problema da inerência.* — Referimos, já, que se fala em *inerência* — como consequência da absolutidade estrutural — "quando o ordenamento jurídico atribui à (...) ligação funcional entre o poder e a coisa a virtude de tornar possível ao titular a satisfação do seu interesse, qualquer que seja a essência das relações de facto ou jurídicas que envolvam a coisa" ([282]). A inerência concretiza-se na *sequela* e na *prevalência*.

Os direitos relativos, por seu turno, sendo estruturalmente constituídos pela relação que liga os respectivos sujeitos, não implicam inerência, uma vez que os terceiros não estão vinculados a realizar o direito. Todavia, para satisfação de determinados interesses, os direitos relativos — *maxime*, os direitos pessoais de gozo — podem assumir alguma ou algumas manifestações de inerência, sem, obviamente, se tornarem absolutos. A inerência deriva da absolutidade, mas verificam-se manifestações de inerência num direito relativo, as quais, não sendo impostas pela natureza do direito, decorrem, necessariamente, de normas especiais. A inerência é, portanto, característica da absolutidade, mas de uma manifestação de inerência não pode deduzir-se, sem mais, a absolutidade do direito ([283]).

A esta luz se deve entender a inerência de alguns direitos pessoais de gozo, que, não raras vezes, tem conduzido a doutrina a enquadrá-los na *realidade*.

Assim, a norma do artigo 1057.º, relativamente à locação, estabelece que "o adquirente do direito com base no qual foi celebrado o contrato

---

privé..., p. 276 e ss., e Duclos, *L'opposabilité...*, p. 45 e ss., nomeadamente p. 49. Sobre a tentativa de "erosão" do princípio da relatividade dos efeitos do contrato, em matéria de responsabilidade civil por produtos defeituosos, Calvão da Silva, *Responsabilidade...*, p. 285 e ss. (ver também a crítica a esta tentativa, nas p. 346 e ss.).

([282]) Giorgianni, *Diritti reali...*, p. 752.

([283]) Di Majo, *Delle obbligazioni...*, p. 141, após afirmar que o legislador pode atribuir alguns traços de realidade a direitos não reais, acrescenta: "objectar que de tal forma também tais direitos modificariam a sua estrutura (de obrigatória para real) encerra um erro de ordem conceitual".

sucede nos direitos e obrigações do locador, sem prejuízo das regras do registo". Temos aqui uma manifestação de "inerência", mas respeitante a um direito, sem dúvida, relativo. Para garantir estabilidade à posição do locatário, o legislador impõe a *cessão "ex lege" da posição contratual* do locador no caso de transmissão do direito em que a locação assenta ([284]).

Por outro lado, na parte final do n.º 1 do artigo 1037.º estabelece-se que *o locador não tem obrigação de assegurar o gozo da coisa contra actos de terceiro*. O preceito será analisado com desenvolvimento na parte II deste estudo, importando, neste momento, referir apenas o resultado dessa análise. Conjugando a norma citada com a do artigo 1031.º, al. *b*), conclui-se que o legislador atribui ao locatário o poder de se defender das agressões, de facto ou baseadas num direito, levadas a cabo por um terceiro ([285]). Esta possibilidade consagra uma forma de inerência, na medida em que permite ao locatário, nomeadamente, "reivindicar" a coisa das mãos de um terceiro que a tenha em seu poder ([286]). Mas, ainda aqui, a relatividade estrutural — característica do direito do concessionário — faz-se sentir, uma vez que, perante os ataques baseados num direito, o locatário fica sempre dependente do direito do concedente (daí a obrigação de este vir em seu auxílio, que se infere da al. *b*) do art. 1031.º).

Também a possibilidade de os titulares de direitos pessoais de gozo recorrerem à tutela possessória, mesmo contra o concedente, revela uma forma de inerência, na medida em que coloca estes direitos ao abrigo das actuações de facto levadas a cabo por quem quer que seja. Pode o concessionário, recorrendo nomeadamente à acção de restituição de posse, reaver a coisa de quem o haja dela esbulhado, ou de qualquer terceiro que esteja na respectiva posse e tenha conhecimento do esbulho ([287]).

([284]) Neste sentido, GALVÃO TELLES, *Dos contratos em geral*, p. 366; HENRIQUE MESQUITA, *Obrigações reais...*, p. 146 e s. No mesmo sentido, em Itália, FUNAIOLI, *Intorno al concetto...*, p. 264; TILOCCA, *La distinzione...*, p. 22; MIRABELLI, *Dei singoli contratti*, p. 340, e GUARINO, *Locazione*, p. 47 (falando este último em "cessão imprópria do contrato" ou cessão *"ex lege"*). No mesmo sentido, quanto ao direito alemão, LARENZ, *Allgemeiner Teil...*, § 12, III, p. 208, e *Lehrbuch des Schuldrechts*, vol. I, § 35, III, p. 617, e vol. II, § 48, IV, p. 205. Contra, mas não de forma categórica, MENEZES CORDEIRO, *Da natureza...*, p. 360 e s., e MOTA PINTO, *Cessão da posição contratual*, p. 86, onde se explica este fenómeno através da figura da sub-rogação legal (*vide* a crítica a esta tese em HENRIQUE MESQUITA, *Obrigações reais...*, p. 147, nota 35). GIOVANNI COCO, *Locazione...*, p. 974, pretende desvalorizar o debate doutrinal sobre esta questão.

([285]) *Infra*, p. 209 e ss.

([286]) MENEZES CORDEIRO, *Da natureza...*, p. 390.

([287]) Cfr. o art. 1281.º, n.º 2, aplicável à locação por força do disposto no art. 1037.º, n.º 2.

Não obstante as manifestações de eficácia absoluta a que acaba de aludir-se, os direitos pessoais de gozo, devido à sua relatividade estrutural, caracterizam-se, em regra, por falta de inerência. Assim, o comodato, as servidões irregulares, a parceria pecuária, etc., cessam caso o direito com base no qual foram constituídos seja transferido para um terceiro. Quando o direito pessoal de gozo assenta num subcontrato, caduca se caducar o contrato principal ([288]).

Diremos, em síntese, que as manifestações de inerência constituem uma característica marcante dos direitos reais, mas torna-se necessário deixar bem claro que não pode integrar-se um direito na *realidade* apenas por nele se descobrirem particulares manifestações de inerência. É sempre necessário averiguar se essas manifestações decorrem de uma absolutidade estrutural ou se, pelo contrário, são desvios introduzidos no regime de um direito relativo.

37. *Conclusão: complexidade dos direitos pessoais de gozo; núcleo central e zona periférica; direito pessoal de gozo em sentido amplo e em sentido estrito.* — Após o caminho percorrido até este momento, pode afirmar-se que existe um conjunto de direitos — denominados *pessoais de gozo* — que não se reconduzem nem aos direitos reais nem aos de crédito. Não se reconduzem aos primeiros, porque os direitos reais são estruturalmente absolutos, isto é, existem independentemente de qualquer relação jurídica com outro sujeito, enquanto os direitos pessoais de gozo são relativos, implicando sempre a existência de uma relação jurídica entre o respectivo titular e outro sujeito (concedente). E também não podem integrar-se os direitos pessoais de gozo no âmbito das relações creditórias, porque, aqui, o titular activo da relação (o *credor*), para obter as utilidades que esta visa proporcionar-lhe, necessita da colaboração de um outro sujeito (o *devedor*), enquanto, nos direitos pessoais de gozo, o titular pode satisfazer o seu interesse sem a colaboração de ninguém, isto é, através dos poderes que lhe é lícito exercer directamente sobre a coisa. Os direitos pessoais de gozo são, portanto, direitos *imediatos*, ao contrário dos direitos de crédito, que, mesmo quando dirigidos a uma coisa, são mediatos.

Os direitos pessoais de gozo apresentam-se como estruturalmente complexos, podendo falar-se numa *zona periférica* e num *núcleo central*.

([288]) Assim se estabelece, expressamente, quanto ao arrendamento, no art. 45.º do RAU.

A *zona periférica*, sendo de vital importância para o nascimento, a manutenção e, até, para a caracterização de um direito de gozo, *não efectiva o gozo da coisa*, limitando-se a *possibilitá-lo*. Deve falar-se em zona periférica para integrar as obrigações, positivas ou negativas, existentes nos direitos pessoais de gozo. As obrigações positivas — nomeadamente, na locação, a obrigação de o locador entregar a coisa ao locatário, realizar as obras de conservação ou beneficiação de que a coisa careça, satisfazer os encargos da coisa locada (art. 1030.°), e a de o locatário pagar a renda ou aluguer, ou, no comodato, a obrigação de o comodatário guardar e conservar a coisa emprestada e devolvê-la no fim do contrato —, sendo embora frequentes, não podem considerar-se indispensáveis em todos os direitos pessoais de gozo. Já a obrigação de *non facere*, assumida pelo concedente, é de verificação necessária, na exacta medida do direito atribuído ao concessionário. A atribuição de um direito de gozo implica sempre a vinculação do concedente — mesmo de forma tácita — a nada fazer que perturbe o direito concedido. De outro modo, o direito do concessionário perderia toda a consistência. Esta obrigação de *non facere* inscreve-se na zona periférica do direito, porque, através dela, não se realiza o direito de gozo, mas apenas se possibilita o seu exercício. À obrigação de *non facere* não corresponde o direito de retirar utilidades da coisa, mas, pura e simplesmente, o de exigir a abstenção do concedente.

O *núcleo central* do direito pessoal de gozo é constituído pelo direito de retirar certas utilidades da coisa. Assim, o locatário pode gozar a coisa para os fins a que esta se destina; o comodatário, em princípio, só pode usar a coisa; e o titular de uma servidão irregular pode retirar da coisa apenas determinadas utilidades que são objecto do seu direito.

Quando se fala em direito pessoal de gozo para abranger a zona periférica e o núcleo central — o direito de retirar utilidades da coisa e as obrigações positivas e de *non facere* —, está a tomar-se o direito em *sentido amplo* ou *impróprio*. Quando apenas se refere o direito de retirar utilidades da coisa, está a atender-se a um *sentido estrito* ou *próprio* de direito pessoal de gozo.

Se se proceder a uma análise completa destes direitos, conclui-se que, em alguns casos, existe uma prestação inicial de entrega — como sucede na locação —, não podendo ainda, nesta fase, falar-se em direito de gozo em sentido estrito ou próprio, visto este só surgir depois de esgotada a actividade inicial de entrega (de natureza meramente creditória) [289].

---

[289] NATOLI, *Il conflitto...*, p. 66, e MIRABELLI, *Dei contratti in generale*, p. 287.

O enquadramento dos direitos pessoais de gozo quer nos direitos reais, quer nos de crédito, além de conceitualmente defeituoso, origina o equacionamento errado de certas questões e, como consequência disso, respostas incorrectas ou mesmo contraditórias e difíceis de explicar.

Só a elaboração da categoria dos direitos pessoais de gozo como um *tertium genus* permite dar uma explicação coerente às várias soluções adoptadas pelo legislador na regulamentação destes direitos.

Os dois capítulos que completam o presente estudo ocupam-se de um dos problemas que mais tem sofrido as consequências da deficiente análise estrutural dos direitos pessoais de gozo: o da *tutela aquiliana*.

PARTE II

A tutela aquiliana dos direitos pessoais de gozo

CAPÍTULO I

Fundamento da tutela aquiliana
dos direitos pessoais de gozo

SUMÁRIO: 1. Autonomia do problema relativamente à violação de direitos de crédito. 2. Actos de terceiros que podem causar danos ao titular de um direito pessoal de gozo. 3. Fundamentação positiva da tutela aquiliana dos direitos pessoais de gozo. Nota preliminar. 4. O *commodum repraesentationis*. 5. *Cont.* 6. A sub-rogação. 7. A sub-rogação do credor ao devedor ou acção sub-rogatória. 8. O enriquecimento sem causa. 9. A eficácia da anticrese relativamente a terceiros. 10. A norma do artigo 407.º. 11. *Cont.:* a norma do artigo 407.º, última parte (remissão para o registo). 12. O recurso à tutela possessória por parte dos titulares de direitos pessoais de gozo. 13. O artigo 1037.º, n.º 1, última parte. 14. O artigo 1133.º, n.º 1, última parte. 15. O artigo 1125.º, n.º 1. 16. O artigo 10.º, n.º 2, al. *b*), do Decreto-Lei n.º 149/95, de 24 de Junho. 17. Conclusão.

1. *Autonomia do problema relativamente à violação de direitos de crédito.* — A generalidade da doutrina integra os direitos *pessoais de gozo* — locação, comodato, servidões irregulares, etc. — nas relações creditórias, sem autonomizar ou identificar, na respectiva estrutura, a *zona de imediação.* Uma das consequências negativas decorrentes deste enquadramento manifesta-se na responsabilidade civil extracontratual. Afirmando que o titular de um direito pessoal de gozo se encontra investido numa posição meramente creditória, a referida doutrina, logicamente, quando confrontada com actos de terceiros que diminuam ou impos-

sibilitem o gozo da coisa, não encontra qualquer diferença relativamente a actos de terceiros que afectem um direito de crédito. Equivale isto a dizer que, para os defensores desta orientação, a possibilidade de o concessionário obter o ressarcimento dos danos causados por terceiro fica dependente da resolução do problema do *efeito externo das obrigações* ou da *tutela aquiliana do crédito* ([1]).

Este entendimento, todavia, revela-se inadequado. Os direitos pessoais de gozo, não se reconduzindo, no seu *núcleo central* (*zona de imediação*), a direitos creditórios, requerem, manifestamente, uma análise específica quanto ao problema da responsabilidade extracontratual decorrente da respectiva violação. A questão da tutela aquiliana dos direitos pessoais de gozo, pelo que respeita aos poderes que conferem sobre a coisa, nada tem a ver com a questão do efeito externo das obrigações e, por conseguinte, da resolução de cada uma delas não é legítimo extrair ilações para a resolução da outra ([2]). O problema da responsabilidade civil extracontratual pela violação de direitos pessoais de gozo deve resolver-se à luz da complexidade estrutural destes direitos e dos interesses que visam satisfazer, partindo sempre das normas jurídicas que, de algum modo, dele se ocupam ou indiciam as valorações por que o legislador se orientou.

2. Actos de terceiros que podem causar danos ao titular de um direito pessoal de gozo. — Os actos susceptíveis de afectar o titular de um direito pessoal de gozo podem ser da mais diversa natureza — simples actos materiais ou, inclusivamente, negócios jurídicos. Mas em todos eles se encontra, como nota comum, a lesão da esfera de gozo a que alguém tem direito. Imaginem-se as seguintes hipóteses:

— *A*, locatário de um prédio rústico, vê as suas culturas afectadas porque *B*, titular de um prédio vizinho, desvia para o prédio explorado por aquele as águas que se dirigem, naturalmente, noutro sentido (cfr. art. 1351.°);

— O arrendatário de um prédio rústico sofre danos em produtos hortícolas, causados pelo proprietário de um prédio vizinho (*C*) ao apanhar os frutos das árvores que pendem sobre o prédio arrendado (cfr. art. 1367.°);

— *D*, arrendatário de um prédio urbano, vê-se impossibilitado de habitar o imóvel que tomou de arrendamento, em virtude do

---

([1]) Cfr. ALPA e BESSONE, *Atipicità...*, vol. II, p. 333 e ss. (nomeadamente as duas sentenças parcialmente transcritas), e *I fatti illeciti*, p. 175 e s.

([2]) LUMINOSO, *La tutela aquiliana...*, pp. 115, 144 e s.

Direitos Pessoais de Gozo 173

rebentamento da carga explosiva de um camião que *E* estacionara nas imediações;

— *F* não pode utilizar um automóvel que lhe haviam emprestado porque *G*, conduzindo outro veículo, colidiu com o daquele, danificando-o fortemente;

— *H* atinge mortalmente alguns animais que constituíam objecto de um contrato de parceria pecuária;

— *I*, parceiro cultivador, não inicia a sementeira no devido tempo, porque *J* espalha a notícia (falsa) de que o parceiro capitalista lhe vendera o terreno antes de celebrar o contrato de parceria agrícola;

— *L*, obrigado a fazer reparações no imóvel que deu de arrendamento, não as efectua porque *M*, inimigo do arrendatário, o impede ou influencia nesse sentido;

— *N*, concedente de uma coisa em subcomodato, é atropelado mortalmente por *O* (cfr. arts. 1135.°, al. *f*), e 1141.°);

— *P* adquire um automóvel a *Q*, afectando *R*, a quem o veículo havia sido emprestado por um período que só terminaria duas semanas depois;

— *S* adquire determinada fracção de um imóvel de que *T* é arrendatário, vindo mais tarde a fazer cessar o arrendamento nos termos dos artigos 69.°, n° 1, al. *a*), e 71.° do RAU (³).

Nestes exemplos encontram-se contempladas situações muito diversas. Quanto aos danos causados por *B*, *C*, *E*, *G* e *H*, está-se perante *actos jurídicos que atingem a coisa* objecto do direito pessoal de gozo. *J* poderá ser responsabilizado devido a um acto dirigido ao concessionário do gozo. No que diz respeito aos danos eventualmente causados por *M*, e àqueles que *O* produziu, está-se perante *actos jurídicos dirigidos a uma pessoa* (ao concedente do direito pessoal de gozo). *P* e *S* causaram danos ao concessionário — fazendo cessar o direito —, através da celebração de um *negócio jurídico* (contrato de compra e venda) com o concedente do direito pessoal de gozo.

Às várias situações enumeradas correspondem enquadramentos diversos e soluções jurídicas necessariamente diferentes.

Já enunciámos a tese segundo a qual os direitos pessoais de gozo contêm uma *zona periférica* e um *núcleo central*, caracterizando-se este último pela *imediação*. Os ataques integrados no primeiro grupo de

---

(³) *Vide*, também, os arts. 107.° e ss. deste diploma.

situações consideradas — dirigidos à coisa — inserem-se nesta *zona de imediação*. São actos que, em si mesmos, nada têm a ver com o concedente, mesmo que este esteja contratual ou legalmente obrigado a suportar as respectivas consequências, reparando ou substituindo a coisa. Trata-se, portanto, de actos que perturbam a *ligação imediata* do titular do direito à coisa.

Os danos causados por quem se arroga (indevidamente) a titularidade de um direito sem, contudo, exercer qualquer actividade sobre a coisa, são também susceptíveis de afectar os poderes imediatos do concessionário, mas não interferem na relação que o liga ao concedente.

Já os actos que impedem o concedente do gozo de efectuar determinada actividade a que está obrigado (nomeadamente, a realização de obras num imóvel), ou que põem fim ao direito pessoal de gozo por fazerem cessar o direito do concedente sobre a coisa, não afectam directamente a zona de imediação. Tais actos atingem, de uma forma ou de outra, a relação jurídica existente entre o concedente e o concessionário, inserindo-se numa *zona puramente creditória*, que corresponde à periferia dos direitos pessoais de gozo. Assim, a vinculação do senhorio a fazer reparações na coisa locada é uma pura obrigação, não havendo motivo para estabelecer, em caso de violação, um regime diferente do aplicável à generalidade das relações creditórias. Do mesmo modo, a celebração de um contrato (nos exemplos figurados, a compra e venda) que implique a frustração do direito pessoal de gozo — por impossibilidade culposa de cumprimento — não merece tratamento autónomo relativamente à celebração de um contrato que origine o incumprimento de uma qualquer obrigação.

A grande divisão a fazer, quanto aos actos de terceiros capazes de afectar direitos pessoais de gozo, é a que separe os que apenas produzem efeitos *através* do concedente daqueles outros que os causam independentemente deste.

No primeiro grupo, trata-se de actos dirigidos ao concedente, que apenas são lesivos para o titular do direito pessoal de gozo por produzirem alterações na esfera jurídica daquele (*v. g.*, a perda do direito em que assenta a relação de gozo), ou na medida em que determinem de alguma forma o seu comportamento (levando-o, por exemplo, a não realizar obras na coisa). O titular do direito pessoal de gozo, nestes casos, apenas pode ser afectado (sofrendo, nomeadamente, um dano) de forma indirecta.

O outro grupo de situações integra casos em que o titular do direito pessoal de gozo é afectado *directamente* nos seus poderes, porque um terceiro actua sobre a própria coisa ou sobre a pessoa do concessionário.

Tais actos atingem o sujeito do direito pessoal de gozo como se fosse titular de um direito absoluto (*v. g.*, real), uma vez que não passam pelo concedente — são actos em relação aos quais este é de todo estranho (mesmo que esteja de alguma forma, já se disse, contratualmente obrigado a reparar as respectivas consequências) ([4]).

Nas páginas que se seguem tratar-se-á da tutela aquiliana relativamente aos actos de terceiros que se enquadram neste último grupo — isto é, relativamente àqueles actos que afectam *directamente* o titular do direito pessoal de gozo. Este pode ser directamente afectado devido ao facto de o terceiro actuar sobre a coisa ou influenciar o seu comportamento (*v. g.*, arrogando-se, infundadamente, a titularidade de um direito incompatível com a relação de gozo). Esta delimitação justifica-se porque tais actos — que afectam a coisa ou o comportamento do titular —, situando-se na zona de imediação dos direitos pessoais de gozo, são objecto de uma especial valoração por parte do legislador e deve, por isso, ser-lhes dado um tratamento autónomo.

3. *Fundamentação positiva da tutela aquiliana dos direitos pessoais de gozo. Nota preliminar.* — Para decidir se os terceiros que atentem *directamente* contra direitos pessoais de gozo (atingindo a coisa que constitui o objecto destes) são obrigados a responder pelos danos causados, têm de analisar-se determinadas normas indiciadoras da ilicitude de tais condutas. É preciso decidir, fundamentalmente, se os ataques contra a coisa objecto de direitos pessoais de gozo se consideram abrangidos pela previsão do artigo 483.°, n° 1 (que faz depender a obrigação de indemnizar da ilicitude da violação) ([5]).

Em primeiro lugar, far-se-á a análise de institutos que, pretensamente, substituiriam a tutela aquiliana, atingindo os mesmos resultados (*commodum repraesentationis*, sub-rogação, acção sub-rogatória, repetição do indevido e enriquecimento sem causa).

([4]) O titular de um direito pessoal de gozo também pode ver afectados os seus poderes sobre a coisa (sofrendo mesmo um dano) devido a actos de terceiro que, ilicitamente, atingem a sua própria pessoa (*v. g.*, um sequestro). Nestes casos, todavia, havendo violação de um direito absoluto (de personalidade), que pode gerar a obrigação de indemnizar todos os danos causados, não se suscita nenhum problema autónomo de violação de direitos pessoais de gozo.

([5]) Quanto à *responsabilidade civil por factos lícitos*, têm de averiguar-se os casos em que o concessionário, por ser titular do interesse sacrificado, deve beneficiar desta tutela.

Seguidamente, ter-se-ão em conta normas que permitem a eficácia, perante terceiros, da relação em que assentam os direitos pessoais de gozo. Proceder-se-á, designadamente, à interpretação dos artigos 660.°, n.° 2 (e 2.°, n.° 1, al. *h*) do CRP), e 407.°. Mas, também estas normas — contrariamente ao que já se defendeu — não resolvem o problema enunciado.

As normas decisivas para solucionar o problema da tutela aquiliana dos direitos pessoais de gozo são as que consagram *formas de defesa destas situações subjectivas*, quer limitadamente (como a tutela possessória), quer com alcance geral. A ilicitude dos ataques levados a cabo por terceiros contra direitos pessoais de gozo resulta de todas estas normas [6], que constam, entre nós, do artigo 1037.°, n.° 2, do artigo 1125.°, n.° 2, do artigo 1133.°, n.° 2, e do artigo 10.°, n.° 2, al. *c*), do Decreto-Lei n.° 149/95, de 24 de Junho (todos respeitantes à tutela possessória), e, principalmente, da parte final do n.° 1 do artigo 1037.°, do artigo 1133.°, n.° 1, *in fine*, do artigo 1125.°, n.° 1, e do artigo 10.°, n.° 2, al. *b*), do Decreto-Lei n.° 149/95, de 24 de Junho.

No fim do presente capítulo salientar-se-á, através do recurso a princípios já enunciados, a estreita conexão entre a tutela aquiliana dos direitos pessoais de gozo e a estrutura destas situações subjectivas.

4. *O "commodum repraesentationis"*. — A norma que consagra o *commodum* de representação tem servido a alguma doutrina para fundamentar uma pretensão ressarcitória — indirecta — por parte dos titulares de direitos pessoais de gozo relativamente a terceiros [7]. O artigo 794.° estabelece: "Se, por virtude do facto que tornou impossível a prestação, o devedor adquirir algum direito sobre certa coisa, ou contra terceiro, em substituição do objecto da prestação, pode o credor exigir a prestação dessa coisa, ou substituir-se ao devedor na titularidade do direito que este tiver adquirido contra terceiro".

Em primeiro lugar, o *commodum repraesentationis* tem o seu campo de acção preferencial nas obrigações de transferir a propriedade [8]. É,

---

[6] Cfr. Luminoso, *La tutela aquiliana...*, p. 233.

[7] Assim, em face do art. 1259 do actual Código Civil italiano, Fedele, *Il problema...*, p. 211 e ss.; de Cupis, *Il danno...*, vol. II, pp. 46 e s. e 81, e Sacco, *L'arrichimento...*, p. 167 e s.

[8] Neste sentido, excluindo a aplicação deste instituto aos direitos pessoais de gozo, Mandrioli, *Commodum repraesentationis*, p. 470 e s.; Deiana, *La tutela del locatario...*, p. 250 e ss. (*maxime*, notas 48 e 53); Pavone la Rosa, *Responsabilità civile*,

fundamentalmente, em relação a estas obrigações que se justifica a atribuição, ao credor, da faculdade de exigir a substituição da coisa que deixou de poder ser transferida para a sua esfera jurídica. "A lei, no fundo — salienta GIORGIANNI (⁹) —, atribui relevo à violação do direito de propriedade sobre a coisa que, embora pertencendo ao devedor, era *destinada* ao credor, fundamentando desta forma o remédio de uma sub-rogação real".

Com base neste entendimento, defende-se que a discussão sobre o *commodum* não tem qualquer relevância — mesmo indirecta — para a tutela aquiliana dos direitos pessoais de gozo, porque, mesmo admitindo que o instituto não se limita às obrigações de transferir a propriedade, o seu campo de aplicação restringe-se, certamente, às *relações creditórias*. Neste sentido, LUMINOSO afirma expressamente que o *commodum*, "podendo ser aplicado apenas nos casos de impossibilidade superveniente da prestação que constitui o conteúdo de uma obrigação, não abrange as situações subjectivas diversas dos direitos de crédito e, por isso mesmo, não encontra qualquer espaço nos direitos (pessoais) de gozo" (¹⁰). Ainda que se prescinda do elemento literal — a norma refere-se apenas a *prestações* —, o artigo 794.° só faz realmente sentido quando está em causa a substituição de uma prestação por outra.

Todavia, uma correcta ponderação de interesses não permite aceitar, no seu radicalismo, a posição de LUMINOSO. As ideias expressas por este autor e por GIORGIANNI adaptam-se ao ordenamento jurídico português, pois o *commodum* pressupõe a existência de uma *prestação* que não pode ser cumprida, tendo total justificação nos casos em que a prestação consiste na transferência da propriedade. Mas não deve excluir-se completamente a intervenção do *commodum* no campo dos direitos pessoais de gozo. Também aqui, com efeito, podem ocorrer situações em que a justa composição de interesses impõe uma aplicação adaptada do artigo 794.°.

Suponha-se que *A* dá um automóvel de aluguer a *B*, mas, antes de efectuar a entrega, *C* destrói a viatura. Caso *A* obtenha de *C* a substituição do veículo destruído, *B* poderá pedir-lhe a respectiva entrega. Esta solução equilibra com justiça os interesses em causa e adequa-se perfeitamente à estrutura dos direitos pessoais de gozo. Como se está ainda, porém, na

---

p. 1066 e s.; GIORGIANNI, *L'inadempimento*, p. 47 (p. 22 da ed. de 1959); BUSNELLI, *La lesione del credito...*, p. 189, e *Sulla tutela "esterna"...*, p. 259. Entre nós, PIRES DE LIMA e ANTUNES VARELA, *Código Civil anotado*, vol. II, anot. n° 2 ao art. 794.°, p. 47 e s.

(⁹) *Últ. loc. cit.*

(¹⁰) *La tutela aquiliana...*, p. 290 e s.

fase meramente creditória do direito em causa (consubstanciada num crédito de *B* à entrega), não se foge à letra do artigo 794.º admitindo, aqui, a substituição de uma coisa por outra. Mas já não deve aplicar-se, neste caso, a alternativa consagrada na parte final do preceito, com base na qual o credor insatisfeito pode substituir-se "ao devedor na titularidade do direito que este tiver adquirido contra terceiro". Se, por hipótese, o automóvel destruído for um modelo único e, portanto, infungível, conferindo a sua destruição somente direito a uma soma pecuniária, não faz qualquer sentido a sub-rogação do locatário relativamente ao direito a esta indemnização.

Imagine-se, agora, que o automóvel em causa já tinha sido entregue quando o terceiro o destruiu. Poderá continuar a aplicar-se a norma relativa ao *commodum*? O completo esclarecimento do problema tem maior cabimento no capítulo seguinte, podendo, neste momento, elaborar-se uma resposta apenas parcial. Passando a existir, depois da entrega, um direito pessoal de gozo em sentido próprio (e não unicamente uma relação creditória), o titular poderá obter uma indemnização directamente do lesante, pelo que o recurso à norma do artigo 794.º se torna desnecessário. Quando a substituição do automóvel for possível, poderá ser pedida, conjuntamente com o ressarcimento de todos os danos sofridos, pelo titular do direito pessoal de gozo. Caso a substituição não seja viável, o concessionário apenas pode obter a indemnização dos prejuízos sofridos. A indemnização do valor da viatura pertence ao respectivo proprietário.

Se, nos exemplos apresentados, o terceiro deteriorar a coisa (não a destruindo), o entendimento exposto mantém-se. Assim, enquanto não se ultrapassar a fase meramente creditória do direito pessoal de gozo (por não ter havido entrega), o credor poderá valer-se do artigo 794.º (caso não se admita a tutela aquiliana do crédito). Esta solução implica uma interpretação extensiva do preceito, uma vez que nele se alude a um "facto que tornou impossível a prestação" e, na hipótese em análise, a prestação é possível. Todavia, uma vez que não pode realizar-se com as características que os contraentes tiveram em vista, deve aplicar-se o mesmo regime que no preceito expressamente se prevê para os casos de impossibilidade da prestação ([11]).

Quando, diversamente, se esteja perante um direito pessoal de gozo em sentido próprio, não haverá necessidade de recorrer à norma do artigo 794.º se ao titular do direito for reconhecido o direito de se ressarcir directamente.

([11]) Contra, Luminoso, *La tutela aquiliana...*, p. 295 e s., nota 93.

Direitos Pessoais de Gozo

5. *Cont.* — Importa ainda sublinhar que a protecção conferida ao titular de um direito pessoal de gozo pelo instituto do *commodum* não proporcionaria, na ausência de tutela aquiliana, uma justa composição de interesses.

Por um lado, em muitas situações o titular do direito pessoal de gozo pode sofrer um dano sem que o concedente seja minimamente afectado. Basta pensar na privação do gozo e nas simples perturbações causadas por um terceiro sem que seja alterada a substância da coisa. Quando, por exemplo, alguém furta as chaves de um automóvel objecto de um contrato de aluguer, ou furta o próprio veículo sem o danificar, ou quando alguém atravessa um terreno destruindo culturas ao arrendatário, o concedente não sofre qualquer dano, pelo que não lhe assiste qualquer direito a uma indemnização. Nestes casos, e em todos os que se lhes assemelhem, o concessionário, apesar de sofrer um dano, não poderia valer-se do *commodum*, porque nem o concedente tem qualquer direito contra o terceiro, nem o concessionário tem qualquer direito contra o concedente para poder haver sub-rogação ([12]).

Por outro lado, mesmo quando o concedente é lesado pela acção dos terceiros, o recurso ao *commodum* deixaria o titular do direito pessoal de gozo, muitas vezes, sem possibilidade de obter o ressarcimento de danos produzidos na sua esfera patrimonial. Assim aconteceria sempre que a avaliação dos danos causados ao concedente conduzisse a um montante menor do que o correspondente aos que foram sofridos pelo titular do direito pessoal de gozo.

Acresce que, em alguns casos, apesar de o concedente do gozo ter direito a uma indemnização pelos danos que o terceiro causou, não pode recorrer-se ao *commodum* de representação, porque não existe qualquer obrigação do concedente para com o concessionário. Imagine-se que alguém danifica determinada coisa objecto de uma relação de comodato e, por isso, é obrigado a ressarcir o comodante. O comodatário não pode beneficiar do *commodum* de representação, porque não foi afectada qualquer prestação de que ele fosse credor. Com efeito, o comodante não está obrigado a assegurar o uso da coisa ao comodatário (art. 1133.º, n.º 1) ([13]).

Do exposto deve concluir-se, por um lado, que o *commodum* tem reduzida aplicação aos direitos pessoais de gozo desde que se lhes atribua

---

([12]) Cfr. Luminoso, *La tutela aquiliana...*, p. 294.

([13]) *Infra*, p. 216 e ss.

180   *José Andrade Mesquita*

tutela aquiliana, e, por outro, que se esta tutela for denegada, a disciplina do artigo 794.° não proporcionará defesa adequada aos titulares de tais direitos.

6. *A sub-rogação.* — De entre aqueles que não reconhecem a tutela aquiliana dos direitos pessoais de gozo, houve quem tentasse recorrer ao instituto da *sub-rogação* [14] com vista a conferir alguma protecção contra terceiros que tenham, de alguma forma, causado danos à coisa (locada, emprestada, etc.). A sub-rogação poderá ser efectuada pelo *credor* (concedente do direito pessoal de gozo), nos termos do artigo 589.°, ou basear-se directamente na *lei* (art. 592.°). A aplicação deste instituto aos direitos pessoais de gozo assenta num raciocínio fácil de intuir. Se a coisa objecto de um direito pessoal de gozo for danificada, o proprietário tem direito a ser indemnizado. Ora, nada impede que o concessionário proceda à reparação ou, em alternativa, indemnize o concedente. Se o fizer, poderá pedir ao causador dos danos, com base na sub-rogação, tudo aquilo que houver gasto. A sub-rogação é possível sempre que o concedente (credor da indemnização) a efectue expressamente até ao momento em que o titular do direito pessoal de gozo cumpra ou, então, sempre que este esteja "directamente interessado na satisfação do crédito".

Importa observar, antes de mais, que esta solução só tem cabimento desde que não se admita o recurso, por parte do titular do direito pessoal de gozo, às normas disciplinadoras da responsabilidade civil extracontratual. Demonstrando a possibilidade de recurso a esta tutela, a sub-rogação torna-se um remédio inútil [15].

Por outro lado, caso não se admitisse, nestes casos, a tutela aquiliana, a sub-rogação constituiria seguramente uma solução muito limitada, gerando resultados causadores de alguma perplexidade. Vejamos porquê.

A via da sub-rogação só é possível relativamente aos danos que afectam o concedente (danos causados na própria coisa), pelo que permaneceriam sem indemnização todos os outros sofridos pelo concessionário. Se alguém, por exemplo, furtasse um automóvel alugado, o locatário poderia vir a receber o que gastasse a reparar eventuais danos causados na coisa, mas, relativamente aos danos que ele próprio sofresse em virtude de não ter podido utilizar o veículo, nada poderia reclamar do autor do facto ilícito. A solução revela-se, sem sombra de dúvida, muito pouco razoável.

---

[14] Vejam-se as indicações de doutrina e jurisprudência em LUMINOSO, *La tutela aquiliana...*, p. 298, nota 95.

[15] LUMINOSO, *La tutela aquiliana...*, p. 297, nota 94.

Direitos Pessoais de Gozo   181

Por outro lado, o titular do direito pessoal de gozo só poderá valer-
-se da sub-rogação se cumprir a obrigação que competia ao terceiro [16],
pelo que, também quanto a este aspecto, a solução não se mostra capaz
de equilibrar correctamente os interesses em jogo. Se é justo que o concessionário obtenha, do lesante, a reparação da coisa, não se compreende
que, numa primeira fase, as respectivas despesas tenham de ser supor-
tadas por si.

Estas limitações bastariam para concluir que não podem retirar-se
do instituto em análise respostas adequadas para problemas que não cabem
no seu âmbito — ou, dito de modo diferente, que a sub-rogação não
serve para alguém se ressarcir de danos que outrem lhe causou.

Já se pretendeu também, na doutrina italiana, estabelecer outra
limitação à aplicabilidade da sub-rogação aos casos de que temos vindo
a ocupar-nos. Afirmou-se que a sub-rogação legal só poderia intervir
"quando o concessionário fosse concretamente obrigado a responder para
com o concedente pelos danos causados por outrem, devido à culposa
violação do dever de custódia que sobre si recai (...) com base no contrato
de concessão" [17].

Não vamos discutir aqui a validade deste entendimento em face do
Código Civil italiano que, aparentemente, lhe confere apoio literal [18].
Sublinharemos apenas que, entre nós, a solução é diversa, considerando,
desde logo, o preceituado no artigo 592.°, n.° 1 [19]. A sub-rogação opera
em favor de um *terceiro* e não de alguém obrigado. Por outro lado, para
que o *solvens* (terceiro) possa valer-se do instituto em referência, é necessário que *tenha garantido o cumprimento* ou, então, que esteja *directamente*

---

[16] Trata-se de solução pacífica: cfr. Rui de Alarcão e Henrique Mesquita, *Sub-rogação...*, p. 12 e 13 (com ampla bibliografia) e, por último, Bianca, *L'obbligazione*, p. 346.

[17] Luminoso, *La tutela aquiliana...*, p. 298. O autor parte da análise do art. 1203, al. 3), do Código Civil italiano de 1942, que dispõe que a sub-rogação legal tem lugar "em benefício daquele que, estando obrigado com outros ou por outros ao paga-mento da dívida, tinha interesse em satisfazê-la". Cfr., também, Sentença do Tribunal de Turim, de 29 de Fevereiro de 1964, *in* GIt, vol. CXVI, 1964, parte I, secção 2.ª, c. 420 e s.; Delle Sedie, *Subingresso del comodatario...*, c. 361 e s., e Bianca, *L'obbligazione*, p. 352 e s.

[18] Ver nota anterior.

[19] Vaz Serra, *Direito das obrigações (...) — Anteprojecto*, art. 142.°, n.° 1 al. *b)*, p. 104, propôs uma redacção para este artigo idêntica à do Código Civil italiano, com um aditamento correspondente à doutrina de Betti sobre a matéria.

interessado na satisfação do crédito. Como o titular do direito pessoal de gozo, em regra, nada garante, a sub-rogação só poderá ter como base o *interesse directo*, isto é, um interesse material (e não meramente afectivo ou moral) [20] na satisfação do crédito.

Resta averiguar em que circunstâncias o concessionário terá um *interesse directo em cumprir.*

Quando o concessionário procede a reparações na coisa, não estando contratualmente obrigado a isso, fá-lo para satisfazer um interesse directo, que consiste em continuar a gozar o objecto do seu direito sem este perder qualidades. Nesta hipótese — para os autores que negam a tutela aquiliana relativamente a direitos pessoais de gozo —, a sub-rogação terá todo o interesse.

Se, por alguma das circunstâncias mencionadas no artigo 566.º, n.º 1, não puder proceder-se à reconstituição natural — consistindo a indemnização no pagamento de um montante pecuniário ao concedente —, deve entender-se que o titular do direito pessoal de gozo não tem qualquer interesse no cumprimento [21] e, por conseguinte, não dispõe de fundamento para recorrer à sub-rogação.

Em conclusão, não se admitindo a tutela aquiliana dos direitos pessoais de gozo, a sub-rogação, seguramente, não evita graves injustiças, servindo apenas para as atenuar em alguns casos.

7. *A sub-rogação do credor ao devedor ou acção sub-rogatória* [22]. — Nos termos do nº 1 do artigo 606.º, "sempre que o devedor o não faça, tem o credor a faculdade de exercer, contra terceiro, os direitos de conteúdo patrimonial que competem àquele, excepto se, por sua própria natureza ou disposição da lei, só puderem ser exercidos pelo respectivo titular", acrescentando o n.º 2 do mesmo preceito que "a sub-rogação, porém, só é permitida quando seja essencial à satisfação ou garantia do direito do credor". Assim, "a sub-rogação do credor ao devedor consiste na faculdade concedida ao credor de se substituir ao devedor no exercício de certos

---

[20] PIRES DE LIMA e ANTUNES VARELA, *Código Civil anotado*, vol. I, anot. n.º 1 ao art. 592.º, p. 608.

[21] Neste caso, a sub-rogação legal só poderia verificar-se com base no art. 477.º, n.º 2 (verificados os respectivos pressupostos).

[22] Ou acção oblíqua ou indirecta, porque "o credor não actua em seu próprio nome, mas — de certo modo — passa através do património do seu devedor para alcançar o terceiro". Cfr. CASTAÑEDA, *El derecho de las obligaciones...*, RDCP, ano XXVII, p. 293, e VAZ SERRA, *Responsabilidade patrimonial*, p. 153 e 189 (onde se fala de *acção sub-rogatória propriamente dita*).

Direitos Pessoais de Gozo 183

direitos capazes de aumentarem o activo, diminuírem o passivo ou impedirem uma perda do activo do património do obrigado" (²³).

Já se pretendeu fundamentar na acção sub-rogatória a possibilidade de o titular de um direito pessoal de gozo agir contra terceiros que perturbem o seu gozo (²⁴). Impõe-se o esclarecimento da questão.

Em primeiro lugar, apenas deve admitir-se o recurso à acção sub--rogatória por parte do titular de um direito pessoal de gozo se este não tiver uma autónoma pretensão contra o terceiro causador dos danos. Atribuindo-lhe tutela aquiliana, a acção sub-rogatória deixa de ter sentido.

Em segundo lugar, o recurso a esta acção pressupõe a responsabilidade do concedente pelos danos que o terceiro causou, pois é mercê dessa responsabilidade que o concedente se torna devedor (²⁵). Mas tal responsabilidade nem sempre é admitida. Se, por exemplo, relativamente à locação, é possível o locador ficar obrigado a efectuar reparações em virtude de danos causados na coisa por terceiros, já o mesmo não é viável quanto ao comodato. Neste último falta desde logo, portanto, um pressuposto fundamental da acção sub-rogatória: a titularidade de um crédito a acautelar.

Acresce que o concessionário apenas pode valer-se da acção sub--rogatória se e na medida em que o concedente tiver sofrido também um dano.

Para além disto, o recurso a esta acção pressupõe negligência do devedor (concedente) no exercício do seu direito, quer porque não actuou, quer porque, tendo-o embora feito, escolheu vias claramente ineficazes (²⁶).

Por outro lado, o credor apenas pode recorrer à acção sub-rogatória se isso for para si *essencial* (art. 606.°, n.° 2), por haver "motivo para temer e prevenir uma diminuição da garantia patrimonial" (²⁷). Assim, "se o devedor está manifestamente solvente, a acção sub-rogatória deve ser rejeitada" (²⁸), para salvaguarda da liberdade do devedor (²⁹).

(²³) ANTUNES VARELA, *Das obrigações em geral*, vol. II, p. 437.

(²⁴) *Vide* a sentença citada por LUMINOSO, *La tutela aquiliana...*, p. 301, em nota.

(²⁵) Cfr. LUMINOSO, *La tutela aquiliana...*, p. 301, nota 101.

(²⁶) VAZ SERRA, *Responsabilidade patrimonial*, p. 179 e s.

(²⁷) BETTI, *Teoria generale...*, vol. III, 2 — IV, p. 158. Cfr. também a p. 164.

(²⁸) VAZ SERRA, *Responsabilidade patrimonial*, p. 173, e JUGLART, *Cours...*, p. 356. Para PIRES DE LIMA e ANTUNES VARELA, *Código Civil anotado*, vol. I, anot. n.° 3 ao art. 606.°, p. 623, tal como para FARJAT, *Droit privé...*, p. 496, torna-se mesmo necessária a insolvência do devedor. Para esta última ideia inclina-se também CASTAÑEDA, *El derecho de las obligaciones...*, RDCP, ano XXVII, p. 295.

(²⁹) PLANIOL, RIPERT, ESMEIN, RADOUANT e GABOLDE, *Obligations*, n.° 910, p. 243.

184   *José Andrade Mesquita*

Por último, convém salientar que, através da acção sub-rogatória, o credor não consegue logo a satisfação do seu crédito: logra apenas um melhoramento do património do devedor, concorrendo depois com os outros credores não privilegiados na execução do património daquele [30].

Nos direitos pessoais de gozo, portanto, o recurso à acção sub-rogatória apenas em medida muito limitada poderá salvaguardar o direito do concessionário, ficando de fora, desde logo, como foi salientado, todos os actos praticados por terceiros que não fazem incorrer o concedente em responsabilidade civil (o que abrange um número muito grande de situações). Uma completa e eficaz protecção dos direitos pessoais de gozo contra actos de terceiros só se conseguirá pela via da tutela aquiliana.

8. *O enriquecimento sem causa.* — Também já se pretendeu proteger o titular de um direito pessoal de gozo, relativamente a ataques de terceiros dirigidos à coisa, através do instituto do enriquecimento sem causa (art. 473.º e ss.) [31].

Atendendo ao carácter subsidiário deste instituto, qualquer solução que nele se fundamente pressupõe a inexistência de outro meio de tutela do concessionário (art. 474.º) — desde logo, a não admissibilidade (em geral ou perante as circunstâncias concretas) do recurso à tutela aquiliana. E pressupõe, igualmente, a impossibilidade de recorrer à sub-rogação (com base nos arts. 589.º ou 592.º).

Caso não se admitisse, porém, a tutela aquiliana dos direitos pessoais de gozo, o recurso, a título subsidiário, às normas do enriquecimento sem causa não proporcionaria uma solução justa para muitos dos problemas que em tais direitos se suscitam.

Se, por exemplo, *A* furta um veículo alugado e o utiliza durante certo período, poderia ser obrigado, com base no enriquecimento sem causa, a restituir ao locatário "aquilo com que injustamente se locupletou" (art. 473.º, n.º 1). Todavia, se o autor do furto demonstrasse que nenhuma vantagem patrimonial auferiu — provando, por exemplo, que efectuou viagens desnecessárias, das quais apenas lhe advieram prejuízos —, nada teria a restituir. Esta solução, pela qual se respeita o património do autor do furto que, provocando danos ao locatário, não tira vantagens patrimoniais do seu acto, não se revela minimamente razoável.

---

[30] Por todos, VAZ SERRA, *Responsabilidade patrimonial*, p. 158 e ss., e ALBALADEJO, *Derecho de obligaciones*, vol. I, p. 231 e s.

[31] *Vide* Sentença do Tribunal de Turim, de 29 de Fevereiro de 1964, *in* GIt, vol. CXVI, 1964, parte I, secção 2.ª, c. 419 e ss., e DELLE SEDIE, *Subingresso del comodatario...*, c. 362.

Continuando com o mesmo exemplo, se o terceiro provoca estragos no automóvel e, perante as circunstâncias, o locatário for responsável pelos danos (por exemplo, deixou as chaves no veículo) [32], não terá qualquer fundamento para recorrer ao instituto do enriquecimento sem causa, uma vez que cumpriu uma obrigação própria. Se, pelo contrário, nenhuma culpa lhe for imputável, mas, não obstante isso, proceder à reconstituição natural, reparando a viatura, poderá valer-se da sub-rogação. Se a indemnização não for efectuada através da reconstituição natural (cfr. art. 566.º, n.º 1) e não tiver havido sub-rogação nos termos do artigo 589.º, não existe, também, sub-rogação legal. Em tais circunstâncias, deverão considerar-se preenchidos os pressupostos do recurso à repetição do indevido, como única forma de salvaguardar o interesse do locatário [33]. Estar-se-á, com efeito, perante um caso subsumível à norma do artigo 477.º (cumprimento de uma obrigação alheia na convicção de que é própria), ou à do artigo 478.º (cumprimento de obrigação alheia na convicção de estar obrigado a cumpri-la).

Importa salientar, no entanto, que o concessionário conseguirá, no máximo, receber o montante indevidamente pago, ficando sem indemnização relativamente aos danos por si sofridos.

Torna-se, assim, manifesta a insusceptibilidade de resolver cabalmente os problemas de tutela dos direitos pessoais de gozo com recurso às normas do enriquecimento sem causa. Não é possível retirar deste instituto soluções para problemas que lhe são estranhos.

Isto não significa, todavia, que não existam casos em que o titular de um direito pessoal de gozo pode conseguir adequada protecção recorrendo às normas contidas nos artigos 473.º e seguintes [34].

Desde logo, se alguém retirar utilidades de uma coisa — reservadas ao titular de um direito pessoal de gozo —, sem qualquer fundamento

---

[32] Cfr. o art. 1044.º, analisado *supra*, p. 32. Em casos com esta configuração, deve considerar-se que há culpa do locatário para efeitos do artigo 1044.º, mas que a mesma, em face da gravidade do comportamento do lesante, não pode constituir fundamento para diminuir em nada o montante da indemnização a cargo deste (cfr. o art. 570.º).

[33] Todo este raciocínio, repita-se, baseia-se na impossibilidade de recorrer à tutela aquiliana.

[34] Cfr. ANTUNES VARELA, *Das obrigações em geral*, vol. I, 9.ª ed., p. 509. Todavia, a aplicação destas normas é, mesmo em geral, muito limitada. FARJAT, *Droit privé...*, p. 453, diz que as sentenças que consagram, em França, a obrigação de restituir o enriquecimento, contam-se "pelos dedos de uma mão".

jurídico mas também sem se verificarem todos os pressupostos da responsabilidade civil (*v. g.*, por se tratar de uma actuação não culposa), deve ser atribuído ao concessionário tudo aquilo com que o intromissor se houver locupletado.

E também os titulares de direitos pessoais de gozo poderão, obviamente, beneficiar das normas que permitem a repetição do indevido. Imagine-se que um locatário paga ao locador determinado montante pecuniário correspondente a danos causados na coisa locada, em virtude de estar convencido de que estes foram causados por um terceiro a quem a emprestara (cfr. art. 1044.°), vindo a apurar-se, mais tarde, que tais danos foram causados por outra pessoa sem qualquer relação com o locatário. Este poderá, seguramente, nos termos do artigo 477.°, n.° 1, exigir ao locador o montante que lhe houver pago.

Mas também neste exemplo, e em todos os que se lhe assemelhem, ficam problemas por resolver. Assim, se o locatário tiver sofrido danos em virtude da actuação do terceiro lesante, só logrará obter a respectiva indemnização se lhe for reconhecida a possibilidade de recorrer à tutela aquiliana. É a fundamentação para esta tutela que importa continuar a procurar.

9. *A eficácia da anticrese relativamente a terceiros.* — Para fundamentar o recurso à tutela aquiliana por parte do titular de um direito pessoal de gozo, invoca alguma doutrina as normas que estabelecem, na consignação de rendimentos, determinados efeitos relativamente a terceiros. Essas normas, no direito português, constam dos artigos 660.°, n.° 2, e 2.°, n.° 1, al. *h*), última parte, do CRP, conjugado com o artigo 5.° do mesmo diploma — preceitos onde se estabelece que a *consignação de rendimentos*, sendo registada, produz efeitos em relação a terceiros ([35]).

A *consignação de rendimentos* ou *anticrese* foi já objecto de análise no presente trabalho ([36]), tendo-se concluído que, em certos casos (nomeadamente no do art. 661.°, n° 1, al. *b*)), dá lugar a um direito pessoal de gozo. Este, uma vez registado, produz efeitos em relação a terceiros, através da obrigação de respeito em que fica investido o adquirente de direito conflituante.

Já se defendeu que a situação do terceiro obrigado a suportar os efeitos da anticrese existente sobre uma coisa que adquiriu, sendo substan-

---

([35]) Veja-se ainda o art. 95.°, n.° 1, al. *o*), do CRP.

([36]) *Supra*, pp. 60 e ss. e 160.

cialmente diversa daquela em que fica investido, por virtude do preceituado no artigo 1057.°, o adquirente de coisa locada (que tem de respeitar o direito do locatário), acarreta consequências ao nível da responsabilidade extracontratual. Argumenta-se que, não havendo sucessão na posição contratual por parte do terceiro adquirente, e tendo o titular da anticrese à sua disposição, necessariamente, contra esse terceiro, instrumentos de defesa capazes de "remover as concretas situações de facto que constituam obstáculo à actuação do seu direito de gozo" ([37]), está-se perante a consagração da tutela de direitos pessoais de gozo contra terceiros ([38]).

Importa, primeiramente, fazer referência à situação em que fica o adquirente de uma coisa locada, em consequência do disposto no artigo 1057.° (e no art. 2.°, n.° 1, al. *m*), do CRP) e, tratando-se de *leasing*, no artigo 11.°, n.° 4, do Decreto-Lei n.° 149/95, de 24 de Junho (e no citado art. do CRP, al. *l*)), para, depois, estabelecer o paralelo com a anticrese.

Para LUMINOSO — autor que se ocupou especialmente desta questão —, quando o legislador estatui que o adquirente do direito com base no qual um contrato de locação foi celebrado passa a ocupar a posição do anterior locador, fá-lo certamente porque pretende conferir estabilidade ao direito do locatário, mas também porque, sendo a locação um contrato sinalagmático, o terceiro vai colher os benefícios do contrato de que se torna parte, passando a receber a renda ou o aluguer ([39]). Impondo-se ao terceiro adquirente o respeito do contrato de locação, nos termos do artigo 1057.°, isso significa que ele passa a ocupar a posição contratual do anterior locador, assentando este regime numa ponderação de interesses que, em princípio, não descura a situação de nenhuma das partes. Na anticrese, continua o mesmo autor, não pode defender-se idêntico enquadramento, isto é, não pode defender-se que o adquirente do direito com base no qual a anticrese foi celebrada sucede, *ex lege*, no contrato de consignação de rendimentos. Por um lado, não existe na lei qualquer determinação nesse sentido. Por outro, a falta do referido carácter de sinalagmaticidade ou correspectividade não permite que se estenda um regime (o da locação) a um contrato do qual o terceiro não vai retirar qualquer benefício.

Posto isto, importa analisar o ordenamento jurídico português, com vista a averiguar se a construção sumariamente exposta — que, de resto,

---

([37]) LUMINOSO, *La tutela aquiliana...*, p. 237.
([38]) LUMINOSO, *La tutela aquiliana...*, p. 236 e ss.
([39]) *La tutela aquiliana...*, p. 238 e s., em nota.

não obtém em Itália apoio unânime ([40]) — encontra nele algum fundamento.

Em primeiro lugar, deve notar-se que, mesmo não existindo uma norma que expressamente mande aplicar o artigo 1057.° à anticrese, o problema deve considerar-se em aberto, podendo encontrar resposta na globalidade do regime jurídico do pacto anticrético.

O artigo 661.°, n° 1, alínea *b*), estabelece que, na consignação de rendimentos, quando os bens passem para o poder do credor, este "fica, *na parte aplicável*, equiparado ao locatário". Não pode retirar-se daqui, evidentemente, que todas as normas relativas à locação são aplicáveis à anticrese. Desde logo, o próprio legislador estabelece que a equiparação só se verifica "na parte aplicável". Semelhante fórmula — a que o intérprete tem de dar conteúdo concreto —, ao revelar que o titular da anticrese, quanto a certos aspectos, pode diferenciar-se do locatário, também significa que, quanto a outros, as suas posições se identificam. Verdadeiramente decisivas, para averiguar se o terceiro adquirente do direito com base no qual foi celebrada a consignação de rendimentos sucede nos direitos e obrigações do concedente, revelam-se algumas soluções concretas, a que seguidamente vai aludir-se.

O principal argumento de Luminoso, para negar a referida sucessão, baseia-se em que, caso o terceiro adquirente "subentrasse também nas obrigações resultantes do contrato para o concedente da anticrese, não veria contrabalançado tal sacrifício por qualquer atribuição patrimonial a seu favor" ([41]). Esta afirmação corresponde à verdade, mas o sacrifício que o terceiro tem de suportar é o de não poder fazer seus os rendimentos da coisa, por estarem consignados a um terceiro. Esta limitação sofrida pelo adquirente torna-se, bem vistas as coisas, razoável, uma vez que tal só acontece se for dada publicidade à consignação, através do registo.

Em face do regime legal, é perfeitamente possível que o terceiro passe também a ter obrigações e fique investido em certos direitos. Para concluir se o terceiro adquirente, por ter que respeitar a anticrese, sucede ou não nos *direitos* e *obrigações* do concedente deste direito pessoal de gozo, é necessário analisar o conjunto de normas que regulam o instituto. Concluindo pela admissibilidade da sucessão, o adquirente deixa de ser terceiro, tornando-se a sua situação irrelevante em termos de tutela aquiliana.

([40]) Manifestam opinião contrária, nomeadamente, Natoli, *Il conflitto dei diritti...*, p. 182 e s., e Tedeschi, *L'anticresi*, p. 92, al. *F*).

([41]) *La tutela aquiliana...*, p. 239, em nota.

Ora bem. Numa das modalidades de consignação de rendimentos — regulada no artigo 661.°, n.° 1, alínea *a*) — prevê-se que os bens "continuem em poder do concedente", tendo o credor, neste caso, como esclarece o artigo 662.°, n.° 1, direito a exigir dele uma prestação anual de contas. A prestação de contas, alienada a coisa objecto de anticrese, passa a ser exigível ao adquirente, pois o concedente inicial perde qualquer contacto com a coisa, por não ter sobre ela nenhum direito. De resto, o concedente da anticrese, nesta situação, quando simultaneamente devedor, em vez de ter a obrigação de prestar contas, necessita de pedi-las ao actual proprietário da coisa, a fim de poder saber quanto deve em cada momento ou quando a sua dívida se extingue.

Por outro lado, o n.° 2 deste artigo 662.° atribui ao concedente, quando os bens passam para o poder do credor ou de terceiro — casos do artigo 661.°, n.° 1, alíneas *b*) e *c*) —, o direito de exigir ao credor a prestação de contas. Parece que uma correcta ponderação de interesses levará a que, quando seja alienada a coisa objecto de anticrese, tanto o concedente como o adquirente (actual titular) tenham o direito de exigir ao credor (a quem os rendimentos foram consignados) a prestação de contas. Estas situações não se encontram directamente previstas pelo legislador, mas da regulamentação legal retira-se que, quando algum dos sujeitos pode pedir a outro a prestação de contas, isso deve-se ao facto de ter um direito ou um dever dependente do efectivo rendimento da coisa. A única solução concordante com o espírito da lei consiste em admitir que, no presente caso, ambos possam pedir contas ao credor (titular do direito de pessoal de gozo).

Caso o titular da anticrese queira pôr fim ao seu direito, a lei faculta-lhe a possibilidade de recorrer à renúncia (remetendo para a norma que, na hipoteca, disciplina esta matéria — art. 663.°, n.ºˢ 2 e 3). Se o concedente da anticrese já não for titular da coisa, põe-se o problema de saber a quem deverá ser comunicada a renúncia. A solução mais razoável consiste na obrigatoriedade de o renunciante fazer esta comunicação ao devedor e ao actual titular da coisa: ao *devedor* porque, uma vez que a renúncia afecta a relação obrigacional existente entre os dois, ele tem necessidade de conhecer essa mesma renúncia ([42]); ao *actual titular* porque

---

([42]) Seria mais justo consagrar a necessidade de o devedor ter de dar assentimento à extinção da anticrese, uma vez que esta também é estabelecida no seu interesse. O legislador português, todavia, consagrou solução diversa, através da remissão do art. 663.°, n.° 3, para o art. 731.° ("a renúncia ... não carece, para produzir os seus efeitos, de aceitação do devedor...")

este, por um lado, passa, com a renúncia, a ter a possibilidade de exercer certos poderes sobre a coisa e, por outro, terá certos deveres que antes cabiam ao titular da anticrese (nomeadamente, o do pagamento das contribuições e demais encargos).

O artigo 665.° declara que a norma contida no artigo 692.° é aplicável à anticrese. No n° 1 deste último preceito estatui-se que, no caso de "a coisa ou direito hipotecado se perder, deteriorar ou diminuir de valor, e o dono tiver direito a ser indemnizado, os titulares da garantia conservam, sobre o crédito respectivo ou as quantias pagas a título de indemnização, as preferências que lhes competiam em relação à coisa onerada", acrescentando o n.° 2 que, "depois de notificado da existência da hipoteca, o devedor da indemnização não se libera pelo cumprimento da sua obrigação com prejuízo dos direitos conferidos no número anterior". Este regime, obviamente, aplica-se mesmo quando a coisa tenha sido alienada pelo concedente da anticrese. Se, por exemplo, o devedor da indemnização não tiver sido notificado da existência da consignação de rendimentos e cumprir a sua obrigação para com o actual proprietário da coisa, o titular da anticrese poderá exercer os poderes que derivam do seu direito em relação àquele que recebeu a indemnização (actual proprietário). Se, pelo contrário, o devedor da indemnização foi notificado da existência da anticrese e, ainda assim, pagou ao actual proprietário, poderá ser obrigado a efectuar idêntica prestação em benefício do titular da consignação de rendimentos. O proprietário que recebeu a indemnização será, por sua vez, obrigado a ressarcir o devedor da indemnização dos prejuízos que este sofreu em consequência de ter sido forçado a efectuar segundo pagamento ([43]).

Outro dos problemas que podem colocar-se resulta da determinação legal (art. 665.°) que manda aplicar à anticrese o artigo 701.°, em cujo n.° 1 se estabelece: "Quando, por causa não imputável ao credor, a coisa hipotecada perecer ou a hipoteca se tornar insuficiente para segurança da obrigação, tem o credor o direito de exigir que o devedor a substitua ou reforce". Deve entender-se que esta obrigação não transita para o terceiro adquirente. Por um lado, trata-se de uma situação que lhe é de todo estranha. Por outro, a lei estabelece, para o caso de incumprimento, uma sanção que, pela sua própria natureza, não pode aplicar-se ao terceiro adquirente. Com efeito, na segunda parte do n.° 1 deste artigo 701.°

([43]) Cfr. PIRES DE LIMA e ANTUNES VARELA, *Código Civil anotado*, vol. I, anot. n.° 2 ao art. 692.°, p. 716.

Direitos Pessoais de Gozo   191

estatui-se que, caso não seja substituída ou reforçada a garantia, o credor tem o direito de "exigir o imediato cumprimento da obrigação".

Não importa continuar o estudo das várias questões que a consignação de rendimentos levanta quando um terceiro adquire um direito conflituante com esta e, consequentemente, vê a sua posição jurídica afectada em virtude do registo da anticrese. Interessa apenas sublinhar que o terceiro adquirente fica, por esse facto, adstrito a uma série de obrigações. Deste modo, qualquer que seja a explicação para tal regime, tem de admitir-se que o terceiro se encontra, de alguma forma, vinculado pelo contrato de anticrese. Assim, caso o terceiro adquirente incorra em responsabilidade civil por perturbar o direito de anticrese, esse facto não releva para a questão da tutela aquiliana dos direitos pessoais de gozo, por não se tratar de um ataque levado a cabo por um terceiro sem qualquer ligação com o titular daquele direito.

10. *A norma do artigo 407.º.* — Nos termos do artigo 407.º, "quando, por contratos sucessivos, se constituírem, a favor de pessoas diferentes, mas sobre a mesma coisa, direitos pessoais de gozo incompatíveis entre si, prevalece o direito mais antigo em data, sem prejuízo das regras próprias do registo". Com vista à interpretação deste preceito, imaginem-se as seguintes situações de direitos conflituantes:

— *A*, dono de certo imóvel, dá-o de arrendamento a *B*, por determinado prazo, e, posteriormente, celebra idêntico contrato com *C*, para o mesmo período de tempo, cumprindo a obrigação de entrega em relação ao último arrendatário;

— *D*, dono de determinado prédio, empresta-o a *E* e, posteriormente, concede a *F* o direito de passar através do mesmo imóvel;

— *G* concede a *H* o direito de ir buscar água a uma fonte existente num terreno seu, todos os dias, a determinada hora; mais tarde, celebra igual contrato com *I*, ou dá a este, em locação, o terreno onde a fonte se situa;

— *J* vincula-se para com *L*, que se encontra a realizar um filme e necessita, para o efeito, de determinado prédio urbano pertencente àquele, a manter o imóvel tal como está, durante dois anos, permitindo a sua utilização nos planos de filmagem. Posteriormente, porém, *J* acrescenta um andar ao edifício e dá-o de arrendamento a *M*;

— *N* dá em locação um automóvel a *O*, entregando-lhe uma chave, mas, mais tarde, celebra idêntico contrato com *P*, a quem entrega, também, uma chave;

— *Q* dá de arrendamento um apartamento a *R*, para este o habitar durante o mês de Agosto, entregando-lhe uma chave do mesmo. De imediato — ainda antes de chegada a data do início de vigência da locação —, celebra idêntico contrato, também para o mês de Agosto, com *S*, a quem entrega, igualmente, uma chave;

— O locatário (*U*) de um animal deixa-o fugir sem o recuperar. Antes do fim do prazo da locação, o locador (*T*) celebra idêntico contrato com *V*, conseguindo este apoderar-se do animal;

— *X* dá de arrendamento a *Z* uma casa na praia, apenas durante o mês de Julho, pelo prazo de cinco anos. O contrato é normalmente cumprido no primeiro ano mas, em Julho do ano seguinte, quando *Z* quer habitar o imóvel, este encontra-se ocupado por *K*, a quem *X*, entretanto, o arrendara também.

Em casos como estes, nos quais se está perante direitos pessoais de gozo conflituantes, torna-se necessário estabelecer um critério que permita concluir, com segurança, qual o direito que prevalece.

O artigo 407.°, estabelecendo uma norma aparentemente clara, carece de ser cuidadosamente interpretado. A generalidade da doutrina dá como assente que nele se consagra, em caso de conflito entre direitos pessoais de gozo, a prevalência do direito relativamente ao qual o *acordo* entre o concedente e o respectivo titular primeiramente se verificou. Assim, quando alguém dá em locação determinado prédio sucessivamente a duas pessoas, a prioridade caberá sempre — abstraindo das regras do registo — àquele que primeiro celebrou o contrato. Do mesmo modo, se alguém concede a um terceiro o direito (pessoal) de passear num jardim e, posteriormente, dá de arrendamento o mesmo imóvel a outra pessoa, prevalece o direito mais antigo.

Curiosamente, mesmo a doutrina que, com argumentos cuja validade não pode ser posta em causa, contesta esta solução, não a discute *de iure constituto* (⁴⁴). De tudo o que foi dito nos capítulos I e III da parte I deste estudo decorre, sem dúvida, que a solução do problema tem de ser diversa, mesmo em face do artigo 407.°.

(⁴⁴) Assim, OLIVEIRA ASCENSÃO, *Locação de bens dados em garantia...*, p. 383 e s. (este autor, por caminhos diferentes dos trilhados em texto, defende, nas relações locativas, a solução, sem dúvida, mais justa; contudo, perante casos que envolvam outros direitos pessoais de gozo, a posição deste ilustre jurista será, provavelmente, diferente da defendida em texto), e HENRIQUE MESQUITA, *Obrigações reais...*, p. 154 e ss. (nota 50).

Antes de mais, deve notar-se que, segundo a interpretação corrente do artigo 407.º, ficariam algumas situações por resolver. Com efeito, se alguém dá uma coisa em locação e, nesse preciso instante, um seu representante realiza idêntico contrato com outra pessoa, a doutrina tradicional não proporciona solução para este conflito.

Identificámos, em alguns direitos pessoais de gozo, uma primeira fase meramente creditória ([45]). O *direito pessoal de gozo em sentido estrito ou próprio* só nasce — conforme procurámos demonstrar — no momento em que o titular do mesmo tem acesso directo às utilidades da coisa. Há casos em que, antes desta fase, existe um vínculo meramente creditório, o qual, uma vez cumprida a obrigação que o caracteriza, dá lugar ao direito pessoal de gozo propriamente dito. Esta situação verifica-se, por exemplo, na locação, porque o locador tem o dever de entregar a coisa locada, só a partir da entrega nascendo o direito pessoal de gozo em sentido próprio (isto é, dotado de *imediação*).

A questão que importa colocar e esclarecer, neste momento, é a de saber se a regra do artigo 407.º se aplica aos conflitos de direitos pessoais de gozo mesmo na fase meramente creditória ou apenas quando surgem em sentido próprio, isto é, não dependentes já de uma prestação a realizar pelo concedente. Trata-se, por outras palavras, de saber se existe alguma razão justificativa para a referida norma, que se traduzirá inquestionavelmente num "preceito anómalo" ([46]) se o seu campo de aplicação for constituído por direitos puramente obrigacionais.

Sempre que alguém está obrigado a realizar uma prestação e não cumpre, o credor tem a possibilidade de recorrer a meios de tutela, nomeadamente à responsabilidade civil e, em certos casos, à execução específica. A lei não atribui a um direito de crédito prevalência sobre direitos da mesma natureza. E compreende-se que seja assim, porque, traduzindo-se os direitos de crédito em relações jurídicas por virtude das quais uma pessoa fica adstrita para com outrem à realização de uma prestação, não pode falar-se de *obrigações conflituantes* — pelo menos no mesmo sentido em que se fala de direitos reais conflituantes ([47]). Com efeito, os poderes

---

([45]) *Supra*, p. 149 e ss. e, ainda, p. 166.

([46]) Oliveira Ascensão, *Locação de bens dados em garantia...*, p. 383.

([47]) *Vide*, por exemplo, a "Exposição de motivos do BGB", vol. I, p. 275 e s., citada por Deiana, *L'articolo 1380...*, p. 41, nota 35, o qual, apesar das dúvidas que manifesta, acaba por concluir que só pode falar-se de conflito entre direitos de crédito "por comodidade de linguagem" (*vide últ. loc. cit.*).

contidos num direito de crédito ([48]) não são propriamente afectados pela existência de uma outra obrigação que, a ser cumprida, inviabiliza a realização daquele direito, porque nenhum terceiro pode desequilibrar a correlação de interesses entre credor e devedor ([49]). Se, pelo contrário, houver dois ou mais direitos que confiram poderes directos sobre uma coisa, de tal forma que esses poderes entrem em choque um com o outro, torna-se necessária, tal como no caso de direitos reais conflituantes, uma regra que regule a situação, atribuindo prevalência a um deles.

Caso tal regra não existisse, estar-se-ia perante um conflito sem solução ou, mais propriamente, perante uma situação de conflito permitida pelo direito, em que cada titular entraria em choque com o outro, estando ambos no exercício normal dos poderes decorrentes da respectiva posição jurídica. Esta situação seria, evidentemente, intolerável. Se, por exemplo, *A*, dono de um prédio, conceder a *B* o direito de cultivar flores em certa área dele, e conceder a *C* o direito de passar com viaturas na mesma área, haverá que estabelecer, obviamente, um critério de prevalência, porque os poderes contidos nos dois direitos subjectivos são incompatíveis.

Ora, nada disto se passa nos direitos de crédito, onde, como se disse, os poderes atribuídos ao credor se dirigem ao devedor, visando obter deste uma prestação. Se *A* se obrigar perante *B* a actuar em determinado espectáculo e assumir idêntico vínculo — relativamente ao mesmo momento — perante *C*, não pode afirmar-se que exista uma situação em que os poderes de *B* e de *C* se chocam. Bem certo que *A* não pode cumprir as duas obrigações. Eventualmente, até nem cumprirá nenhuma delas, como poderia, se houvesse assumido apenas uma, não a cumprir também. O legislador não estabelece, a este respeito, qualquer regra de prioridade e tal orientação é, inquestionavelmente, a mais correcta. Com efeito, e como se disse, não há aqui qualquer conflito a dirimir, uma vez que os poderes incluídos em ambos os direitos dirigem-se ao devedor, que pode, até, não cumprir nenhuma das obrigações que assumiu.

([48]) "O complexo poder do credor relativamente à prestação", na feliz expressão de ANTUNES VARELA, *Das obrigações em geral*, vol. I, 9.ª ed., p. 120. Os poderes conferidos por um crédito integram-se na categoria do *direito subjectivo*: por todos, GIORGIANNI, *Obbligazione...*, pp. 588, e 609; contra, BARBERO, *Il diritto soggettivo*, c. 36 e ss., por considerar que nos direitos de crédito não há qualquer *agere licere* relativamente ao objecto. A concepção deste último quanto ao direito subjectivo, todavia, "exacerba" "a intensidade do poder do titular sobre o objecto do direito subjectivo": GIORGIANNI, *L'obbligazione...*, p. 239.

([49]) DEMETRIO DE MARTINI, *I fatti...*, pp. 177, e 182.

Será que, no campo dos direitos pessoais de gozo, se impõe solução diversa? Quando estes direitos comportam uma primeira fase meramente creditória — em que deve falar-se de *direitos pessoais de gozo em sentido impróprio* —, não se vislumbram razões em tal sentido. Durante essa fase — como sucede, por exemplo, na locação, antes da entrega da coisa ao locatário ([50]) —, os poderes do concessionário dirigem-se ao concedente, não entrando em choque com outras obrigações por este assumidas, ou não entrando em choque diferentemente daquilo que pode acontecer relativamente a quaisquer outras obrigações. O concedente deve cumprir a obrigação de entrega e, caso não o faça, poderá o concessionário recorrer, inclusivamente, à execução específica. Não se vê que a ponderação de interesses deva ser, neste caso, diferente daquela que o legislador faz, por exemplo, relativamente à venda de frutos ainda não colhidos. Pelo contrário, tudo aponta no sentido de não subordinar os direitos pessoais de gozo, na fase creditória, a quaisquer regras de prioridade ou prevalência. Para além dos já aludidos motivos de ordem *conceitual* (nesta fase, os poderes que tais direitos conferem não são afectados pela existência de outras situações subjectivas), e *sistemática* (o legislador não atribui prevalência a relações creditórias), existe ainda uma outra importante razão, relativa à *estabilidade das situações jurídicas*.

Caso se atribua a algum dos direitos, na fase creditória, prevalência sobre outro, chega-se ao seguinte resultado: perante, por exemplo, duas locações conflituantes, se o locatário que celebrou o contrato em segundo lugar conseguir a detenção da coisa, fica sujeito a que o titular da locação conflituante exija, com sucesso, o cumprimento ao locador e a consequente entrega da coisa, afectando o seu direito. Esta solução — que aparentemente resulta da nossa lei — não pode deixar de considerar-se surpreendente, na medida em que um sujeito investido em determinado direito imediato e, simultaneamente, detentor da coisa a que o direito respeita, pode ver--se afectado por uma outra obrigação assumida pelo concedente em relação à mesma coisa. A *instabilidade* que deste regime resulta é manifesta, pois o concessionário, já no gozo da coisa, pode ter que abrir mão dela em benefício de um outro credor do concedente.

A *instabilidade* do direito e a consequente *insegurança* que origina tornam-se ainda mais chocantes se se ponderar que o concessionário não tem qualquer meio de conhecer a existência das obrigações anteriormente assumidas pelo concedente.

([50]) Neste sentido, OLIVEIRA ASCENSÃO, *Locação de bens dados em garantia...*, p. 383.

Admitindo a prevalência dos direitos pessoais de gozo na fase meramente creditória, criar-se-ia, também, um perigoso meio de, por exemplo, o locador fazer cessar contratos de locação, recorrendo à antedatação fraudulenta de um contrato conflituante (muito embora isso o obrigue a indemnizar o locatário preterido).

Ao que acaba de expor-se acresce a já referida impossibilidade de a doutrina tradicional resolver todos os conflitos — nomeadamente o resultante de dois arrendamentos celebrados, na mesma data ou momento, com sujeitos diferentes e relativamente à mesma coisa, um deles pelo locador e o outro por um representante seu.

Tudo analisado, não se encontra motivo atendível para aceitar a interpretação defendida pela generalidade da doutrina para o artigo 407.°. Pelo contrário, várias razões impõem que se rejeite tal interpretação e se procure atribuir ao preceito um sentido que proporcione soluções justas e compatíveis com o sistema jurídico português.

Quando o artigo 407.° estabelece que, entre "direitos pessoais de gozo incompatíveis entre si, prevalece o direito mais antigo em data", deve entender-se que o legislador tem em vista os direitos pessoais de gozo *em sentido próprio* — não disciplinando, portanto, a sua fase meramente creditória (nos casos em que ela exista, como sucede na locação). Nesta fase não se está perante um direito pessoal de gozo (em sentido próprio), pois o respectivo núcleo central (conferindo poderes imediatos) ainda não surgiu.

De acordo com esta interpretação, o titular do direito "mais antigo em data" é aquele que primeiro consegue o cumprimento, porque, conforme se demonstrou na primeira parte deste estudo, só a partir daqui é possível dizer que ele tem um direito pessoal de gozo, enquanto categoria jurídica autónoma (enquanto direito *imediato* e *relativo*). Temos, deste modo, o problema resolvido a um primeiro nível: entre dois ou mais direitos pessoais de gozo incompatíveis, prevalece o mais antigo em *data* — mas a data a que deve atender-se é aquela em que nasce o direito pessoal de gozo em sentido estrito, e não a data em que o concedente se tenha obrigado a fazê-lo nascer ([51]).

Pode também enunciar-se esta conclusão de forma negativa: *o artigo 407.° não faz prevalecer um direito creditório sobre outro da mesma natureza (ou sobre um direito pessoal de gozo).*

([51]) Neste sentido, Vaz Serra, *anotação ao acórdão do STJ de 21 de Maio de 1976*, p. 174; contra, Henrique Mesquita, *Obrigações reais...*, p. 156, em nota, considerando esta interpretação "inconciliável com a letra da disposição em exame".

Com o que acaba de expor-se, porém, não pode considerar-se totalmente esclarecido e resolvido o problema da prevalência dos direitos pessoais de gozo. Com efeito, se prevalecesse sempre o direito pessoal de gozo (em sentido estrito) mais antigo, isso originaria soluções dificilmente aceitáveis. Recorrendo a exemplos já figurados, se alguém concede a outrem o direito (pessoal) de retirar água de uma fonte ou de sobrevoar um terreno a baixa altitude e, depois, dá o imóvel objecto destas servidões em locação, a um terceiro, o locatário teria de respeitar as servidões irregulares, *mesmo que os titulares destas ainda não tivessem iniciado o gozo da coisa.* De igual modo, se alguém celebra, sucessivamente, dois arrendamentos urbanos incompatíveis, entregando uma chave do prédio a cada arrendatário, aquele que primeiro ocupasse o local arrendado poderia ser obrigado a cedê-lo ao outro, caso este tivesse obtido primeiramente a chave.

A prevalência estabelecida no artigo 407.º apenas encontra justificação, nos direitos pessoais de gozo em sentido estrito, quando, para além da imediação, exista uma ligação entre o titular e a coisa. Esta ligação deve ser de tal forma que justifique, inclusivamente, a atribuição de tutela possessória àquele que exerce o direito.

Quer isto dizer que, atendendo aos referidos interesses de *segurança* e *estabilidade* do concessionário, apenas deve atribuir-se prevalência relativamente a direitos que confiram *detenção* (ou *posse* ([52])). Deste modo impossibilita-se, nomeadamente, o conluio entre o concedente e um terceiro no sentido de, através de expedientes fraudulentos, fazer cessar um direito pessoal de gozo.

O artigo 407.º não impõe expressamente, para um direito prevalecer, a necessidade de lhe corresponder a efectiva detenção da coisa, mas, atendendo às razões expostas e ainda à necessidade de levar a cabo uma interpretação que se harmonize com as normas que conferem tutela possessória aos titulares de direitos pessoais de gozo, estes apenas deverão prevalecer quando envolvam a mencionada detenção do respectivo objecto. As normas que conferem tutela possessória a direitos pessoais de gozo (arts. 1037.º, n.º 2; 1125.º, n.º 2; 1133.º, n.º 2, e 10.º, n.º 2, al. *c*), do Decreto-Lei n.º 149/95, de 24 de Junho) permitem que os respectivos titulares, quando detentores, se defendam dos ataques de quem quer que seja. Ora, não pode aceitar-se que se atribua tutela possessória a um direito pessoal de gozo contra outro direito conflituante da mesma natureza e que, depois, se confira prevalência a este último, por ser o mais antigo.

([52]) Cfr. *infra*, p. 205 e ss.

Uma correcta interpretação sistemática, que atenda simultaneamente aos referidos interesses de *estabilidade* e *segurança* da posição jurídica do concessionário e à necessidade de evitar conluios fraudulentos, impõe que se atribua ao artigo 407.º o sentido de, em caso de conflito, apenas consagrar a prevalência do direito pessoal de gozo (em sentido estrito) acompanhado da *detenção* da coisa.

O artigo 407.º ressalva, de qualquer modo, as "regras próprias do registo". Estas impõem uma diferente ponderação dos interesses em jogo, em virtude da publicidade que conferem aos direitos registados. Os direitos pessoais de gozo sujeitos a registo tornam-se oponíveis a terceiros desde o momento em que a respectiva *inscrição* se efectue (podendo isso verificar-se na fase meramente creditória) ([53]). Este regime, porém, não afecta a *segurança* do concessionário, nem possibilita actuações *fraudulentas*.

Fixados os principais vectores que devem orientar a interpretação do artigo 407.º, podem resolver-se, sem dificuldade, os conflitos de direitos pessoais de gozo exemplificativamente indicados no início do presente número.

a) Na primeira hipótese figurada, o direito de *C* (locatário que conseguiu o cumprimento da obrigação de entrega) prevalece sobre o de *B*, porque este, apesar de ter celebrado o contrato anteriormente, não entrou na detenção da coisa. *C*, pelo contrário, tem um direito pessoal de gozo em sentido estrito (isto é, dotado de *imediação*) e é detentor da coisa.

b) *E*, comodatário, está investido numa posição jurídica que prevalece sobre qualquer outro direito pessoal de gozo, porque a relação de comodato pressupõe necessariamente a entrega da coisa. Assim sendo, enquanto o comodato perdurar, o titular da servidão irregular não poderá exercer os poderes, porque incompatíveis com os do comodatário.

c) Quando *G* concede a *H* o direito de ir buscar água a uma fonte, todos os dias, a determinada hora, e, posteriormente, celebra igual contrato com *I*, a servidão *irregular* ou *pessoal* (proporcionando a utilização da água) nasce no momento da celebração do contrato, não sendo antecedida de qualquer momento creditório, pelo que surge imediatamente um direito pessoal de gozo em sentido estrito. Todavia, só o direito daquele que consiga a detenção da coisa — através da prática dos actos de gozo sobre esta — prevalece sobre o direito conflituante.

([53]) Sobre esta questão *vide infra*, p. 202 e ss.

Direitos Pessoais de Gozo 199

Se o conflito surge entre o titular da servidão irregular e um locatário, prevalecerá, de igual modo, o direito relativamente ao qual primeiro se verifique a detenção da coisa ([54]).

d) No caso em que alguém permita a outrem a utilização de um prédio urbano em planos de filmagens, vinculando-se a mantê-lo inalterado, e, entretanto, introduza nele modificações, dando-o seguidamente de arrendamento, o arrendatário não terá de respeitar a servidão irregular, porque esta não implica qualquer detenção.

e) Relativamente à dupla e sobreposta locação de um automóvel, com entrega das respectivas chaves aos dois locatários, o direito que prevalece é o daquele que primeiramente conseguir a detenção do veículo. A entrega das chaves constitui uma tradição *simbólica* da coisa ([55]), que produz, pelo menos, efeitos *inter partes* ([56]). Através dela, portanto, o locador cumpre a obrigação de entrega, nascendo um direito pessoal de gozo em sentido estrito, mas sem que haja detenção por parte do locatário. A obtenção das chaves apenas pode considerar-se suficiente, para efeitos de detenção ou de posse, se for exclusiva ([57]). Caso não se verifique esta exclusividade, detentor ou possuidor será aquele que exercer poderes de facto sobre a própria coisa. Deste modo, no exemplo em análise prevalecerá o direito do locatário que primeiramente conseguir a detenção do automóvel.

f) Quando *Q* (locador) celebra dois arrendamentos incompatíveis — ambos a termo (termo inicial ou final) —, o direito pessoal de gozo prevalecente é, igualmente, o do arrendatário que primeiramente consiga a detenção da coisa ou se encontre já, no momento em que começe a decorrer o termo inicial, nessa situação. O único problema específico, relativamente à hipótese da alínea anterior, consiste em determinar o relevo da detenção exercida antes do decurso do termo inicial. Nesta fase, apenas o locador poderá reagir com vista não só a obrigar o detentor sem título a entregar-lhe a coisa, como ainda a pagar-lhe uma indemnização.

([54]) Cfr., em tom dubitativo, Deiana *L'articolo 1380...*, p. 60 e ss.

([55]) Vivante, *Trattato...*, n.° 917, p. 105 e ss.; Funaioli, *Consegna...*, p. 133 e s.; Gorla, *La compravendita*, p. 76 e s.; Barbero, *Sistema...*, vol. I, p. 284, e Montel, *Il possesso*, p. 217. Entre nós, Pereira Coelho, *Arrendamento...*, p. 127; Menezes Cordeiro, *Direitos reais*, vol. II, p. 753, nota 1168, e Henrique Mesquita, *Direitos reais*, p. 101. Contra, Barassi, *Diritti reali e possesso*, vol. II, p. 264 e ss.

([56]) Vivante, *Trattato...*, p. 106. Contra, Gorla, *La compravendita*, p. 77.

([57]) Cfr. Sacco, *Il possesso*, p. 188, nota 37.

O outro contraente, tendo apenas um direito creditório à entrega da coisa, nada pode fazer contra o detentor ou possuidor desta [58].

g) No exemplo em que *T* dá em locação um animal a *U* e, durante a pendência do contrato, aproveitando o facto de este o ter perdido, celebra idêntico contrato com *V*, que recupera o animal, o direito que prevalece é o deste último e não o do locatário que primeiro obteve o cumprimento, desde que, em face das concretas circunstâncias, se deva concluir que *U* perdeu o objecto do contrato *definitivamente* e, portanto, a respectiva detenção [59]. Tendo *U* perdido a coisa definitivamente, encontra-se em situação idêntica àquela em que se encontrava antes de iniciar o gozo, nada justificando a prevalência do seu direito relativamente ao de um detentor [60] [61]. Não faz sentido tutelar um gozo que deixou de existir [62].

h) Ocupemo-nos, por último, do caso em que *X* dá em locação a *Z* uma casa na praia, apenas durante o mês de Julho, pelo prazo de cinco

---

[58] Poderá, apenas, usar contra o locador todos os meios que tutelam o não cumprimento — procedendo, nomeadamente à resolução do contrato e pedindo uma indemnização —, se se tornar certo que ele não vai cumprir a obrigação de entrega, porque "*não quer* ou *não pode* cumprir". Cfr. GIORGIANNI, *L'inadempimento*, p. 178 e ss. (p. 9 e ss. da ed. de 1959) e, também, *Inadempimento...*, p. 861 e s., e RIBEIRO DE FARIA, *Direito das obrigações*, vol. II, p. 447.

[59] Deve, todavia, notar-se que "enquanto duram as buscas ou, pelo menos, enquanto subsiste a esperança de encontrar e a intenção de procurar", não pode falar-se em perda da posse ou da detenção. Cfr. SACCO, *Il possesso*, p. 198.

[60] Se, diferentemente, se estivesse perante a *perda da própria coisa* (e não apenas a perda da detenção por parte do locatário), verificar-se-ia a caducidade do contrato (art. 1051.°, n.° 1, al. *e*)).

[61] Neste sentido, em face do artigo 1380 do Código Civil italiano, DEIANA, *L'articolo 1380...*, p. 57 e ss.; *In tema di conflitto tra due locatari...*, c. 177 e s., e *In tema di conflitto fra conduttori*, c. 1 e ss.; MENGONI, *Conflitto...*, pp. 697 e 702; GIORDANO, *Collisione...*, c. 1024 e ss. (*maxime*, 1027); BARBERO, *Sistema...*, vol. I, p. 451 e s., e vol. II, p. 328 e s., e MICCIO, *La locazione*, p. 75 e ss (*maxime*, p. 78). De forma dubitativa, ANDRIOLI, *Revoca dell'ordinanza di sfratto...*, c. 572 e s. Contra, NATOLI, *Il conflitto...*, pp. 7 e ss., 121 e ss., 152 e ss.; PROVERA, *Locazione...*, p. 125 e ss., e, por último, TRIFONE, *La locazione...*, p. 459 (apenas com argumentos literais). MIRABELLI começou por assumir esta última posição, em *Dei contratti in generale*, p. 283 e ss., mas, posteriormente, em *La locazione*, p. 620 e ss., alterou o seu pensamento (confronte-se, nomeadamente, a nota 5 da p. 285 da primeira das obras citadas com a nota 10 da p. 622 de *La locazione*).

[62] BARBERO, *Sistema...*, vol. I, p. 451 e s.

anos, sendo o contrato normalmente cumprido no primeiro ano, mas acontecendo que, em Julho do ano seguinte, quando Z pretende ocupar o imóvel, este está habitado por K, igualmente arrendatário. O direito que prevalece é o deste último, não só por ser imediato (direito pessoal de gozo em sentido estrito), mas também porque o arrendatário está na detenção da coisa.

Durante a fase meramente creditória dos direitos pessoais de gozo ou sempre que estes não sejam acompanhados de detenção, qualquer titular tem, pelas regras gerais das obrigações, possibilidade de exigir ao concedente o cumprimento ou o ressarcimento dos danos [63].

O artigo 407.º, segundo a interpretação da doutrina tradicional — que advoga a prevalência do direito relativamente ao qual o acordo das partes se estabeleceu em primeiro lugar —, pode gerar situações em que surge a necessidade de o titular de um direito pessoal de gozo recorrer à tutela aquiliana. Curiosamente, este problema não tem sido levantado.

Imagine-se, por exemplo, que se constitui uma servidão irregular atribuindo o direito de retirar água de determinada fonte existente num imóvel que, seguidamente, é dado em locação a um terceiro. Está-se perante dois direitos pessoais de gozo incompatíveis, prevalecendo — segundo a doutrina maioritária — o que primeiro foi constituído, ou seja, a servidão irregular, independentemente de se verificar detenção da coisa. Se o locatário impede o titular da servidão de efectivar o seu direito, causando-lhe danos, põe-se o problema de saber a quem pode o lesado pedir a respectiva indemnização. A referida doutrina responde, em princípio, que ele apenas pode dirigir-se ao concedente, pois os "direitos de crédito" produzem somente efeitos em relação ao "devedor".

Contudo, semelhante resposta revela-se contraditória com a preferência atribuída à servidão. Quando se atribui prevalência a um direito pessoal de gozo, quer garantir-se ao respectivo titular a possibilidade de exercer os seus poderes em detrimento do direito com ele incompatível. Não lhe conferindo o poder de reagir contra o locatário, o concessionário prevalecente fica sem protecção adequada, porque qualquer acção proposta contra o concedente estará votada ao fracasso. Com efeito, se o titular da servidão irregular pede ao concedente que lhe permita aceder à coisa, formula seguramente um pedido sem justificação, porque o concedente nunca impediu tal acesso. Se o pedido for de indemnização, também não se vê qual o fundamento para condenar o concedente, pois o contrato de

---

[63] FUBINI e SEQUI, *Locazione...*, p. 1008.

202 José Andrade Mesquita

arrendamento, segundo a doutrina dominante, em caso algum prevalece sobre o direito de servidão. O arrendatário só poderá exercer licitamente o seu direito desde que respeite a servidão irregular. O concedente apenas poderia ser, eventualmente, obrigado a indemnizar o locatário — e não o titular da servidão — por incumprimento do contrato (cfr. art. 1034.°, al. *b*)).

Perante situações deste tipo, a doutrina tradicional deveria necessariamente admitir, sob pena de insanável contradição legislativa, a tutela aquiliana dos direitos pessoais de gozo.

Todavia, de uma correcta interpretação do artigo 407.° não se retiram indicações específicas para o problema da tutela aquiliana dos direitos pessoais de gozo.

O citado preceito, ao consagrar a prevalência do direito a que corresponde a detenção da coisa, não implica a necessidade de defesa contra terceiros, uma vez que, como se salientará, a defesa do concessionário resulta, desde logo, da tutela possessória ([64]). Assim, o titular do direito prevalecente pode defender-se contra ataques de quaisquer terceiros (incluindo os titulares de direitos preteridos) com base noutros preceitos, enquanto o titular do direito preterido apenas poderá, como é óbvio, reagir contra o concedente com base nas normas da responsabilidade contratual.

11. *Cont.: a norma do artigo 407.°, última parte (remissão para o registo).* — Na parte final do artigo 407.° ressalvam-se, relativamente ao princípio nele enunciado, as "regras próprias do registo". Se, por conseguinte, num conflito entre direitos pessoais de gozo, um deles se encontrar regularmente registado, a prevalência deve aferir-se pelas normas do Código do Registo Predial. No artigo 2.° deste diploma sujeitam-se a registo os seguintes direitos pessoais de gozo: *a consignação de rendimentos* (al. *h*), parte final); *a locação financeira* (al. *l*)); *o arrendamento não rural por mais de seis anos*, bem como as respectivas *transmissões*, e o *subarrendamento* que nele se fundamente (al. *m*)) ([65]).

([64]) Esta tutela tem, contudo, limitações. *Vide infra*, p. 208.

([65]) A redacção desta alínea m), estabelecendo a obrigatoriedade de registo para "o arrendamento por mais de seis anos e as suas transmissões ou sublocações, exceptuado o arrendamento rural", deve considerar-se infeliz. Em primeiro lugar, fala-se de *sublocações*, quando apenas se pretende referir o *subarrendamento*; em segundo lugar, fala-se em "transmissões ou sublocações" do arrendamento, quando a "sublocação" é da *coisa* e não do arrendamento; em terceiro lugar, seria melhor técnica legislativa falar logo em "arrendamento não rural", em vez de referir todo o arrendamento e excluir seguidamente o rural.

A alínea *a*) do preceito em análise, quando refere os direitos de superfície e de servidão, pretende apenas abranger, obviamente, direitos reais. Isto porque, por um lado, os outros direitos mencionados nesta alínea são todos, inquestionavelmente, reais, e, por outro, quando se fala em superfície e em servidão, *tout court*, têm-se em vista as figuras previstas e reguladas, com esse nome, no livro III do Código Civil, nos títulos V e VI, respectivamente.

Outra questão consiste em saber se o legislador terá querido incluir, na previsão da alínea *f*), o direito pessoal de gozo que, em certos casos, resulta da entrega da coisa objecto de um contrato prometido [66]. Não se quis certamente sujeitar a registo o direito pessoal de gozo que se constitui, por vezes, depois da celebração e antes da execução de um contrato-promessa. Com efeito, por um lado, apenas está sujeita a registo a promessa de alienação a que se atribua eficácia real, e o direito pessoal de gozo pode surgir, com as mesmas características, quando a promessa apenas tenha eficácia *inter partes*. Por outro lado, só estão sujeitas a registo promessas de alienação ou oneração [67], e o direito pessoal de gozo pode nascer de outros contratos-promessa (*v. g.*, de um contrato-promessa de locação). Acresce que, se o legislador houvesse querido sujeitar a registo o direito pessoal de gozo derivado de um contrato-promessa, teria, certamente, dado alguma indicação nesse sentido no artigo 95.º do Código do Registo Predial (nomeadamente na alínea *d*)).

Quando foi analisado o artigo 407.º, abstraindo das normas do registo, começou-se por um exemplo em que *A* celebrou com *B* e, sucessivamente, com *C*, um contrato de locação, relativo ao mesmo período temporal e sobre o mesmo imóvel, cumprindo a obrigação de entrega em relação a *C*. Imagine-se, agora, que ambos os contratos estão sujeitos a registo e que *B* o efectuou antes de *C*. Em virtude do princípio estabelecido no nº 1 do artigo 6.º do CRP, não há dúvida de que prevalece o direito de *B*.

Caso *B*, para poder exercer o seu direito, peça a entrega do imóvel ao locador, este, mesmo que queira, nada pode fazer. Com efeito, não sendo o registo constitutivo, mas apenas necessário para a produção de efeitos em relação a terceiros (art. 5.º, n.º 1, do CRP), o contrato que liga *A* a *C* é válido e eficaz entre ambos, pelo que o primeiro não pode pedir a restituição da coisa ao segundo, com vista a entregá-la a *B*. O concedente,

---

[66] *Vide supra*, p. 74 e ss.

[67] Com o termo "oneração", o legislador pretende abranger direitos reais. Repare-se em que, nos termos do art. 413.º do Código Civil, os contratos-promessa a que pode atribuir-se eficácia real são os de "transmissão ou constituição de direitos reais".

depois de cumprir em relação a um dos contraentes, não tem qualquer possibilidade de chamar a si a coisa já entregue ([68]). A única solução consistirá em admitir que *B* se dirija directamente ao outro locatário, sendo este obrigado a entregar-lhe a coisa ([69]). De outro modo, o direito de *B* não poderia efectivar-se, perdendo a prevalência qualquer sentido ([70]).

O fundamento desta solução não pode, certamente, encontrar-se em qualquer dever contratual, pois nada justifica que o titular do direito preterido suceda nas obrigações do concedente ([71]), nem se conhece ninguém que defenda tal sucessão ([72]). Trata-se de um efeito próprio do registo e que não tem necessariamente de considerar-se expressão de uma mais ampla tutela conferida aos direitos pessoais de gozo ([73]). Contudo, as normas do registo não são irrelevantes no que respeita à tutela aquiliana destes direitos. Possibilitando que o concessionário exija a coisa a um terceiro (titular de um direito — preterido — contra o concedente comum), deve entender-se que elas permitem também a responsabilização deste pelos danos que porventura cause, se dificultar ou impossibilitar o acesso à coisa por parte do titular do direito de gozo prevalecente.

Mas desta responsabilidade extracontratual, repete-se, não pode extrair-se qualquer ilação ou directiva para a resolução do problema da tutela aquiliana dos direitos pessoais de gozo. Em primeiro lugar, porque se trata de uma tutela que se aplica unicamente aos direitos sujeitos a registo, e apenas quando este tiver sido efectuado. Em segundo lugar, porque essa tutela só funciona relativamente aos *terceiros para efeito de registo*, e não relativamente a quaisquer outros ([74]). Finalmente, porque é uma tutela respeitante à fase meramente creditória dos direitos pessoais de gozo.

([68]) Natoli, *Il conflitto dei diritti...*, p. 166 e s.

([69]) Cfr. neste sentido, nem sempre com desenvolvimento, Deiana, *L'articolo 1380...*, p. 81, nota 81; Natoli, *Il conflitto dei diritti...*, pp. 144, 186; Mirabelli, *Dei contratti in generale*, p. 285; Fragali, *Anticresi*, p. 78 e s., e 83 e s.; Messineo, *Contratto (Diritto...)*, p. 969; Luminoso, *La tutela aquiliana...*, p. 249, e Provera, *Locazione...*, p. 123 e s.

([70]) Luminoso, *La tutela aquiliana...*, p. 249, nota 27, e Provera, *Locazione...*, p. 124.

([71]) Mirabelli, *Dei contratti in generale*, p. 288.

([72]) Luminoso, *La tutela aquiliana...*, p. 250, nota 29.

([73]) Contra, Luminoso, *La tutela aquiliana...*, p. 255 e ss. e, no sentido do texto, movendo críticas ao autor acabado de citar, Natucci, *La tipicità...*, p. 119 e s., nota 45.

([74]) Cfr. Barcellona, *Frutti e profitto...*, p. 48, e Natucci, *últ. loc. cit.*

O fundamento geral para a tutela aquiliana destes direitos terá, pois, de procurar-se em outras normas.

12. *O recurso à tutela possessória por parte dos titulares de direitos pessoais de gozo*. — O legislador atribui ao locatário (art. 1037.º, n.º 2), ao parceiro pensador (art. 1125.º, n.º 2), ao comodatário (art. 1133.º, n.º 2) e ao locatário em regime de *leasing* (art. 10.º, n.º 2, al. *c*), do Decreto-Lei n.º 149/95, de 24 de Junho), através de formulações semelhantes, a possibilidade de recorrerem aos meios de defesa da posse, mesmo contra intromissões do concedente.

Não se justificando a análise desenvolvida de todas as questões que estas normas suscitam, focar-se-ão apenas os pontos relevantes para a tutela aquiliana dos direitos pessoais de gozo.

a) Antes de mais, convém precisar se, relativamente aos direitos pessoais de gozo referidos, se deve falar de *posse* ou, pelo contrário, de simples *detenção* — uma detenção, no entanto, que confere ao detentor a faculdade de recorrer aos meios de tutela possessória.

No artigo 1251.º declara-se que "posse é o poder que se manifesta quando alguém actua por forma correspondente ao exercício do direito de propriedade ou de outro direito real", pelo que, à primeira vista, parece dever excluir-se a posse de um direito pessoal de gozo.

Todavia, em face das soluções que o próprio Código Civil consagra, a posse constitui o mais adequado enquadramento conceitual para alguns direitos pessoais de gozo.

Suponha-se que *A*, proprietário de determinada coisa, a dá em locação a *B*, passando este a gozá-la. A doutrina tradicional considera *A* possuidor e *B* apenas detentor. Como a posse pode ser exercida por intermédio de outrem (art. 1252.º), *A* exerce-a através de *B*. Este, por seu turno, nos termos do artigo 1253.º, al. *c*), seria apenas detentor, possuindo "em nome de outrem".

Esta construção, no entanto, foi alvo de ataques que se afiguram bem fundados. Com efeito — pergunta-se —, como é possível explicar que, por exemplo, o locatário beneficie de tutela possessória (art. 1037.º, n.º 2) contra o locador, em nome do qual possui? A acção possessória seria aqui intentada *contra o possuidor* ([75]) *por quem não tem qualquer posse* ([76])!

([75]) Cfr. Barbero, *Sistema...*, vol. I, p. 278, em nota, e Natoli, *Il conflitto dei diritti...*, p. 76.

([76]) Por este motivo, Oliveira Ascensão, *Direito Civil — Reais*, p. 74, afirma justamente que "bastaria a disponibilidade dos meios possessórios para devermos concluir que há posse".

Alguns autores tentam suprir a falta de lógica desta solução dizendo que a tutela possessória é conferida ao detentor, porque ele foi alvo de uma acção violenta e torna-se necessário repristinar rapidamente a situação em que se encontrava [77]. Mas esta explicação é insatisfatória. Por um lado, o recurso à tutela possessória abrange situações em que não pode falar-se de uma acção violenta; por outro, nos quadros da doutrina tradicional, o concedente do gozo, quando perturbasse ou esbulhasse o concessionário, deveria poder defender-se, na acção possessória intentada contra si, alegando não ter cometido qualquer esbulho, por ser possuidor, situação em que o concessionário (mero detentor) nunca se encontrou [78].

Afirmar que o possuidor (concedente do gozo), neste caso, deve ser tratado como *terceiro*, não tem o menor fundamento. De facto, se o concedente é *possuidor* e o concessionário apenas *detentor*, não se vêem motivos para tratar o possuidor (concedente) como terceiro.

Também a afirmação de que o locatário é detentor no seu interesse, devendo, em virtude disso, ser-lhe atribuída tutela possessória, mesmo contra o possuidor, não constitui uma fundamentação adequada da solução. Efectivamente, ainda aqui — como em qualquer das outras explicações — continua a ter-se uma acção possessória movida contra o único possuidor por quem não tem posse!

Por outro lado, não basta qualquer interesse para que o detentor possa valer-se dos meios de tutela possessória. Se, com *detenção no próprio interesse*, pretende referir-se a detenção para exercício de um direito próprio, está a fazer-se uma opção correcta, mas não deve já falar-se em detenção. Nos casos em que se admite o recurso à tutela possessória, deve falar-se de *posse*, ainda que não exclusiva, do titular do direito pessoal de gozo [79]. Como salienta NATOLI, este é o caminho seguido, mais ou menos inconscientemente, pela doutrina e, também, pela jurisprudência, ao estabelecerem a distinção entre detenção *no próprio interesse* (ou detenção *qualificada*) e detenção *no interesse alheio* (ou detenção *não qualificada*) [80].

---

[77] FUBINI, *Il contratto di locazione di cose*, vol. II, p. 206 e s.

[78] Neste sentido, NATOLI, *Il conflitto dei diritti...*, p. 78.

[79] TARTUFARI, *Del possesso considerato...*, p. 325, afirma que "o locatário possui *nomine alieno* quanto à propriedade, mas possui *nomine proprio* quanto ao seu direito pessoal". No mesmo sentido, MANUEL RODRIGUES, *A posse...*, p. 191 e ss. (cfr., sobre o objecto da posse, p. 383); VAZ SERRA, *Anotação ao acórdão de 29 de Janeiro de 1980*, p. 22; RUI DE ALARCÃO, *Direito das obrigações*, 1983, p. 88, e M. TEIXEIRA DE SOUSA, *O concurso de títulos...*, p. 266.

[80] *Il conflitto dei diritti...*, p. 79.

Por detenção *no próprio interesse*, conforme se salientou, entende-se aquela em que o poder de facto é exercido pelo detentor *em função do exercício de um direito próprio*. A detenção *no interesse de outrem*, por seu turno, é aquela em que o poder de facto é exercido para cumprir uma *obrigação* (casos, designadamente, do depositário, do mandatário e do comissário ([81])).

Ora, na detenção no próprio interesse, a satisfação de um direito próprio serve, indubitavelmente, para qualificar o *animus* do detentor. Mas se se atribui tutela possessória a um sujeito que exerce poderes de facto sobre uma coisa correspondentes a determinado direito próprio (pessoal de gozo), não se vê motivo para continuar a entender que não existe posse. O *animus* com que o titular de um direito pessoal de gozo actua sobre a coisa só tem relevância a nível possessório por se tratar de um *animus possidendi* ([82]). Desta forma, a referência do artigo 1251.º aos direitos reais deve interpretar-se no sentido de abranger também todos aqueles direitos que se exercem *directa* e *imediatamente* sobre uma coisa, isto é, os *direitos pessoais de gozo*. Assim, os titulares destes direitos são *detentores* quanto ao direito do concedente (normalmente o direito de propriedade) e *possuidores* relativamente ao seu direito ([83]).

Para que exista, porém, posse e tutela possessória, é imprescindível que se esteja perante um direito pessoal de gozo. Assim, no *depósito* suscita-se o problema da interpretação do nº 2 do artigo 1188.º, onde se estabelece que "o depositário que for privado da detenção da coisa ou perturbado no exercício dos seus direitos pode usar, mesmo contra o depositante, dos meios facultados ao possuidor nos artigos 1276.º e seguintes". A defesa possessória contra o depositante só se justifica quando o depositário tenha sobre a coisa algum *direito* — nomeadamente de *uso* (cfr. art. 1189.º) —, e não apenas deveres, como acontece, normalmente, neste contrato. O depositário apenas tem posse quando for titular de um direito pessoal de gozo, podendo, nesta hipótese, recorrer aos meios de defesa possessória mesmo contra o concedente. Inversamente, se não

---

([81]) MONTEL, *Il possesso*, p. 64 e ss.

([82]) Cfr. NATOLI, *Il conflitto dei diritti...*, p. 80.

([83]) "O arrendatário é portanto um possuidor em nome próprio do direito de arrendamento, e este direito é susceptível de posse", salienta MANUEL RODRIGUES (*A posse...*, p. 194), acrescentando, todavia, que "os poderes do arrendatário, como de qualquer outro possuidor de direitos pessoais e até de alguns direitos reais, são medidos pelo título de aquisição do direito" (*últ. loc. cit.*).

tiver qualquer direito sobre a coisa, é apenas detentor, pelo que não poderá agir possessoriamente contra o depositante [84].

b) Outro problema consiste em saber se a tutela possessória apenas deve ser admitida quando a lei a consagra expressamente ou se, pelo contrário, deverá considerar-se extensiva a todos os direitos pessoais de gozo. A resposta a esta questão está já implícita naquilo que anteriormente se afirmou. Se o legislador permite que os titulares de alguns direitos pessoais de gozo se defendam *possessoriamente* dos ataques de quem quer que seja, em virtude de exercerem, no interesse próprio, poderes sobre a coisa a que o seu direito respeita, impõe-se que o mesmo regime se aplique analogicamente a todo e qualquer outro direito pessoal de gozo. Regendo-se os direitos pessoais de gozo pelo *princípio da autonomia privada*, se se lhes atribuísse tutela possessória apenas nos casos expressamente previstos, ficariam de fora, sem justificação plausível, todas as figuras atípicas.

Deste modo, a solução contida nos artigos 1037.°, n.° 2, 1125.°, n.° 2, 1133.°, n.° 2, e 10.°, n.° 2, al. *c*), do Decreto-Lei n.° 149/95, de 24 de Junho, deve estender-se a todos os direitos pessoais de gozo que confiram poderes materiais sobre a coisa em termos de *posse* ou, como é comum dizer-se, de *detenção*. A atribuição de tutela possessória só não será admissível quando a ligação do titular do direito à coisa não envolva *detenção* ou *posse*, como acontece nas servidões negativas (irregulares).

c) A protecção possessória dos direitos pessoais de gozo abre caminho à tutela aquiliana, uma vez que esta tutela está expressamente prevista no artigo 1284.°.

O regime da posse, no entanto, apenas permite fundamentar de forma limitada a tutela aquiliana dos direitos pessoais de gozo. Em primeiro lugar, a defesa possessória pressupõe necessariamente que exista *posse* (ou *detenção*, para a doutrina tradicional), pelo que não abrange, por exemplo, as servidões negativas (irregulares) [85]. Em segundo lugar, o direito de recorrer à defesa possessória caduca "dentro do ano subsequente ao facto da turbação ou do esbulho, ou ao conhecimento dele quando tenha sido praticado a ocultas" (art. 1282.°).

---

[84] DE MARTINO, *Possesso...*, anot. n.° 3 ao art. 1168, p. 105 e s. Contra, MASI, *Il possesso...*, p. 470.

[85] Cfr. *supra*, p. 13 e s.

13. *O artigo 1037.°, n° 1, última parte.* — O n.° 1 do artigo 1037.° preceitua que, "não obstante convenção em contrário, o locador não pode praticar actos que impeçam ou diminuam o gozo da coisa pelo locatário, com excepção dos que a lei ou os usos facultem ou o próprio locatário consinta em cada caso, *mas não tem obrigação de assegurar esse gozo contra actos de terceiro*".

É da maior importância fazer uma interpretação cuidada da última parte deste preceito, para fixar o exacto sentido a atribuir à estatuição de que o *locador não tem obrigação de assegurar o gozo da coisa contra actos de terceiro*.

As dificuldades de interpretação desta norma começam pelo facto de ela implicar uma aparente contradição com o preceituado na alínea *b*) do artigo 1131.°, que estabelece a obrigação, a cargo do locador, de assegurar ao locatário o gozo da coisa para o fim a que se destina.

Se ambas as normas fossem literalmente interpretadas, a muito pouco se reduziria esta obrigação do locador ([86]). Desde que a diminuição do gozo fosse consequência de um acto de terceiro, o locador não teria qualquer obrigação para com o locatário, respondendo apenas pela diminuição do gozo resultante de uma utilização prudente por parte deste ([87]) ou causada pela acção da natureza.

A interpretação literal do preceito, porém, é manifestamente inaceitável. O locador, ao celebrar o contrato, garante ao locatário, pelo menos, a titularidade de um direito que lhe permite conceder o gozo da coisa a título de locação ([88]). Ora, não se compreende que, quando um terceiro invoque um direito que, se existisse, faria terminar todos ou alguns dos poderes do locatário sobre a coisa, o locador possa permanecer inactivo. Caso se admitisse semelhante entendimento, chegar-se-ia a soluções de todo inaceitáveis.

Imagine-se que *A*, proprietário de um prédio, o dá de arrendamento a *B*. Mais tarde, *C* intenta, com sucesso, uma acção de reivindicação contra *B*, baseando o seu pedido no facto de ter adquirido o prédio através de contrato, anterior à locação, que celebrou com *A*. Quando *B*, posteriormente, vem pedir uma indemnização a *A* pelos prejuízos que sofreu em virtude de este lhe ter dado em locação coisa alheia, o locador não é condenado, porque não violou qualquer obrigação (não era obrigado

---

([86]) Considerando os dois preceitos citados inconciliáveis, HENRIQUE MESQUITA, *Obrigações reais...*, p. 158.

([87]) Cfr. PEREIRA COELHO, *Arrendamento...*, p. 132.

([88]) HENRIQUE MESQUITA, *últ. loc. cit.*

a defender *B* e, por conseguinte, nenhuma responsabilidade lhe podia ser imputada relativamente a essa omissão) e, além disso, porque se prova que o contrato exibido por *C* era falso e que, portanto, ele deu em locação coisa própria.

Torna-se fácil concluir que a parte final do n.º 1 do artigo 1037.º não abrange os actos de terceiro baseados num direito, mas os puros *ataques materiais* ou *factuais*. Mesmo literalmente, "assegurar o gozo" tem a ver com actos materiais, devendo falar-se, para referir actos jurídicos, em *assegurar o direito*. De resto, ambos os números do artigo 1037.º se referem a *actos materiais*, visando a parte final do n.º 1 complementar ou esclarecer a regra (sobre actos materiais) que na primeira parte se enuncia.

Para além disto, a interpretação segundo a qual o locador apenas não garante ataques meramente factuais está abertamente consagrada nos ordenamentos jurídicos que mais influenciaram o Código Civil português, nomeadamente o ordenamento francês (art. 1725 do *Code*) e o italiano (arts. 1585 do actual Código Civil e 1581 do código precedente), constando igualmente do Código de Seabra (art. 1606.º, § 4.º) ([89]). Por outro lado, estas soluções legais têm profundas raízes na doutrina, remontando ao pensamento de POTHIER ([90]), que escreveu a este propósito o seguinte: "Há diversas espécies de perturbações ou lesões que terceiros podem causar ao gozo pacífico do locatário. Aparecem-nos as que consistem em vias de facto, sem que aqueles que as produzem pretendam ter algum direito sobre ou em relação ao prédio. Por exemplo, se vizinhos agricultores apascentam o gado nos prados de um prédio de que eu sou locatário, e isto apenas em termos de facto, sem se arrogarem o direito de o fazer; se ladrões, pela claridade da lua, vindimam as uvas das minhas vinhas; se viandantes lançam veneno no meu viveiro de peixes, matando-os. O locador não é garante de tal tipo de ataques e o locatário tem uma acção apenas contra aqueles que lhos causaram..." ([91]).

([89]) Também o Código Civil espanhol, no art. 1560 (disposição geral sobre o arrendamento), contém um preceito semelhante.

([90]) Cfr. DEIANA, *La tutela del locatario...*, p. 220 (que transcreve POTHIER), e TABET, *La locazione — conduzione*, p. 18 e 20.

([91]) *Contrat de louage*, n.º 81 (não nos foi possível consultar esta obra, pelo que seguimos a transcrição de DEIANA, *La tutela del locatario...*, p. 220). Cfr. também TROPLONG, *De l'échange et du louage*, vol. I, p. 373.

Relativamente aos actos de terceiros que afectam o titular de um direito pessoal de gozo, deve distinguir-se, com efeito, entre os ataques *juridicamente fundamentados* (ou *lesões de direito*) e os *ataques meramente factuais ou materiais* (ou *lesões de facto*). Os primeiros causam a privação ou a diminuição do gozo da coisa e são produzidos por terceiros que pretendem legitimar-se numa posição jurídica de que se arrogam titulares; os segundos, pelo contrário, são levados a cabo por terceiros que não invocam qualquer posição jurídica para fundamentar a sua actuação [92].

A distinção assim estabelecida não oferece dificuldades quando se está perante actos que, afectando o gozo do concessionário, traduzem o exercício de um direito real ou pessoal de gozo que um terceiro diz ter obtido do concedente, ou quando o facto lesivo é praticado com intenção manifesta de violar o direito alheio. Noutras situações, todavia, a fronteira apresenta-se problemática [93]. Importa, por isso, delimitá-la com precisão.

Em primeiro lugar, um ataque ao direito do locatário será juridicamente fundado quer o terceiro se baseie num direito adquirido anteriormente ou posteriormente à celebração do contrato de locação, e quer o tenha obtido de um terceiro quer do locador [94].

Por outro lado, quando, por exemplo, um terceiro emita fumos, ruídos, etc., alegando não estar a violar qualquer norma (nomeadamente a do artigo 1346.º), deve entender-se que se trata também de um ataque juridicamente fundado [95].

Igualmente a diminuição do gozo proveniente de acto administrativo terá por base um acto juridicamente fundado [96].

Suscita-se ainda o problema de saber se qualquer fundamento que um terceiro invoque torna o seu acto juridicamente fundado ou se, pelo contrário, no caso de a fundamentação ser manifestamente improcedente, se está perante uma mera agressão factual. Deve entender-se "que não basta a *vantatio* do terceiro, tornando-se necessário um mínimo de real fundamento, uma probabilidade de que a pretensão o seja *de iure*" [97],

---

[92] Esta distinção corresponde à que na Itália se estabelece entre *molestie di diritto* e *molestie di fatto*: cfr. o art. 1585 do Código Civil de 1942.

[93] Trifone, *La locazione...*, p. 472.

[94] Mirabelli, *La locazione*, p. 441.

[95] Mirabelli, *La locazione*, p. 442.

[96] Contra, Mirabelli, *La locazione*, p. 443, mas apenas com o objectivo de isentar o locador de responsabilidade (ponto em que deve ser acompanhado). No sentido do texto, Tabet, *Locazione...*, p. 1020.

[97] Tabet, *Locazione...*, p. 1019. Contra, Mirabelli, *La locazione*, p. 443, e Giovanni Coco, *Locazione...*, p. 957, mas sem muita convicção (veja-se a nota 320).

212   *José Andrade Mesquita*

pois, caso contrário, o acto carecerá de base jurídica, consubstanciando um ataque meramente factual.

As agressões levadas a cabo por quem invoque um direito conflituante, na medida em que incidem na zona que ficou identificada como zona estruturalmente relativa, atingindo o direito que possibilita a existência da locação, necessitam, em princípio, da intervenção do concedente (no caso que temos vindo a analisar, do locador), para serem neutralizadas. Dada a estrutura relativa dos direitos pessoais de gozo, ou, por outras palavras, a sua permanente dependência de um *direito-matriz*, não se compreenderia que o titular deste último pudesse abster-se de defender o locatário quando os ataques de terceiros atingem precisamente aquele mínimo que o concedente tem de garantir em qualquer direito pessoal de gozo: a existência, na sua esfera jurídica, de um direito capaz de servir de base ao direito concedido. O legislador não poderia deixar de impor ao concedente a obrigação de defender o locatário contra *ataques jurídicos*, uma vez que é ele quem se encontra em melhor posição para levar a cabo uma defesa fundamentada e eficaz ([98]). Trata-se de ataques que denunciam, por parte do seu autor, a intenção de contraditar o direito do locatário, sobrepondo-lhe uma pretensão jurídica própria ([99]). Muitas vezes, o locatário nem sequer tem possibilidade de esboçar qualquer defesa minimamente consistente (*v. g.*, quando o terceiro alega ter comprado a coisa através de contrato celebrado com o concedente). Não se objecte que "estas preocupações são muito facilmente satisfeitas desde que a decisão na acção contra o arrendatário não faça caso julgado contra o concedente" ([100]). Uma sentença proferida nestas condições não produz, evidentemente, efeitos contra o locador ([101]), mas isto revela-se indiferente para o problema em análise. O que está em causa é saber se o concedente tem ou não a *obrigação* de defender o concessionário. A resposta, pelas razões apontadas, tem de ser afirmativa ([102]).

Esta obrigação, porém, não existe em relação a todos os ataques juridicamente fundamentados. O concedente apenas é obrigado a garantir

---

([98]) Derrupé, *La nature...*, p. 183 e s., e Le Gall, *L'obligation de garantie...*, pp. 60 e 140.

([99]) Miccio, *La locazione*, p. 217.

([100]) Oliveira Ascensão, *Locação de bens...*, p. 374.

([101]) Mirabelli, *La locazione*, p. 447.

([102]) No mesmo sentido — no âmbito do Código de Seabra e do Decreto n.º 5411, de 17 de Abril de 1919 —, Pinto Loureiro, *Tratado da locação*, vol. III, p. 32. Em sentido contrário, Menezes Cordeiro, *Da natureza...*, p. 390.

a consistência do direito com as exactas características que lhe atribuiu no contrato que realizou com o concessionário.

Imagine-se que um terceiro emite fumos para um prédio arrendado, baseando-se apenas no preceito legal que permite esta emissão quando não cause "prejuízo substancial" (art. 1346.°). Se a situação de facto corresponder a esta hipótese normativa, o locador apenas incorrerá em responsabilidade perante o locatário se tiver garantido que a coisa locada estava ao abrigo de qualquer emissão de fumos. Caso contrário, o ataque juridicamente fundamentado é de todo estranho à relação entre o concedente e o concessionário. De igual modo — ainda em relação ao mesmo exemplo —, se o terceiro basear a sua conduta no facto de ela estar de acordo com a "utilização normal do prédio", o concedente só será responsável perante o concessionário na hipótese de lhe ter garantido que não existiam nas imediações prédios com semelhante utilização ([103]).

Também no caso em que seja praticado um acto administrativo que faça diminuir o gozo ao locatário, o locador não terá qualquer obrigação perante este, uma vez que aquele acto origina a impossibilidade, total ou parcial, da prestação.

Outro problema consiste em saber se o locador é obrigado a defender o locatário contra os actos de terceiros quando estes não invoquem qualquer direito sobre a coisa. A intenção expressa na última parte do artigo 1037.°, n.° 1, é, indubitavelmente, a de afastar esta obrigação, ao afirmar, relativamente ao gozo da coisa, que o locador "não tem obrigação de assegurar esse gozo contra actos de terceiro". O locador pode ter interesse em agir contra um terceiro que perturbe o gozo do locatário se, por exemplo, sofrer igualmente um dano. Por este motivo, a al. *h*) do artigo 1038.° estabelece um dever de aviso a cargo do locatário, nomeadamente quando este saiba que a coisa está ameaçada por "algum perigo". O locador, contudo — por motivos perfeitamente compreensíveis —, não é obrigado a vir em defesa do locatário contra actos de terceiros que não se arroguem titulares de qualquer direito sobre a coisa locada. Desde logo, tais actos *não afectam qualquer prestação do concedente*, mas, diversamente, a zona ou esfera de *imediação*. Nesta esfera, concedida ao locatário para que ele possa retirar directamente determinadas utilidades da coisa, não faz nenhum sentido obrigar o locador a intervir, defendendo aquilo que não é obrigado a prestar ([104]). O concedente, porém, muito embora não

---

([103]) Cfr. Giovanni Coco, *Locazione...*, p. 958, nota 322.

([104]) Nestes casos, "a diminuição do gozo é consequêncoa de um facto de todo estranho à posição jurídica do locador", como salienta Provera, *Locazione...*, p. 241.

214   *José Andrade Mesquita*

seja obrigado a intervir, deve ter a *possibilidade* de o fazer. Quando o locador defende a consistência do seu direito (reagindo, por exemplo, contra actos de terceiros que causam ou podem vir a causar danos na coisa locada), defenderá, simultaneamente, a posição do locatário, mas não o faz no cumprimento de qualquer obrigação.

Na generalidade dos casos, quando um terceiro leva a cabo *ataques materiais* contra a coisa locada, o locador nem tem conhecimento exacto dos factos, nem dos danos causados, nem sofre, ele próprio, qualquer espécie de dano. Se, por exemplo, *A*, locatário de um prédio rústico, o vê invadido por um rebanho alheio que destrói as suas culturas, salta à vista que o locador não deve ser obrigado a assegurar os direitos do locatário. Além de ignorar, muitas vezes, o montante dos danos sofridos por este, o locador não dispõe sequer de um título que lhe permita pedir uma indemnização. Aliás, como salientou Thon ([105]), se o locador fosse obrigado a intervir sempre que alguém causasse o mais pequeno dano no prédio locado, só insensatos dariam coisas em locação.

Não sendo o locador obrigado a defender o locatário contra actos de terceiros que não se fundamentem em qualquer direito, é óbvio que, relativamente a tais actos, o locatário se poderá defender *autonomamente*, uma vez que, como salienta Menezes Cordeiro, a um direito corresponde, por regra, uma acção (art. 2.º do Código de Processo Civil) ([106]).

Já se salientou que, diversamente, se o terceiro invoca um direito como fundamento dos actos que afectam o locatário, o locador é obrigado a defender a posição jurídica deste. A questão a resolver, neste momento, consiste em saber se, mesmo nestes casos, também o locatário se poderá defender em conjunto com o locador ou mesmo, caso este permaneça inactivo, de modo autónomo. O problema apresenta delicadas implicações, pelo que convém, antes de mais, distinguir algumas hipóteses.

Quando um terceiro, baseando-se em determinado direito, ataca a posição do locatário através de um comportamento que poderia ser igualmente levado a cabo sem qualquer fundamento jurídico — *v. g.*, o terceiro ocupa a coisa locada, afirmando que a adquiriu antes de a locação ter sido celebrada —, todas as razões militam a favor da possibilidade de o locatário se poder defender autonomamente. Se é certo que estes ataques se dirigem à *esfera de relatividade* do direito pessoal de gozo — uma vez

---

([105]) Ver *supra*, p. 88. Cfr. também Provera, *Locazione...*, p. 240 e s.

([106]) *Da natureza...*, p. 390. Fubini e Sequi, *Locazione...*, p. 1008, e Pinto Loureiro, *Tratado da locação*, vol. III, p. 32, apenas atribuem ao locatário o direito de recorrer à tutela possessória.

Direitos Pessoais de Gozo

que, pondo em causa a validade ou a eficácia do direito do locatário, atingem a posição jurídica deste quanto à legitimação que lhe advém do locador —, menos certo não é que *atingem igualmente os poderes imediatos*, na medida em que afectam o seu exercício sobre a coisa. Não se compreenderia que o locatário, perante determinado *acto material* que viola a sua posição jurídica, se pudesse defender quando o seu autor não invoca um direito, e fosse obrigado a permanecer inactivo quando o lesante pretende legitimar a sua actuação (mesmo sem qualquer fundamento) numa posição jurídica. No caso, portanto, de o terceiro invocar um direito para levar a cabo um ataque no plano material, o locatário poderá defender-se por si, sendo o locador obrigado a acorrer em seu auxílio e a refutar a fundamentação jurídica do ataque.

Quando um terceiro leva a cabo um *ataque meramente jurídico*, sem interferir nos poderes imediatos do locatário, mas causando-lhe danos, não deve excluir-se a possibilidade de o lesado recorrer aos adequados meios de defesa (nomeadamente, à tutela aquiliana). O facto de se estar perante um ataque dirigido à esfera de relatividade não implica a impossibilidade de o titular do direito relativo defender a sua posição jurídica contra terceiros porque, caso contrário, ficaria inteiramente dependente da contraparte. Deve tomar-se em consideração que o terceiro pretende atacar uma posição jurídica e, se tiver sucesso, afectar os poderes imediatos sobre a coisa. Para além disto, o concessionário tem interesse em agir contra o terceiro, desde logo, para saber se os seus poderes estão fundadamente ameaçados. Mas, ainda aqui, torna-se necessário proceder a distinções.

Ao locatário deve ser reconhecida a faculdade de se defender ([107]) e, caso a actuação do terceiro não se baseie numa válida posição jurídica, poderá ser-lhe imposta a obrigação de indemnizar os danos causados. Mas se, pelo contrário, o terceiro tiver efectivamente algum direito que deixe a locação sem fundamento ou que afecte os poderes nela contidos, de duas uma: ou ele adquiriu esse direito de um terceiro (provando-se que o locador, afinal, não era titular de qualquer direito sobre a coisa), caso em que não lhe poderá ser imputada qualquer responsabilidade; ou adquiriu-o do locador. Nesta última hipótese, propendemos igualmente para não responsabilizar o terceiro ([108]), devendo a ponderação de interesses, nesta situação, ser semelhante à que se faz quanto à tutela aquiliana dos direitos de crédito. Com efeito, o terceiro, ao adquirir um direito que

---

([107]) PINTO LOUREIRO, *últ. loc. cit.*

([108]) Cfr. GIOVANNI COCO, *Locazione...*, p. 959, nota 330.

deixa sem fundamento o do locatário, actua, em princípio, ao abrigo da liberdade negocial. O locador será certamente responsável, mas, quanto ao terceiro, está-se perante uma situação sem qualquer especificidade relativamente à violação de créditos [109].

Sintetizemos agora as principais conclusões sobre a parte final do n.º 1 do artigo 1037.º.

Quanto aos *ataques meramente factuais*, o locatário pode defender-se, de modo autónomo, contra o terceiro e exigir deste, nomeadamente, uma indemnização [110].

No respeitante a *ataques juridicamente fundamentados* (acompanhados ou não de actos materiais), o locatário pode defender-se autonomamente — valendo-se também da tutela aquiliana —, mas, em simultâneo, tem o direito de exigir auxílio ao locador. Quanto à possibilidade de pedir, nestes casos, uma indemnização, torna-se necessário distinguir. Se o terceiro dispuser de um válido fundamento jurídico, nenhuma indemnização lhe poderá, em princípio, ser pedida, respondendo o concedente pelos danos culposamente causados ao locatário. Se, diversamente, ao terceiro não assistir razão quanto ao fundamento jurídico invocado, ele será obrigado a indemnizar o concessionário de todos os prejuízos que lhe cause com o seu comportamento.

14. *O artigo 1133.º, n.º 1, última parte.* — No artigo 1133.º, n.º 1, estabelece-se que "o comodante deve abster-se de actos que impeçam ou restrinjam o uso da coisa pelo comodatário, mas não é obrigado a assegurar-lhe esse uso". Esta norma é semelhante à consagrada no artigo 1037.º, n.º 1, última parte, com a diferença de que nesta última se acrescenta não ter o locador qualquer obrigação de assegurar o gozo *contra actos de terceiros*.

Que razões terão levado o legislador a não fazer, no comodato, referência aos terceiros, limitando-se a dizer que o comodante não é obrigado a assegurar o uso da coisa ao comodatário? Atendendo à gratuitidade do comodato, o legislador entendeu que deve isentar-se o comodante não só da responsabilidade por actos que um terceiro leve a cabo, como ainda por todas as deteriorações que a coisa venha a sofrer (quer provocadas por uma causa natural, quer pelo próprio comodatário) [111].

---

[109] Assim, uma resposta definitiva e segura a esta questão só poderá ser dada num estudo geral sobre a *tutela aquiliana dos direitos relativos não imediatos*.

[110] Contra, DE CUPIS, *Il danno...*, vol. II, p. 64.

[111] Já se salientou este ponto *supra*, p. 49.

E que actos serão abrangidos pelos artigos 1037.º, n.º 1, e 1133.º, n.º 1, ao estabelecerem, respectivamente, que o locador *só* não é obrigado a assegurar o gozo contra actos de terceiros e que o comodante *não é obrigado a assegurar o uso em caso algum*?

Começar-se-á por observar que se o comodante não tivesse que garantir, de nenhuma forma, o uso ao comodatário, o comodato não ofereceria aquele mínimo de consistência de que um vínculo jurídico deve estar sempre revestido. O comodante deve assegurar o gozo na medida em que garante a existência, na sua esfera jurídica, de um direito que lhe permite dar a coisa em comodato, sendo a obrigação de *assegurar o gozo*, neste sentido, comum a qualquer concedente. Ora, garantindo o comodante, necessariamente, a existência do direito-matriz, não se compreenderia que ficasse isento de qualquer obrigação quanto a esse mínimo por si garantido, não sendo nomeadamente obrigado a defender o comodatário dos ataques jurídicos efectuados por terceiros ([112]). O artigo 1133.º, quando estatui, na parte final do seu n.º 1, que o comodante não é obrigado a *assegurar o uso* ao comodatário, tem apenas em vista a *consistência da própria coisa* sobre que incide o comodato, querendo significar que o concedente não é obrigado a garantir tal consistência. O comodante, por conseguinte, só não é obrigado a reagir contra *ataques meramente factuais ou materiais* levados a cabo por terceiros contra a coisa emprestada, nem a intervir para reparar danos causados nesta por qualquer outra forma (quer naturalmente, quer pelo próprio comodatário).

Em face do exposto, deve entender-se que ao comodatário assiste o direito de reagir *autonomamente* contra terceiros que cometam *ataques meramente factuais*, uma vez que, como já foi afirmado, a um direito corresponde sempre uma acção. Todas as outras soluções expostas no número precedente são igualmente aplicáveis ao comodato. Concretamente, deve reconhecer-se também ao comodatário a possibilidade de reagir contra ataques materiais juridicamente fundamentados, e ainda contra ataques meramente jurídicos, nos exactos termos referidos quanto à locação.

15. *O artigo 1125.º, n.º 1.* — O artigo 1125.º, n.º 1, inserido na regulamentação da parceria pecuária, ao estabelecer que "o parceiro proprietário é obrigado a assegurar a utilização dos animais ao parceiro pensador", suscita algumas dificuldades interpretativas.

([112]) Em sentido contrário, afirmando que, uma vez entregue a coisa, "não há qualquer obrigação para o dono", Pinto Loureiro, *Tratado da locação*, vol. I, p. 222.

Trata-se de um preceito que teve por fonte a primeira parte do artigo 1307.º do Código de Seabra ([113]) e cuja redacção o aproxima do da alínea *b)* do artigo 1031.º.

Mas que sentido deverá atribuir-se à expressão "assegurar a utilização dos animais"? À primeira vista, parece que o parceiro capitalista é obrigado a pensar os animais, a guardá-los e a tratá-los, assegurando assim a utilização dos mesmos. Todavia, estas obrigações impendem sobre o parceiro pensador. "Assegurar a utilização" não significa aqui, com certeza, o mesmo que assegurar, nos termos da alínea *b)* do artigo 1031.º, o gozo da coisa locada, através de intervenções positivas nesse sentido. E também não significa que incumba ao parceiro capitalista a obrigação de substituir os animais evictos ([114]), ao contrário do que estabelecia o Código de Seabra.

No regime da parceria pecuária não se estabelece expressamente, nem no n.º 1 do artigo 1125.º — e seria, atendendo aos lugares paralelos, o local apropriado para o fazer —, nem em qualquer outra norma, a proibição de o parceiro capitalista interferir no gozo proporcionado ao parceiro pensador. Tal proibição, porém, não pode ser posta em dúvida. De resto, o n.º 2 deste artigo, ao atribuir ao parceiro pensador tutela possessória contra o parceiro capitalista, significa necessariamente que este tem a obrigação de não interferir na utilização dos animais.

Estatuindo o artigo 1125.º que o parceiro capitalista é obrigado a assegurar a utilização dos animais, sem consagrar uma restrição semelhante à que consta da parte final do n.º 1 do artigo 1037.º, põe-se o problema de saber que comportamento deverá ele contratualmente observar perante ataques de terceiros.

A parceria pecuária encontra-se regulada no Código Civil em termos muito sucintos. De entre todos os contratos que originam direitos pessoais de gozo, o contrato de locação é aquele que, por virtude da sua importância prática, tem a regulamentação mais pormenorizada. Justifica-se, por isso, o recurso ao respectivo regime jurídico sempre que se trate de situações ou conflitos de interesses análogos, para integrar, relativamente a pontos omissos, a disciplina dos demais direitos pessoais de gozo.

Pelo que respeita à parceria pecuária e, especificamente, ao problema acima enunciado, deve entender-se que o sentido do n.º 1 do artigo 1125.º é apenas o de que o parceiro capitalista se encontra obrigado a

---

([113]) "O parceiro proprietário é obrigado a assegurar a posse, e o uso dos animais sobre que se contratou, ao parceiro industrial...", estabelecia o mencionado preceito.

([114]) *Supra*, p. 72.

abster-se dos actos que impeçam ou restrinjam o uso dos animais pelo parceiro pensador, a quem se atribui, no n.º 2, tutela possessória. O legislador não pode ter querido obrigar o concedente a reagir contra ataques puramente *materiais*, pelo que, também na parceria pecuária, ao concessionário deve ser reconhecido o direito de se defender *autonomamente*.

Por outro lado, deve entender-se que o concedente está obrigado a *defender* o parceiro pensador de *ataques de terceiros que invoquem direitos sobre a coisa*, mas, pelas mesmas razões invocadas quanto à locação, o concessionário poderá defender-se de modo autónomo.

16. O artigo 10.º, n.º 2, al. b), do Decreto-Lei n.º 149/95, de 24 de Junho. — O diploma que regula o contrato de *leasing* (Decreto-Lei n.º 149/95, de 24 de Junho) contém, no artigo 10.º, n.º 2, alínea *b*), uma norma que fornece importantes indicações sobre a defesa dos direitos pessoais de gozo em relação a terceiros. O artigo citado estabelece que o locatário tem o direito de "defender a integridade do bem e o seu gozo, nos termos do seu direito" ([115]). Trata-se de um preceito extremamente claro no sentido de fundamentar as conclusões a que se chegou aquando da análise do n.º 1 do artigo 1037.º do Código Civil. Para o locatário defender a *integridade da coisa*, torna-se necessário atribuir-lhe a possibilidade de reagir contra os ataques materiais levados a cabo por terceiros, mesmo que baseados num direito. Para defender o *gozo*, torna-se necessário, ainda, atribuir ao locatário a possibilidade de reagir contra os ataques meramente jurídicos tendentes a afectar o seu direito.

Por outro lado, também o locador pode, em relação à coisa locada, "defender a integridade do bem, nos termos gerais de direito" (art. 9.º, n.º 2, al. *a*), do Dec.-Lei cit.) e — acrescente-se —, tal como na locação, deve entender-se que é obrigado a vir em auxílio do locatário quando este sofra agressões cometidas por terceiros que invoquem um direito.

17. *Conclusão*. — A tutela aquiliana dos direitos pessoais de gozo resulta — de forma limitada — das normas que conferem protecção possessória ao locatário (art. 1037.º, n.º 2), ao parceiro pensador (art. 1125.º, nº 2), ao comodatário (art. 1133.º, n.º 2) e ao locatário em regime de *leasing* (art. 10.º, n.º 2, al. *c*), do Decreto-Lei n.º 149/95, de 24 de Junho). Estas normas protegem, contra actos de esbulho ou de turbação,

---

([115]) O Decreto-Lei n.º 171/79, de 6 de Junho, que anteriormente regulava a matéria, referia o objecto do *leasing* como *coisa*. O actual Decreto-Lei refere-o como *bem*, pelo que houve, neste ponto, uma regressão na qualidade técnico-jurídica.

a relação de facto entre o titular do direito e a coisa ([116]), nenhuma razão se vislumbrando para excluir a sua aplicação, por analogia, a todos os titulares de outros direitos pessoais de gozo que impliquem o exercício de poderes materiais sobre a coisa. Assim, na generalidade dos direitos pessoais de gozo, o respectivo titular tem o direito de reagir autonomamente contra todos os actos que ofendam a sua posse, seja quem for que os pratique. E pode, além disso, pedir a *indemnização dos danos* que esses actos lhe causem. Efectivamente, nos termos do artigo 1284.°, n° 1, "o possuidor mantido ou restituído tem direito a ser indemnizado do prejuízo que haja sofrido em consequência da turbação ou do esbulho". Todavia, o pedido indemnizatório tem de ser formulado na acção possessória (de restituição ou de manutenção) e esta, conforme estabelece o artigo 1282.°, caduca se não for intentada "dentro do ano subsequente ao facto da turbação ou do esbulho, ou ao conhecimento dele quando tenha sido praticado a ocultas".

A consagração, em termos gerais e sem esta limitação quanto ao prazo, da responsabilidade civil por violação de direitos pessoais de gozo deve buscar-se em outras normas legais. E existem, efectivamente, normas em tal sentido. Da parte final do n.° 1 do artigo 1037.°, do artigo 1133.°, n.° 1, *in fine*, do artigo 1125.°, n.° 1, e do artigo 10.°, n.° 2, al. *b*), do Decreto-Lei n.° 149/95, de 24 de Junho, infere-se que o legislador pretende atribuir ao locatário, ao comodatário, ao parceiro pensador e ao locatário em regime de *leasing* a possibilidade de defesa contra ataques meramente factuais, e ainda contra os que sejam cometidos com uma pretensa fundamentação jurídica. Esta possibilidade de defesa implica, necessariamente, o recurso à tutela conferida nos artigos 483.° e seguintes e encontra explicação na própria estrutura dos direitos pessoais de gozo, pelo que deverá ser vista como mera afloração de um princípio geral e valer, por conseguinte, para todos os direitos deste tipo.

Foi salientado que os direitos pessoais de gozo têm uma *zona periférica* consubstanciada em várias obrigações (positivas e negativas), as quais, *não realizando o gozo da coisa*, se limitam a *possibilitá-lo*. O *núcleo central* destes direitos consiste, diversamente, na possibilidade de retirar utilidades da coisa. Ora, como o concessionário retira as utilidades de modo *directo*, tem de poder defender-se, nomeadamente através do recurso à tutela aquiliana, contra ataques de terceiros que afectem o seu gozo, uma vez que, nesse domínio, não depende de ninguém; por outro

---

([116]) Relativamente ao n.° 2 do art. 1037.°, Baptista Machado, *Introdução ao Direito...*, p. 89, e Henrique Mesquita, *Obrigações reais...*, p. 149.

lado, tem de poder defender-se contra os ataques desencadeados com um *pretenso fundamento jurídico*, porque, apesar de incidirem na esfera de relatividade (zona periférica), são susceptíveis de impedir ou perturbar o gozo (tais ataques, bem vistas as coisas, não afectam a esfera de relatividade, porque não têm qualquer fundamento jurídico). Já os actos lesivos que, afectando o gozo da coisa, sejam praticados ao abrigo de um direito de que o terceiro seja titular, incidem, em primeira linha, na esfera de relatividade, isto é, na ligação entre o concedente e o concessionário: à primeira vista, são actos lícitos, e apenas poderão considerar-se ilícitos atendendo à forma pela qual surgiram os direitos em que se fundamentam — o que nos coloca no mesmo plano do problema da tutela aquiliana dos direitos de crédito.

Em conclusão, deve reconhecer-se a todos os titulares de direitos pessoais de gozo a possibilidade de defenderem, nomeadamente pela via da tutela aquiliana, a integridade da coisa "e o seu gozo, nos termos do seu direito" (art. 10.°, n.° 2, al. *b*), do citado Decreto-Lei n.° 149/95) ([117]).

([117]) NICOLÒ, *Istituzioni...*, p. 38, assinala um dever geral, e negativo, de abstenção de qualquer comportamento que possa alterar a posição de gozo conferida por estes direitos pessoais.

CAPÍTULO II

Âmbito da tutela aquiliana
dos direitos pessoais de gozo

SUMÁRIO: 18. Nota prévia. Danos causados antes de o concessionário iniciar o gozo da coisa. 19. Ataques juridicamente fundamentados e ataques meramente factuais ou materiais (lesões de direito e lesões de facto). 20. Factos danosos que afectam, simultaneamente, o concedente e o concessionário: a danificação irreparável da coisa. 21. Factos danosos que provocam a deterioração reparável da coisa. 22. Uso e fruição abusiva da coisa por um terceiro. 23. Conclusão.

18. *Nota prévia. Danos causados antes de o concessionário iniciar o gozo da coisa.* — Para que o titular de um direito pessoal de gozo possa recorrer à tutela aquiliana, torna-se necessário, obviamente, que se verifiquem todos os pressupostos de que o legislador faz depender, em cada caso, o surgimento da obrigação de indemnizar. Não sendo ajustado tratar neste estudo a matéria dos pressupostos da responsabilidade civil, reflectir-se-á apenas sobre algumas questões específicas relativas à tutela aquiliana dos direitos pessoais de gozo, e ainda sobre outras de carácter geral mas que se apresentam, nesta área, particularmente problemáticas. Todas as questões que vão ser focadas têm a ver com o âmbito da tutela aquiliana, isto é, com a determinação dos actos que fazem incorrer o seu autor em responsabilidade civil para com o titular de um direito pessoal de gozo.

Em primeiro lugar, importa fixar o momento a partir do qual o titular de um direito pessoal de gozo pode recorrer à tutela aquiliana. Duas soluções têm sido defendidas: atribui-se esta tutela ao concessionário a partir do momento em que é titular do direito pessoal de gozo (portanto, em princípio, a partir do momento da celebração do contrato) ou — defende importante corrente doutrinal — apenas a partir do momento em que consegue, efectivamente, o gozo da coisa. A discórdia centra-se, deste modo, nos danos causados na coisa, por terceiros, entre a data da celebração do contrato e o momento em que o concessionário inicia o exercício dos poderes de uso ou fruição que o seu direito lhe confere.

LUMINOSO, não estabelecendo qualquer distinção estrutural entre a posição do titular do direito pessoal de gozo antes e depois de este aceder às utilidades da coisa ([1]), considera que "a relevância jurídica da actividade danosa de terceiros permanece substancialmente igual, em relação ao concessionário, quer o facto danoso se verifique antes quer depois da entrega da coisa" ([2]).

A este respeito e em sentido contrário, limitar-nos-emos, por agora, a observar — relembrando uma das conclusões a que chegámos já ([3]) — que, quando o titular de um direito pessoal de gozo só pode aceder às utilidades da coisa depois de esgotada uma *primeira fase meramente creditória* (como acontece na *locação*), todos os danos causados por terceiros, durante esta fase, se devem reger pelas normas disciplinadoras da *tutela aquiliana dos direitos de crédito* ([4]), não havendo, portanto, qualquer especificidade a assinalar. Os direitos pessoais de gozo apresentam particularidades apenas na chamada fase da imediação.

Mas — importa reafirmar — não deve confundir-se a protecção de direitos imediatos com a tutela da detenção. DEIANA, diversamente, defende que o único dever que vincula o concedente e os terceiros é o de "respeitar a detenção" do titular do direito pessoal de gozo ([5]). Mas esta posição não merece acolhimento. Tanto o concedente como os terceiros têm de respeitar o *direito* do concessionário (quando imediato) e não apenas a sua detenção ([6]). O dano causado ao titular do direito pessoal de gozo afere-se, logicamente, pelo seu direito e não pela detenção (que pode, inclusivamente, como se salientou, não existir). A tese de DEIANA foi já analisada ([7]) pelo que, agora, importa apenas fazer referência a alguns pontos.

([1]) *Vide supra*, p. 149 e ss.

([2]) *La tutela aquiliana...*, p. 315.

([3]) *Supra*, pp. 154 e ss., e 166.

([4]) Neste sentido, DEIANA, *La tutela del locatario...*, pp. 255 e 273; BARCELLONA, *Frutti...*, p. 224 e s., e *Frutti e profitto...*, p. 50 e s., e TRIMARCHI, *Istituzioni...*, p. 120.

([5]) *Considerazioni sul diritto...*, p. 233, onde fala apenas na locação, mas, na p. 244, o autor refere-se também a outros casos.

([6]) DI MAJO, *Delle obbligazioni...*, p. 141.

([7]) *Supra*, p. 102 e ss.

Para demonstrar que o concedente e os terceiros se equiparam apenas quanto à obrigatoriedade de respeitar a detenção, distinguindo-se na medida em que a obrigação de não ingerência na coisa (independentemente de detenção) grava apenas o concedente, este autor faz as afirmações que seguidamente se expõem e comentam:

a) *Um terceiro que prove ser proprietário da coisa pode fazer cessar — ao contrário do concedente em idêntica situação jurídica — o direito pessoal de gozo.* Sendo isto perfeitamente evidente, apenas prova que o direito pessoal de gozo, porque adquirido *a non domino*, não tem que ser respeitado pelo proprietário da coisa, pois o domínio confere ao respectivo titular, como é bem sabido, o *ius excludendi omnes alios*;

b) *O dever de não esbulhar o concessionário "vi aut clam" persiste — vinculando todos —, mesmo depois de extinto o direito, enquanto houver detenção.* Ainda que se aceite este entendimento, nenhuma conclusão poderá retirar-se daqui para a resolução do problema de saber quem tem de respeitar o *direito* pessoal de gozo;

c) *O incumprimento da obrigação de não ingerência por parte do locador pode levar à resolução do contrato por incumprimento, o que prova haver uma verdadeira obrigação.* Não há qualquer dúvida sobre esta solução, mas ela é igualmente irrelevante para o esclarecimento da questão em análise;

d) *O locador responde, contratualmente, pelos danos que cause.* Não pode negar-se esta afirmação. Mas resta saber se os terceiros não responderão extracontratualmente perante o titular do direito pessoal de gozo;

e) *O locatário apenas está protegido perante terceiros nos restritos termos em que se protege a detenção, e não contra qualquer ataque, como acontece relativamente ao locador.* Trata-se, porém, de uma afirmação que DEIANA não justifica.

Como se demonstrou, embora a tutela aquiliana dos direitos pessoais de gozo encontre um fundamento limitado na detenção (ou posse), não depende desta, mas apenas da *imediação*. Uma coisa é a tutela da *detenção*, que apoveita aos titulares de direitos pessoais de gozo; outra, mais lata, a tutela destes mesmos direitos quando o respectivo titular se encontre a exercer os poderes de gozo que eles lhe conferem (*imediação*) ([8]).

19. *Ataques juridicamente fundamentados e ataques meramente factuais (lesões de direito e lesões de facto). —* Outra

---

([8]) *Supra*, p. 208 e ss.

importante questão consiste em saber se o concessionário apenas é tutelado contra os *ataques meramente factuais ou materiais*, ou também contra os *ataques juridicamente fundamentados* [9]. Já se disse que esta distinção — entre lesões de facto e lesões de direito —, se é importante para determinar quando surge, na esfera do concedente, a obrigação de agir e, consequentemente, em caso de inacção, responsabilidade civil (contratual), não é a mais adequada para delimitar a responsabilidade de terceiros [10].

Fala-se em *lesão de facto*, relembremos, para referir toda a actividade danosa que alguém exerça sobre uma coisa sem invocar qualquer fundamento jurídico que lhe permita levá-la a cabo; e em *lesão de direito* para abranger os actos em que o terceiro se arroga titular de um direito que, se lhe assistisse, o legitimaria a praticá-los [11]. Ora, em ambas as situações se admite o recurso à tutela aquiliana. Desde que o terceiro não seja efectivamente titular de um direito que justifique a sua conduta [12], é irrelevante que ele pretenda ou não fundamentá-la num poder jurídico.

A distinção entre *lesões de facto* e de *direito* revela-se importante a outro nível: o da responsabilidade contratual. Em princípio, o concedente fica isento de responsabilidade nos casos de meras lesões de facto, mas, relativamente às de direito, tem a obrigação de agir em defesa do concessionário, pelo que, se o não fizer, responde pelos danos causados pela sua inacção.

O que verdadeiramente importa, para delimitar o âmbito da tutela aquiliana dos direitos pessoais de gozo, é verificar em que zona ou esfera destes direitos se produziu a ofensa praticada por terceiros. O concessionário pode recorrer à tutela aquiliana em relação aos danos causados na sua esfera de *imediação*, isto é, em relação aos danos decorrentes de actos que afectam a ligação imediata à coisa. Mais concretamente, pode recorrer à tutela aquiliana em relação a todas as lesões de facto e ainda em relação às lesões (pretensamente) de direito que atinjam a referida zona de imediação. Ficam excluídas deste âmbito específico da tutela aquiliana, por exemplo, as lesões que se devam a uma actividade negocial de terceiros, ou ainda a um facto ilícito que afecte o concedente. Quanto a estas lesões, como já foi dito, a ponderação de interesses é idêntica àquela a que deve proceder-se relativamente aos direitos de crédito.

---

[9] Cfr. LUMINOSO, *La tutela aquiliana...*, p. 306.

[10] Este problema já foi tratado a propósito da interpretação da parte final do artigo 1037.°, n.° 1 (*supra*, p. 209 e ss.).

[11] A lesão de direito será muitas vezes praticada com negligência e não, como é normal na lesão de facto, com dolo.

[12] *Supra*, p. 214 e ss.

20. Factos danosos que afectam, simultaneamente, o concedente e o concessionário: a danificação irreparável da coisa. — De entre os factos danosos que afectam os poderes do titular de um direito pessoal de gozo, alguns não atingem o património do concedente. Assim, este não sofre qualquer dano se, por exemplo, alguém emite ruídos que não deixam dormir o locatário de um prédio urbano, ou se um piloto faz um voo rasante sobre um rebanho de gado que se encontra num terreno dado de arrendamento, afugentando alguns animais e causando, com isso, prejuízos ao arrendatário. Outras vezes, o concedente do gozo é aparentemente lesado, mas, vendo as coisas com mais atenção, verifica-se que tal não acontece. Quando alguém, por exemplo, rouba frutos pendentes num terreno arrendado, o dano é integralmente sofrido pelo arrendatário, apesar de os frutos se integrarem na coisa do locador. Com efeito, os frutos pendentes devem ser vistos como móveis futuros pertencentes ao património do locatário ([13]).

Podem também ocorrer factos que, embora dirigidos à coisa objecto do direito pessoal de gozo, apenas causam danos ao concedente. Se, por exemplo, alguém provoca um incêndio num terreno locado, destruindo árvores das quais o locatário não retirava qualquer utilidade — ou que constituíam mesmo um entrave ao exercício do seu direito —, o dano apenas se verifica na esfera do locador.

Relativamente a estes danos, apenas causados na esfera de um dos sujeitos (concedente ou concessionário), nenhuma dúvida se suscita sobre a *titularidade* do direito à indemnização e a *legitimidade* para agir judicialmente. Titular do direito à indemnização e da correspondente legitimidade processual é apenas, obviamente, o lesado ([14]).

Mas as situações nem sempre se apresentam com esta linearidade. Podem, desde logo, verificar-se factos que provocam a destruição da coisa e que, portanto, causam danos, em regra, quer ao concedente quer ao concessionário. Quando um terceiro destrói a coisa e, não se procedendo à reconstituição natural (por impossibilidade ou por excessiva onerosidade para o devedor (cfr. art. 566.°, n° 1), tanto o direito do concedente ([15]) como o do concessionário se extinguem, deverá cada um deles ser indemnizado. Igual obrigação de indemnizar existirá no caso de deterioração irreparável que não importe a destruição da coisa.

([13]) *Vide supra*, p. 139 e ss.

([14]) Barbero, *La legittimazione ad agire...*, p. 80.

([15]) Por comodidade de exposição, pressupor-se-á sempre que o concedente é proprietário da coisa.

O Código Civil estabelece, relativamente ao usufruto, no n° 1 do artigo 1480.°, que "se a coisa ou direito usufruído se perder, deteriorar ou diminuir de valor, e o proprietário tiver direito a ser indemnizado, o usufruto passa a incidir sobre a indemnização". Este preceito não tem paralelo nos direitos pessoais de gozo e consagra um desvio aos princípios gerais ([16]), não havendo motivos para o aplicar por analogia. Com efeito, a *sub-rogação real* estabelecida nesta norma ([17]) assenta na consideração de que os poderes do usufrutuário podem, facilmente, ser transferidos para o montante da indemnização devida ao proprietário (sendo esta, assim, a *única* indemnização exigível ao lesante). Todavia, noutros casos, a sub-rogação revelar-se-ia totalmente inadequada. Aliás, mesmo em relação ao usufruto, o artigo 1480.° é de utilidade duvidosa, uma vez que a sub-rogação nem sempre constitui a melhor forma de equilibrar os interesses do usufrutuário e do proprietário da raiz ([18]). No que respeita aos direitos pessoais de gozo, devem, por conseguinte, ser indemnizados autonomamente os danos causados ao concedente e ao concessionário.

Quando a coisa é destruída por acção de um terceiro, o concedente tem direito a ser ressarcido dos danos que tal destruição lhe cause — correspondentes à perda da coisa —, mas entrando em linha de conta, no cálculo da indemnização, com a existência e as características do direito pessoal de gozo. Se, em muitos casos — como normalmente acontece, entre nós, com o arrendamento —, a existência de um direito pessoal de gozo leva a uma diminuição do montante dos danos sofridos pelo concedente, noutros as coisas passar-se-ão diversamente. Podem até ocorrer situações em que a existência do direito pessoal de gozo faça aumentar esses danos. Se, por exemplo, *A* dá de arrendamento a *B*, durante um mês, uma casa para este passar férias na praia (art. 5.°, n.° 2, al. *b*), do RAU), por uma renda superior à que se pratica no mercado, o montante do dano, em caso de destruição do imóvel, será superior, devido à existência da locação, ao que o locador normalmente sofreria.

O concessionário, por seu turno, tem direito a ser indemnizado do montante dos danos sofridos, devendo atender-se, no respectivo cálculo, ao tipo de direito em que se encontra investido e às respectivas carac-

---

([16]) Cfr. PIRES DE LIMA e ANTUNES VARELA, *Código Civil anotado*, vol. III, anot. n° 2 ao art. 1480.°, p. 538 e s.

([17]) Também o Código Civil italiano consagra, no art. 1017, que "se il perimento della cosa non è conseguenza di caso fortuito, l'usufrutto si trasferisce sull'indennità dovuta dal responsabile del danno".

([18]) Neste sentido, DEIANA, *Surrogazione dell'indennità...*, esp. p. 341 e ss.

terísticas. O titular do direito pessoal de gozo pode, inclusivamente, não sofrer qualquer dano, ou obter mesmo um proveito em consequência da destruição da coisa — hipótese em que, obviamente, não nascerá qualquer direito na sua esfera jurídica. Se *A*, por exemplo, tomou de arrendamento um imóvel, durante um ano, mas não necessita mais de o utilizar e um terceiro o destrói, *A* libertar-se-á do pagamento da renda, sem sofrer qualquer desvantagem.

21. *Factos danosos que provocam a deterioração reparável da coisa.* — Por vezes, ocorrem factos danosos que provocam uma *deterioração reparável* da coisa — não se revelando a reparação demasiado onerosa para o lesante — e que atingem tanto o concedente como o concessionário. Se alguém, por exemplo, provoca uma explosão e destrói as janelas de um imóvel arrendado, tanto o senhorio como o arrendatário são afectados. Mas se um terceiro danifica os muros de um prédio em relação ao qual alguém tem uma servidão (pessoal) de passagem, o titular desta, em princípio, não sofre qualquer lesão, pelo que não se coloca, relativamente ao seu direito, qualquer problema de tutela aquiliana.

Quando o dano provocado na coisa é susceptível de reparação e afecta simultaneamente o concedente e o concessionário, põe-se o problema de saber quem tem o direito de exigir a reparação. De entre as várias respostas possíveis, todas, praticamente, têm recebido apoio tanto na jurisprudência como na doutrina. Assim, já foi defendido que a indemnização cabe por inteiro ao proprietário concedente; já se sustentou que apenas o concessionário, enquanto durar a relação contratual, tem direito à indemnização; outros entendem que a indemnização cabe a ambos em simultâneo; e, por último, há quem opine no sentido de que a titularidade do direito à indemnização depende do conteúdo da relação contratual em causa. Analisemos esta última solução.

Quanto ao usufruto, há quem propugne que, no tocante aos danos reparáveis, o lesante responde perante o titular do direito a quem incumba, em virtude de regulamentação contratual ou legal, efectuar a reparação da coisa ([19]). Assim, o terceiro seria responsável para com o proprietário ou o usufrutuário, conforme os danos que houvese causado responsabilizassem (contratual ou legalmente) o primeiro ou o segundo.

Se, relativamente ao usufruto, a solução já oferece o flanco a importantes críticas, no campo dos direitos pessoais de gozo estas avolumam-

---

([19]) DEIANA, *Surrogazione dell'indennità...*, p. 340 e s.

-se ainda mais. Observe-se, em primeiro lugar, que a regulamentação contratual pode ser de tal forma variada que este critério levantaria delicados problemas de aplicação (podendo, por exemplo, uma parte dos danos verificar-se na esfera da responsabilidade contratual do concedente e a outra parte naquela pela qual responde o concessionário). Acresce que, não estando a constituição de direitos pessoais de gozo sujeita, em princípio, a forma escrita, seria por vezes difícil averiguar qual o responsável por determinado dano, tornando-se necessário resolver previamente esta difícil questão, para determinar o titular da pretensão indemnizatória. Por outro lado, o critério em análise teria de considerar--se sempre insuficiente, uma vez que há danos pelos quais nem o concedente nem o concessionário são contratualmente responsáveis. Para além de tudo isto, não parece que deva negar-se a um dos contraentes, pelo facto de o contrato o não responsabilizar pelos danos, a faculdade de demandar directamente o terceiro lesante, deixando-o exposto ao risco da inacção do outro contraente e da eventual insolvência do mesmo ([20]).

Deve entender-se, portanto, que a regulamentação contratual que responsabilize um dos contraentes pelos danos que a coisa sofra nada tem a ver com o problema da responsabilidade extracontratual por esses mesmos danos.

Assente esta conclusão, importa tomar partido quanto ao problema de saber se o concedente (proprietário) poderá, em qualquer caso, pedir ao terceiro lesante o ressarcimento dos danos causados na coisa. A resposta deve, sem hesitação, ser afirmativa ([21]). "Não há razão para considerar que a existência do direito pessoal de gozo provoca uma temporária 'irrelevância' do interesse do *dominus* na integridade da coisa: este interesse, na verdade, não pode deixar de se manter inalterado, no plano das valorações do ordenamento, mesmo que o gozo directo da coisa pertença a outro sujeito" ([22]). O concedente, caso não tivesse a possibilidade de recorrer à tutela aquiliana, seria afectado pela eventual inércia do concessionário e, quando este respondesse contratualmente pelos danos, pela sua eventual insolvência. Por outro lado, relativamente aos danos pelos quais o concessionário não responda, verificar-se-ia certamente uma menor diligência por parte deste, com prejuízo para o concedente.

([20]) Luminoso, *La tutela aquiliana...*, p. 330, nota 37.

([21]) Neste sentido, Deiana, *La tutela del locatario...*, pp. 270 e s., 274, e 276, e De Cupis, *Il danno...*, vol. II, p. 68.

([22]) Luminoso, *La tutela aquiliana...*, p. 329 e s.

Direitos Pessoais de Gozo 231

Feita a demonstração de que o concedente pode recorrer à tutela aquiliana, vejamos agora se o concessionário, relativamente aos danos em análise (causados na coisa e susceptíveis de reparação), também o poderá fazer.

O facto danoso praticado por um terceiro tanto pode atingir o património do concedente como o do concessionário. Em regra, será mesmo este último quem mais sente a necessidade de que se proceda à reparação da coisa. Caso não se admita que o concessionário tem direito a exigir a reconstituição da situação anterior à prática do facto lesivo (*reconstituição natural*), ele poderá sofrer com a eventual inacção do concedente, *maxime* nos casos em que este nem sequer é contratualmente responsável. Por outro lado, não se compreenderia que ao titular de um direito pessoal de gozo se atribuísse uma pretensão indemnizatória quando a coisa não é reparável, e se lhe negasse idêntica pretensão na hipótese inversa. Acresce que as deteriorações reparáveis causam também ao concessionário (pelo menos normalmente) danos insusceptíveis de reconstituição natural, resultantes de não poder utilizá-la em condições normais, enquanto não se proceder à reparação. Ora, se o concessionário tem direito ao ressarcimento destes danos, seria injustificável que, com vista a fazê-los cessar, não pudesse pedir a reparação da coisa. Deve, por conseguinte, entender-se que o titular de um direito pessoal de gozo, tal como o respectivo concedente, sempre que um terceiro seja responsável por lesões reparáveis sofridas pela coisa, pode pedir a reconstituição natural ([23]).

Já se defendeu que esta questão assume "um relevo mais teórico do que prático" ([24]), em virtude de o titular do direito pessoal de gozo poder valer-se da *sub-rogação legal*, da *acção sub-rogatória* ou do instituto do *enriquecimento sem causa*, e ainda em virtude de, em certos casos, o concedente ser contratualmente responsável pelos danos. Não se justifica dedicar grande atenção ao argumento, retomando questões já analisadas ([25]). Importa apenas salientar que, relativamente a estes danos susceptíveis de eliminação através de reconstituição natural da coisa, o recurso à sub--rogação legal (592.º) forneceria, em algumas hipóteses, um meio de tutela ao concessionário, mas obrigando-o sempre a proceder à reparação da coisa a expensas suas.

([23]) Neste sentido, apesar de manifestar algumas dúvidas, LUMINOSO, *La tutela aquiliana...*, p. 331 e ss. Contra, pronuncia-se DE CUPIS, *Il danno...*, vol. II, p. 68.

([24]) LUMINOSO, *La tutela aquiliana...*, p. 331.

([25]) Cfr. *supra*, p. 180 e ss.

A solução defendida — atribuindo tanto ao concedente como ao concessionário, relativamente aos danos susceptíveis de reparação, uma pretensão ressarcitória — levanta alguns problemas que, sendo embora comuns a outras situações (designadamente às situações em que sobre uma coisa incidam direitos reais limitados), exigem alguma reflexão, para a qual se não encontra apoio na doutrina portuguesa.

Em primeiro lugar, quando o direito pessoal de gozo cessa antes de o respectivo titular obter o ressarcimento dos danos que sofreu, cabe perguntar se continuará a assistir-lhe o direito à indemnização. Se o ex--concessionário pretende receber o montante por si já despendido com a reparação da coisa, nenhumas dúvidas se poderão obviamente levantar. Poderia pensar-se que, face a uma situação com este recorte, o ex--concessionário seria sempre tutelado pela norma do artigo 592.° (sub--rogação legal), não se tornando necessário recorrer à tutela aquiliana. Este caminho, porém, nem sempre proporcionaria solução para o problema. Com efeito, perante danos pelos quais o concessionário fosse contra-tualmente responsável, não poderia recorrer-se à sub-rogação, em virtude de o concessionário não ser terceiro, mas sim devedor do montante que pagou. O direito à indemnização terá de basear-se, pois, na tutela aquiliana, uma vez que apenas esta atribui ao antigo concessionário uma protecção cabal e adequada, permitindo-lhe agir sempre, directamente e *ex proprio iure*, contra o causador dos danos.

Pode acontecer que o concessionário, já depois de extinto o direito pessoal de gozo, pretenda obter o ressarcimento dos danos através da reconstituição natural. Numa primeira análise, parece injustificável atribuir a alguém o direito de exigir a reparação de uma coisa em relação à qual não tem já qualquer direito ([26]). Todavia, uma cuidada ponderação dos interesses em jogo conduz a uma conclusão diferente. Em primeiro lugar, não se vê por que forma ou com que fundamento o direito de crédito (à indemnização) se extinguiu. Por outro lado, quando o antigo concessionário respondesse contratualmente pelos danos, originar-se-ia uma flagrante injustiça se o seu crédito em relação ao terceiro lesante fosse considerado extinto.

Outro dos problemas que nesta matéria se suscitam é o de harmonizar ou conciliar o direito à indemnização que assiste ao concedente e o direi-to de que o concessionário é titular, por forma a não prejudicar o lesante.

([26]) LUMINOSO, *La tutela aquiliana...*, p. 333, nota 43, tende para a solução negativa.

Direitos Pessoais de Gozo 233

Já se defendeu que o lesante apenas deverá responder para com aquele que procedeu à efectiva reparação da coisa ([27]). Não se pode considerar este entendimento incorrecto, porque, quando algum dos sujeitos procede à reparação da coisa, o dano apenas passa a existir na sua esfera jurídica. O outro contraente dispõe da coisa intacta, sem que para isso tenha feito qualquer despesa e, por conseguinte, relativamente às deteriorações reparadas, deixa de existir qualquer dano. Esta solução, todavia, revela-se incompleta, não só porque o acto que originou as deteriorações pode ter causado outros danos, mas também porque o problema continua a pôr-se sempre que ninguém efectue a reparação da coisa.

Quando não se proceda à reconstituição natural, em virtude de esta se revelar demasiado onerosa para o devedor (lesante), corre-se aparentemente o risco de este ter de ressarcir o mesmo dano mais do que uma vez, porque, indemnizado em dinheiro, por exemplo, o concessionário, poderá vir mais tarde o concedente reclamar também uma indemnização pelas deteriorações causadas na coisa. Basta, porém, tomar em consideração o que foi dito acerca da indemnização em dinheiro, para o problema ficar resolvido ([28]). Concretamente, no tocante aos danos que não sejam objecto de reconstituição natural, tanto o concedente como o concessionário apenas têm direito ao ressarcimento daqueles que o facto danoso causou nos respectivos patrimónios, isto é, daqueles que cada um sofreu em virtude de a coisa haver ficado deteriorada. O lesante, portanto, não corre o risco de ficar prejudicado por não existir um nexo de solidariedade entre os direitos do concedente e do concessionário.

Quando, diversamente, a reparação deva ser efectuada através de reconstituição natural, não se levantam problemas, uma vez que, realizada esta, ficam reparados simultaneamente os danos do concessionário e do concedente. Relativamente aos danos que a reconstituição natural não seja capaz de apagar, vale o que acabou de ser dito acerca da indemnização em dinheiro: cada contratante tem direito ao ressarcimento dos danos que sofreu.

22. *Uso e fruição abusiva da coisa por um terceiro.* — O estudo que empreendemos não ficaria completo sem uma referência às normas do Código Civil sobre os frutos produzidos por uma coisa que seja objecto de posse de boa fé (art. 1270.°) ou de má fé (art. 1271.°).

([27]) Veja-se a citação em Luminoso, *La tutela aquiliana...*, p. 334, nota 44.
([28]) *Supra*, p. 227 e ss.

a) *A aplicação dos artigos 1270.° e 1271.° aos direitos pessoais de gozo.* — O principal problema que importa tratar é o de saber se as normas possessórias sobre frutos, para além de abrangerem os casos em que o lesado é titular de um direito real, se devem aplicar também aos direitos pessoais de gozo.

A resposta não pode deixar de ser afirmativa: o lesado merece o mesmo tratamento quer o seu direito seja real quer seja pessoal [29]. O primeiro argumento é de ordem literal: os artigos 1270.° e 1271.° não fazem qualquer restrição relativamente ao tipo de direito lesado (falando em direito de outrem), abrangendo, na sua letra, tanto direitos reais como pessoais. Acresce que não existe qualquer outra norma especial, nesta matéria, contemplando os direitos pessoais de gozo, nem se compreende que diferenças poderiam estabelecer-se entre estes e os reais. Por outro lado, como se verá, as normas em análise consagram, em grande medida, soluções coincidentes com as que decorreriam do regime da responsabilidade civil e, em relação a esta, foram já expostas as razões que levam à sua aplicação aos direitos pessoais de gozo. Com esta equiparação, todavia, não se pretende negar que, para estabelecer a relação entre o possuidor e o titular do direito lesado, relativamente aos frutos, importa não só o *conteúdo* desse direito, mas também a sua *estrutura*. Comecemos por esta última.

Se alguém tem um mero direito de crédito relativamente aos frutos de uma coisa, porque, por exemplo, é promitente-comprador dos mesmos, nenhuma relação se estabelece entre si e o possuidor, fora dos quadros da tutela aquiliana do crédito e de normas como as dos artigos 794.° ou 606.°. O promitente-comprador é titular de um direito estruturalmente relativo, apenas podendo obter os frutos através de uma prestação de outrem — traduzida na emissão de uma declaração de vontade, com vista à celebração do contrato prometido, por parte do promitente-vendedor. No seu direito não se inclui qualquer *faculdade de apropriação dos frutos*, pelo que apenas indirectamente será lesado.

Mas se alguém adquire frutos pendentes os efeitos jurídicos do negócio são outros. O adquirente, tal como no exemplo anterior, não se torna titular de um direito real enquanto os frutos não forem separados das árvores. Todavia, a sua situação só aparentemente é igual àquela que

---

[29] Neste sentido, em Itália, BARCELLONA, *Frutti...*, p. 222 e ss., nomeadamente 226, e 228 e s., e LUMINOSO, *La tutela aquiliana...*, pp. 338, e 344. Contra, SACCO, *L'arricchimento...*, especialmente, pp. 31, 139, 145, e 170 e ss. (com dúvidas quanto à locação, em virtude do preceituado no art. 1585, § 2.°, do Código Civil italiano).

Direitos Pessoais de Gozo 235

primeiro se figurou, porque, tendo adquirido os frutos, passará a ser proprietário deles a partir do momento em que se separem da coisa. Deste modo, deve entender-se que o direito do adquirente engloba a faculdade de apropriação dos frutos, que ingressam na sua esfera jurídica com a respectiva separação ([30]).

Relativamente aos direitos pessoais de gozo, nenhuma dúvida pode existir de que compreendem, em alguns casos, na sua zona de imediação, a faculdade de apropriação dos frutos. O titular do direito, sem necessidade da actividade de quem quer que seja, faz seus os frutos produzidos pela coisa objecto da relação de gozo. Ora, tanto o artigo 1270.° como o 1271.° têm sentido e devem aplicar-se sempre que se esteja perante um direito que compreenda a faculdade de apropriação dos frutos, pois é o titular deste direito o sujeito eventualmente lesado pela actividade do possuidor (na medida em que esta incida sobre os frutos), assim como é também *à sua custa* que o enriquecimento do possuidor se poderá concretizar. Por outras palavras: na medida em que o possuidor consegue utilidades que são objecto de um direito alheio, devem conceder-se ao titular deste direito — direito *imediato*, isto é, independente de uma prestação de outrem — os meios de tutela previstos nos dois artigos em causa, assegurando-lhe as utilidades de que o possuidor beneficiou. De resto, se se defendesse a opinião contrária e o sujeito beneficiado pelos artigos 1270.° e 1271.° fosse, por exemplo, o proprietário concedente, este viria a receber bens a que, normalmente, não teria direito ([31]).

b) *O sentido da primeira parte do artigo 1271.°.* — Importa agora fixar o exacto sentido do artigo 1271.°. Esta norma estabelece que "o possuidor de má fé deve restituir os frutos que a coisa produziu até ao termo da posse e responde, além disso, pelo valor daqueles que um proprietário diligente poderia ter obtido". Comecemos pela análise da primeira parte: *o possuidor de má fé* ([32]) *deve restituir os frutos que a coisa produziu até ao termo da posse.* Os frutos (cfr. art. 212.°) a restituir são *todos os produzidos pela coisa.* Segundo Pereira Coelho, este regime constitui derrogação tanto das regras da responsabilidade civil (que apenas imporiam a devolução dos frutos que o titular do direito tivesse colhido), como das regras do enriquecimento sem causa, uma vez que estas, "mesmo

---

([30]) *Vide supra*, possíveis situações de conflito, p. 141 e ss.

([31]) Luminoso, *La tutela aquiliana...*, p. 344.

([32]) Sobre os conceitos de *boa* e de *má fé*, *vide infra*, p. 242 e ss.

no caso da obrigação de restituir *agravada* do art. 480.°, não permitiriam ao proprietário exigir mais que os frutos que um 'proprietário diligente' teria colhido, pois, para além desse montante, o enriquecimento do possuidor, rigorosamente, não terá sido feito 'à custa' do proprietário" [33]. Permitimo-nos, no entanto, pôr em dúvida que esta doutrina corresponda à melhor interpretação do artigo 1271.° e, por outro lado, que traduza a formulação mais precisa da obrigação de restituir o enriquecimento sem causa.

Se é certo que, segundo o artigo 1271.°, *todos* os frutos devem ser restituídos, não pode esquecer-se que apenas estão em causa os *produzidos pela coisa*. Para saber se certos frutos foram ou não produzidos por determinada coisa não basta que naturalisticamente derivem dessa coisa: torna-se ainda necessário determinar a medida em que a coisa, enquanto factor produtivo, contribuiu para a produção dos frutos. Pode inclusivamente acontecer que, derivando os frutos, no plano naturalístico, de determinada coisa, esta seja considerada factor produtivo de pequeno ou até desprezível relevo. É indispensável, para aplicar o artigo 1271.°, avaliar correctamente os vários factores intervenientes no processo de produção.

A obrigação de restituir o enriquecimento sem causa abrange, necessariamente e apenas, os frutos produzidos pela coisa no sentido que acaba de precisar-se, isto é, os que correspondam ao factor produtivo pertencente ao credor da restituição [34], independentemente de se aplicar ou não o artigo 480.°. Deste modo, a aplicação das normas do enriquecimento sem causa conduz às mesmas consequências que resultam da aplicação do artigo 1271.°.

Concluindo: a obrigação de "restituir os frutos que a coisa produziu" sempre decorreria do regime da responsabilidade civil (reconstituição da situação em que o lesado se encontraria se não houvesse sido praticado o facto lesivo) ou, se o titular do direito aos frutos não os tivesse aproveitado, do regime do enriquecimento sem causa (porque o possuidor se

---

[33] *O enriquecimento...*, p. 111.

[34] Não se justifica o desenvolvimento deste ponto. Salientar-se-á, todavia, que, em matéria de enriquecimento sem causa, deve aceitar-se a teoria da *Gewinnhaftung*, mas repartindo os resultados obtidos pelos vários factores produtivos, tal como, de resto, reconhece a doutrina mais recente. Cfr., em Itália, por último, GALLO, *L'arricchimento...*, p. 433, e, na Alemanha, REUTER e MARTINEK, *Ungerechtfertigte Bereicherung*, p. 313 (transcritos por GALLO, *loc. cit.*) ["*Nach der Theorie der Gewinnhaftung ist der gesamte, tatsächlich für die Veräußerung erhaltene Gegenwert, einschließlich eines erzielten Gewinns, der den objektiven Wert der Sache übersteigt (Veräußerungsgewinn, Übergewinn), als commodum ex re negotiatione cum re herauszugeben*"].

teria enriquecido, à custa do titular, na medida dos frutos que aproveitou). Esta parte da norma seria, portanto, dispensável, por ser mera explanação de princípios que integram a disciplina doutros institutos.

b') *O sentido da segunda parte do artigo 1271.°*. — A segunda parte do artigo 1271.° (estabelecendo que o possuidor responde também pelo valor dos frutos *que um proprietário diligente poderia ter obtido*) consagra aparentemente uma regra nova. Não interessa analisar o regime do enriquecimento sem causa, porque o preceito se ocupa de uma hipótese em que ninguém obteve qualquer enriquecimento e, portanto, nada tem a ver com este instituto. Está-se, com efeito, perante uma norma que prevê a eventualidade de, ao contrário do que resultaria de uma exploração normal, *ninguém ter obtido determinados frutos*. A principal dúvida que pode suscitar-se é esta: o artigo 1271.°, na sua segunda parte, afasta-se dos princípios da responsabilidade civil ou, pelo contrário, reafirma-os? Atendendo à redacção que lhe foi dada, parece que o preceito obriga o possuidor de má fé a responder pelos frutos que um proprietário diligente poderia ter obtido, independentemente de se averiguar se causou algum dano ao titular do direito lesado (dano que se verificaria se este último, caso não se houvesse dado a intromissão do possuidor, tivesse obtido esses mesmos frutos) [35]. Esta interpretação literal encontra defensores na nossa doutrina, mesmo quando se dá conta das reais consequências a que pode conduzir [36].

Tal corrente interpretativa considera que a responsabilidade a que o artigo 1271.° sujeita o possuidor é independente de danos causados ao titular do direito. Mas, como forma de diminuir a desvantagem que deste entendimento resulta para o possuidor, sustenta-se que a expressão *proprietário diligente* se refere — tal como na responsabilidade civil — ao proprietário médio colocado perante as mesmas circunstâncias externas, nomeadamente, "as condições atmosféricas em que se desenvolveu a produção, uma epidemia que tenha grassado no gado, ou ainda, p. ex., a obrigação legal de renovar o contrato de arrendamento" [37]. Nada se

---

[35] Esta doutrina é defendida, em Itália, com base no art. 1148, por BARBERO, *Sistema...*, vol. I, p. 297 (onde foca o assunto de passagem), e por DE MARTINO, *Possesso...*, anot. n.° 4 ao art. 1148, p. 37; contra, manifesta-se MONTEL, *Il possesso*, p. 276 e s.

[36] É o caso de MENEZES CORDEIRO, ao afirmar que "o proprietário desinteressado e negligente tem tudo a ganhar" (*Da boa fé...*, vol. I, p. 447).

[37] PEREIRA COELHO, *O enriquecimento...*, p. 108, em nota, e PIRES DE LIMA e ANTUNES VARELA, *Código Civil anotado*, vol. III, anot. n.° 4 ao art. 1271.°, p. 40.

opõe a que se atribua este sentido à diligência exigível ao possuidor [38]. O que, porém, não se descortina é uma justificação plausível para esta "responsabilidade" em que incorre o possuidor. Este, com efeito, vai ser obrigado a pagar um montante que nem corresponde a uma vantagem por si retirada da coisa, nem a qualquer dano que tenha causado. Em consequência da posse que exerceu, o possuidor vai ficar mais pobre e o titular do direito vai enriquecer, aplicando-se àquele uma autêntica *punição* em benefício de um particular. "Pune-se a má fé ou, melhor dizendo, protege-se o proprietário, com sanções ao possuidor" [39]. A solução é incompreensível e pode conduzir a resultados absurdos. Se, por exemplo, *A*, de má fé, ocupa determinado terreno e faz nele uma exploração intensiva, conseguindo excelentes resultados, a norma em causa nenhuma sanção comina. Mas se *A* tiver problemas de consciência por ocupar um terreno relativamente ao qual não tem qualquer direito, pensando, por isso, em abandoná-lo, e este estado de espírito conduzir a uma exploração menos intensiva, será punido. Significa isto que, através da norma em análise e segundo a interpretação que lhe tem sido dada, punir-se-iam os fracos, os comedidos, os relutantes, e ilibar-se-iam os gananciosos competentes. Nem se diga que estes últimos teriam de restituir com base na primeira parte deste artigo 1271.°. É que tal obrigação vincula *todos* os possuidores do mesmo modo — os diligentes e aqueles que não o são —, pelo que, quanto à primeira parte do preceito, existe perfeita igualdade. Onde essa igualdade não se verifica, à luz da interpretação aqui criticada, é na segunda parte do artigo. Nos termos em que tem sido interpretada, a norma conduz ao *benefício do infractor competente*. Tal interpretação, transposta para o domínio do furto, conduziria a algo semelhante a isto: quem furtar tem de devolver o objecto do furto e, além disso, será ainda obrigado a devolver aquilo que um ladrão diligente poderia ter furtado!

---

[38] Parece difícil sustentar que o *proprietário diligente* se define fora das circunstâncias concretas, sendo as eventuais injustiças corrigidas através da aplicação do artigo 807.° (MENEZES CORDEIRO, *Da boa fé...*, vol. I, p. 447). O recurso a este preceito, para além de fazer recair o ónus da prova sobre o possuidor, encontra ainda um obstáculo dificilmente transponível: se se pressupõe que a responsabilidade do possuidor é independente dos danos que cause, como fazer a aplicação de uma norma onde se declara que fica "salva ao devedor a possibilidade de provar que o credor teria sofrido igualmente *os danos* se a obrigação tivese sido cumprida em tempo"? Que danos são estes se, segundo a corrente doutrinal a que nos reportamos, os danos não assumem qualquer relevo?

[39] MENEZES CORDEIRO, *Da boa fé...*, vol. I, p. 453. Do carácter sancionatório de uma regra semelhate à da 2.ª parte do art. 1271.°, consagrada no art. 1148 do Cód. Civ. italiano, fala também BARCELLONA, *Frutti...*, p. 222.

O artigo 1271.º, na segunda parte, estabelece uma obrigação de indemnização que só faz sentido se tiver sido causado um *dano*. Em primeiro lugar, seria estranho que o Direito Civil estabelecesse uma norma meramente punitiva, pois não é essa a sua função ([40]). Em segundo lugar, entendendo a estatuição da norma como uma sanção (prescindindo do dano), esta acabaria por beneficiar aquele que mais intensamente violou o direito de outrem. Em terceiro lugar, o problema da ressarcibilidade dos danos causados ao titular do direito tornar-se-ia difícil de resolver. Não pode deixar de entender-se que o lesante é obrigado a ressarcir os danos que cause, pelo que sempre haveria que compatibilizar a tutela ressarcitória com a referida punição. Certamente ninguém admitirá que se adicione o montante da indemnização pelos danos ao montante da pena, porque isso redundaria, em parte, numa duplicação. Mas se, diversamente, se defender que ao montante dos danos deverá ser subtraido o montante da pena, a solução fica sem lógica, uma vez que a pena deixará de se fazer sentir exactamente quando as consequências do facto ilícito são mais prejudiciais.

Por tudo isto, repete-se, a única tese defensável é a que vê na parte final do artigo 1271.º a refirmação da tutela aquiliana por danos causados pelo possuidor. Tem de entender-se que o preceito, ao estabelecer que o possuidor responde pelo valor dos frutos que "um proprietário diligente poderia ter obtido", apenas faz apelo ao critério pelo qual deverá ser apreciada a culpa do possuidor, limitando-se a aplicar a regra geral da responsabilidade civil (art. 487.º, n.º 2). Não se está, por conseguinte, perante qualquer regime desvantajoso para o possuidor, porque este apenas tem de agir com a diligência que é imposta a *todos* pelas normas da responsabilidade aquiliana. Quando o possuidor não actue como um proprietário diligente e, devido a esse comportamento, a quantidade de frutos produzidos seja menor do que a que se conseguiria caso ele tivesse actuado com a diligência que a lei exige, só será obrigado a indemnizar se o titular do direito provar que sofreu efectivamente um *dano*. Do que se trata, em suma, é de indemnizar o proprietário por "perdas e danos, valendo como facto ilícito a posse exercitada pelo possuidor... Este portanto terá de desembolsar o valor provável dos frutos que a coisa não produziu mas teria produzido nas mãos do proprietário", como já era defendido por MANUEL DE ANDRADE em face do Código de Seabra, mas com base em considerações que mantêm plena actualidade ([41]).

([40]) Neste sentido, MENEZES CORDEIRO, *Direito das obrigações*, vol. II, p. 269.

([41]) *Teoria geral...*, vol. I, p. 273. No mesmo sentido, MANUEL RODRIGUES, *A posse...*, p. 365.

c) *A indemnização dos danos não tutelados pelas normas posses-sórias sobre aquisição dos frutos.* — Esclarecido o verdadeiro alcance do artigo 1271.º — mera transposição para o instituto da posse, relativamente aos frutos da coisa possuída, de normas sobre a responsabilidade civil e o enriquecimento sem causa —, pode resolver-se um problema que reveste, neste estudo, importância capital: o de saber se o artigo 1271.º afasta, de alguma forma, as normas sobre responsabilidade civil. Para os autores que entendem ser o regime do artigo 1271.º, em alguns pontos, excepcional relativamente ao da responsabilidade civil, torna-se problemático o entendimento de que este último valerá ainda quanto a outros aspectos. A questão, todavia, é bastante mais simples e deve enunciar-se assim: o artigo 1271.º manda o possuidor restituir os frutos (de acordo com as regras da responsabilidade civil e do enriquecimento sem causa) e, além disso, obriga-o a responder (segundo o regime da responsabilidade civil) pelo valor dos frutos que o titular do direito teria produzido; mas, caso se verifiquem mais danos, poderá fazer-se apelo às regras gerais da responsabilidade civil ou estas apenas valerão nos termos e para os efeitos que acabam de descrever-se?

O titular do direito lesado pela posse alheia pode ter sofrido outros danos para além daqueles que o artigo 1271.º visa ressarcir. Pode, por exemplo, em virtude de os frutos se não encontrarem na sua disponibilidade na altura em que foram colhidos, ter deixado de realizar um negócio vantajoso, ou pode ter sido constrangido a adquirir frutos idênticos no mercado (a preço muito alto) para cumprir um contrato de fornecimento a que estava vinculado. O problema, aqui, reduz-se a isto: caso o titular do direito lesado (proprietário, locatário, etc.) tenha sofrido danos de montante superior ao que lhe é proporcionado pelas regras possessórias, poderá exigir a respectiva indemnização com base nos artigos 483.º e seguintes? Por outras palavras: a norma do artigo 1271.º substitui a tutela aquiliana ou apenas pretende especificá-la (tornando-se, portanto, dispen-sável)?

Há quem entenda que as normas reguladoras da aquisição de frutos pelo possuidor substituem a tutela aquiliana, sendo o titular do direito lesado ressarcido apenas dentro dos limites fixados por aquelas normas [42].

Argumenta-se que o concurso entre as regras possessórias sobre a *restituição dos frutos* e o regime da indemnização com base na *tutela aquiliana* conduz, em alguns casos, a que a restituição beneficie um

---

[42] BARCELLONA, *Frutti...*, p. 222 e ss.

Direitos Pessoais de Gozo 241

sujeito e a indemnização outro, produzindo "resultados aberrantes e contraditórios" ([43]). Tudo isto porque os frutos a restituir caberiam ao proprietário da coisa-mãe e a indemnização à vítima do dano, que poderia ser, por exempo, um locatário. Não é necessário reproduzir o que se disse quanto à aquisição dos frutos ([44]) para tornar claro onde se situa o equívoco. O possuidor, através da sua conduta, pode causar grande cópia de danos, afectando a esfera jurídica de mais do que um sujeito ([45]), mas, em relação aos frutos, o facto lesivo só atinge quem a eles tiver direito. Não é concebível que este direito caiba, por exemplo, ao proprietário, e que o dano se verifique na esfera do arrendatário. O responsável, portanto, em caso algum será obrigado — ao contrário do que já se sustentou — a "reintegrar o valor dos frutos em dois patrimónios diversos" ([46]). A responsabilidade apenas surge (artigo 483.°) se for violado algum direito, e, por conseguinte, quem não tiver qualquer direito aos frutos não pode arrogar-se uma pretensão indemnizatória em relação a esses bens. O beneficiário da tutela conferida pelo artigo 1271.° é também (em todos os casos) o beneficiário da tutela ressarcitória (artigo 483.° e ss.).

De resto, seria incompreensível que a regra geral do artigo 483.° não abrangesse os danos causados pela posse ilegítima, originando um benefício para o possuidor, que responderia nos estritos termos e limites do artigo 1271.°. Pense-se na pessoa que furta uma viatura a alguém que, pela impossibilidade de encontrar um meio de transporte alternativo, tem de passar a noite num hotel, perde um dia de trabalho, vê-se obrigado a fazer vários telefonemas, etc. Obviamente, não pode defender-se a não ressarcibilidade de tais danos, tutelando o proprietário da viatura exclusivamente através do artigo 1271.°.

Por tais razões, mesmo alguns dos autores que consideram o regime do artigo 1271.° excepcional defendem que, de qualquer modo, ele "não *afasta, substituindo-o*, o princípio geral do artigo 483.°, antes deve ser integrado por este" ([47]). Não havendo justificação para libertar o possuidor

---

([43]) BARCELLONA, *Frutti...*, p. 223.

([44]) *Vide supra*, p. 139 e ss.

([45]) Se, por exemplo, o possuidor danifica as árvores de fruto existentes num terreno arrendado, afectará o locador e o locatário quanto aos danos causados nas árvores, e apenas este último relativamente à diminuição que porventura se verifique na produção de frutos.

([46]) BARCELLONA, *últ. loc. cit.*

([47]) PEREIRA COELHO, *O enriquecimento...*, p. 107, nota 200.

(de má fé) da obrigação de indemnizar todos os prejuízos que cause ([48]), nem podendo extrair-se do artigo 1271.° qualquer argumento em tal sentido, deve subscrever-se esta tese.

Dir-se-á, pois, em conclusão, que o artigo 1271.° não consagra qualquer disciplina especial, pelas seguintes razões:

Em primeiro lugar, a obrigação de restituir todos os frutos produzidos pela coisa possuída, nos termos em que, segundo a melhor interpretação, o artigo 1271.° a estabelece, já deriva do regime sobre a responsabilidade civil e o enriquecimento sem causa;

Em segundo lugar, no respeitante à obrigação de o possuidor restituir os frutos que um proprietário diligente poderia ter obtido, o preceito em causa enuncia uma regra a que igualmente se chegaria com base nas normas sobre a responsabilidade civil;

Por último, em relação aos danos que não foram objecto de regulamentação específica no artigo 1271.°, devem aplicar-se directamente as regras gerais da tutela aquiliana.

d) *A boa fé possessória.* — Importa agora analisar o problema da aquisição dos frutos pelo possuidor de boa fé. Segundo o artigo 1260.°, n.° 1, a posse considera-se de boa fé quando "o possuidor ignorava, ao adquiri-la, que lesava o direito de outrem" e, nos termos do artigo 1270.°, n.° 1, "o possuidor de boa fé faz seus os frutos naturais percebidos até ao dia em que souber que está a lesar com a sua posse o direito de outrem, e os frutos civis correspondentes ao mesmo período". O possuidor de boa fé, portanto, não incorre em qualquer responsabilidade, perante o titular do direito afectado, pelos danos que este sofra em consequência de ficar privado dos frutos. Ao atribuir àquele a propriedade dos frutos naturais e a titularidade dos frutos civis, implicitamente se considera que a sua conduta é lícita, e esta só poderia dar origem a uma obrigação de indemnizar se tal estivesse expressamente previsto na lei ([49]), o que não

---

([48]) Neste sentido, em face do artigo 1148 do Código Civil italiano, Sacco, *L'arricchimento...*, p. 23 e ss., especialmente p. 36 a 39, e Luminoso, *La tutela aquiliana...*, p. 342.

([49]) O Código Civil não contém qualquer regra geral sobre responsabilidade por factos *lícitos* — ao contrário do respectivo *Projecto* (art. 490.° do Código Civil, Livro II — Direito das obrigações, 1ª revisão ministerial, Lisboa, 1962) e do *Anteprojecto* Vaz Serra (art. 784.°). Desta forma, a responsabilidade por factos lícitos só existe nos casos especialmente previstos na lei. Cfr. Antunes Varela, *Das obrigações em geral*, vol. I, 9.ª ed., p. 542 e s. e 739 e s., e Almeida Costa, *Direito das obrigações*, pp. 460, 483, e 570 e s.

Direitos Pessoais de Gozo 243

acontece. De resto, exceptuado o caso previsto no n.º 3 do artigo 1270.º, não faria qualquer sentido atribuir os frutos ao possuidor de boa fé e, depois, obrigá-lo a indemnizar o titular do direito afectado.

Os artigos 1270.º e 1271.º suscitam ainda um outro problema interpretativo: o de saber qual o exacto significado, no domínio da tutela possessória, dos conceitos de *boa* e de *má fé*.

Se a *boa fé* for definida em termos *meramente psicológicos* ([50]), como parece resultar da letra da lei, apenas é relevante aquilo de que o possuidor se *apercebeu*. Tudo se resumirá em averiguar se o possuidor *teve ou não consciência* de que estava a lesar um direito alheio, sendo irrelevante tudo aquilo de que ele se poderia e deveria ter apercebido caso houvesse procedido com diligência.

Outra corrente doutrinal adopta um conceito *jurídico* de boa fé — a que é costume chamar *ético* ([51]) —, segundo o qual interessa averiguar não só aquilo de que o possuidor se apercebeu, mas também aquilo de que ele se deveria ter apercebido. O possuidor pode ignorar que está a lesar um direito alheio, mas, se não usou da diligência que lhe era exigível, considera-se de má fé — ou, numa outra formulação, o desconhecimento (a boa fé psicológica) de que está a ofender um direito de outrem não lhe aproveita, uma vez que não pode ser beneficiado quando o seu comportamento é passível de um juízo de censura. Considera-se de boa fé apenas quem actua *sem culpa* ou, segundo outra orientação, *sem culpa grave* ([52]). É qualificado imediatamente como possuidor de má fé, portanto, quem tiver conhecimento de estar a lesar um direito alheio; quem ignorar isto é considerado de má ou de boa fé, conforme a sua ignorância seja ou não censurável.

Aquilo que divide as duas concepções — a meramente psicológica e a jurídica — é a qualificação a dar à ignorância indesculpável. Quem ignora estar a lesar um direito alheio, devido ao facto de não ter agido com a diligência que a ordem jurídica impõe, deve ter o mesmo tratamento dado a quem se encontra na mesma situação de ignorância apesar de ter actuado com o cuidado normal?

([50]) É comum falar em boa fé *psicológica*, mas devia chamar-se-lhe *meramente psicológica*, uma vez que na denominada concepção *ética* o factor psicológico (o conhecimento) também releva.

([51]) Parece preferível fazer uso da expressão *boa fé jurídica*, em vez de *boa fé ética*. MASI, *Il possesso...*, p. 478 e s., afirma que a *noção é de ordem psicológica e de alcance ético*.

([52]) O artigo 1147 do Código Civil italiano estabelece, no § 2.º, que "a boa fé não aproveita se a ignorância é consequência de culpa grave".

DIAS MARQUES — que defende a concepção meramente psicológica — entende que não é menos digno de protecção quem confia (indevidamente) na palavra de outrem ou nas aparências e acrescenta que, caso se admitisse a concepção *jurídica* (ética), as situações de boa fé escasseariam, uma vez que o estudo rigoroso da situação levaria a descobrir que se estava a lesar um direito alheio ([53]).

Ora, quando o possuidor actue porque confiou na palavra de outrem ou nas aparências, não parece justo atribuir-lhe, sem mais, protecção jurídica. Tal entendimento, estendido a todos os domínios do ordenamento jurídico, causaria seguramente as maiores perplexidades. Imagine-se, em matéria de responsabilidade civil, que um caçador dispara uma arma de fogo em direcção a uns arbustos, porque um terceiro lhe disse que podia atirar à vontade, atingindo o projéctil um outro caçador que se encontrava escondido na vegetação. Também aqui o autor do disparo actuou confiando na palavra de outrem (e nas aparências) e, todavia, não deverá isentar-se de responsabilidade sem averiguar se agiu ou não com culpa.

Quanto ao argumento de que, caso se exija um desconhecimento sem culpa, as situações possessórias de boa fé escassearão, não parece que deva atribuir-se-lhe grande relevo, mesmo que a prática o confirme. O importante é averiguar qual a solução mais justa, sendo o número de possuidores de boa fé irrelevante para este efeito, pois a ponderação de interesses e as soluções jurídicas não devem variar em função da estatística.

A concepção oposta — da boa fé em sentido jurídico — já foi defendida com base no regime do erro. Argumenta-se que se o erro, para conduzir à anulação do negócio jurídico, tem de ser desculpável, uma vez que a anulação vai prejudicar o outro contraente, também a desculpabilidade deve ser exigida para que alguém seja considerado possuidor de boa fé ([54]), pois os efeitos desta também prejudicam outras pessoas. Mesmo aceitando, em face do actual Código Civil, que o erro, para constituir fundamento da anulação, tem de ser desculpável ([55]), não deve levar-se a analogia com a boa fé possessória demasiado longe, porque no regime do erro não se trata propriamente de decidir se deve ou não beneficiar-se alguém ([56]). Pode inclusivamente acontecer que o erro releve, em certos

---

([53]) *Prescrição aquisitiva*, vol. II, p. 21.

([54]) RODRIGUES LUFINHA, *A posse de boa-fé...*, p. 60 e s.

([55]) Conclusão de MENEZES CORDEIRO, *Da boa fé...*, vol. I, p. 522, em nota.

([56]) Sobre o problema, MENEZES CORDEIRO, *Da boa fé...*, vol. I, nota 283, p. 516 e ss.

casos, independentemente da desculpabilidade — regra geral (art. 247.°) para a doutrina maioritária —, e, noutros, seja exigível este requisito (art. 1636.°).

Por outro lado, salienta-se que a concepção (meramente) psicológica levaria a "colocar numa posição de favor, em relação ao comum das pessoas, os inconscientes, os inexperientes, os negligentes" [57]. O argumento é convincente e só poderia ser superado caso se concluísse que na boa fé possessória *apenas se pretende proteger a confiança*, independentemente de outros valores, fazendo "correr, contra os titulares atingidos, o risco da confiança alheia" [58]. No instituto da posse, porém, entrechocam-se vários interesses ou valores, cabendo ao intérprete averiguar qual o peso ou a influência que cada um deles tem nas soluções consagradas na lei.

O possuidor, com a sua actuação, está a lesar o direito de um terceiro, pelo que a posição deste tem de merecer adequada ponderação. Ora, não parece que tal posição deva considerar-se suficientemente tutelada se o respectivo titular não puder ressarcir-se de todos os danos que lhe sejam causados pelos ataques de sujeitos negligentes. Por outro lado, não se vê por que motivo haveria de proteger-se a posição do possuidor *negligente* em detrimento de todos os outros interesses em jogo. A boa fé (meramente) psicológica, na medida em que protege o descuido, torna-se contrária à coerência e à justiça do sistema jurídico [59].

MENEZES CORDEIRO salienta, ainda, que a concepção psicológica "da boa fé torna-se, aquando da aplicação, numa aparência" [60], baseando-se nas considerações que passamos a expor.

O que importa, de acordo com a concepção meramente psicológica, é o facto de o possuidor ter ou não conhecimento. Ora, na generalidade dos casos, não é possível averiguar tal facto. O possuidor tanto pode ignorar como conhecer, contra todas as aparências, que está a lesar o direito de outrem. É por isto que, "reunidos os indícios, o juiz constata que a pessoa em causa deve encontrar-se nas referidas situações de ciência ou de ignorância porque, das duas uma: ou se encontra, de facto, nelas ou, não se encontrando, devia encontrar-se, atendendo aos factores que a

---

[57] RODRIGUES LUFINHA, *A posse de boa-fé...*, p. 59.

[58] Cfr. MENEZES CORDEIRO, *Da boa fé...*, vol. I, p. 516, nota 283, onde se rejeita esta ideia.

[59] Resolve-se, deste modo, o dilema de MENEZES CORDEIRO, *Da boa fé...*, vol. I, p. 517, em nota.

[60] *Da boa fé...*, vol. I, p. 515. Também RODRIGUES LUFINHA, *A posse de boa-fé...*, p. 60, chama a atenção para este aspecto.

246   *José Andrade Mesquita*

rodeiam. Ou sabe, ou deve saber, sendo certo que apenas o último termo é susceptível de apreciação e de controlo" [61].

Observa-se, por outro lado, que o possuidor pode ter actuado com dúvidas sobre se estava ou não a lesar o direito de outrem, porque, por exemplo, lhe foram dadas informações contraditórias e de igual credibilidade. A concepção psicológica não forneçe os meios necessários para decidir sobre a boa ou má fé de um sujeito que actue neste estado de espírito. Não se resolve o problema afirmando que, "se ao estado de dúvida se sobrepuser, no momento da aquisição, um juízo positivo, de certeza subjectiva, de que não há lesão do direito de outrem, a posse será de boa fé; será de má fé, no caso contrário" [62]. É que sempre ficam os casos de dúvida em que nenhum juízo se sobrepõe a outro [63].

Estes problemas suscitados pela aplicação da concepção meramente psicológica de boa fé desempenham um papel muito importante na defesa da concepção oposta. Não faz sentido, com efeito, defender uma concepção de boa fé que, quando se procura concretizá-la, origina, muitas vezes, dificuldades que só podem superar-se através da formulação de presunções legais (cfr., por ex., o art. 1260.º, n.º 2). Uma concepção de boa fé possessória em que não é possível ilidir as presunções legais que obriga a estabelecer não serve, em grande número de casos, para nada, e evidencia as vantagens da concepção oposta. Mas importa fazer alguns esclarecimentos.

Em primeiro lugar, a concepção meramente psicológica da boa fé, por vezes, é susceptível de real aplicação, dado que pode haver provas relativamente à ciência do possuidor (gravações, documentos escritos, testemunhas de conversas em que o possuidor participou, etc.). Por este motivo, mesmo à luz da concepção jurídica, impõe-se considerar de má fé aquele que tem conhecimento de que está a lesar um direito alheio, mesmo que não fosse obrigado a sabê-lo.

Em segundo lugar, mesmo que a concepção psicológica de boa fé se revelasse susceptível de verdadeira e efectiva aplicação a todos os casos e, portanto, as soluções não derivassem, quase sempre, de presunções legais, continuaria a ter que considerar-se inconveniente, uma vez que, ao

---

[61] MENEZES CORDEIRO, *últ. loc. cit.*

[62] PIRES DE LIMA e ANTUNES VARELA, *Código Civil anotado*, vol. III, anot. n.º 7 ao art. 1260.º, p. 22.

[63] Cfr. RODRIGUES LUFINHA, *A posse de boa-fé...*, p. 62 e ss., que enuncia a boa doutrina sobre estes casos ao afirmar: "aquele que podendo e devendo afastar a dúvida não o faz é possuidor de má fé" (p. 64).

Direitos Pessoais de Gozo

privilegiar os negligentes em confronto com aqueles que actuam com o cuidado devido, atentaria contra critérios elementares de justiça.

Por último, é preciso averiguar se o legislador português consagrou a concepção jurídica (ética) de boa fé — pelos motivos expostos, a única aceitável — ou se preferiu a concepção meramente psicológica.

Para aquilo que particularmente nos interessa (aquisição de frutos), devem ter-se em atenção o já citado artigo 1260.°, n.° 1, onde se estabelece que a posse se diz de boa fé, "quando o possuidor ignorava, ao adquiri--la, que lesava o direito de outrem", e o artigo 1270.°, n.° 1, onde se preceitua que o possuidor adquire os frutos "até ao dia em que souber que está a lesar com a sua posse o direito de outrem".

A concepção meramente psicológica colhe, à primeira vista, apoio na letra da lei, dado que esta apenas refere o conhecimento como factor relevante. Em favor da mesma concepção poderia ainda ser aduzido um argumento de ordem sistemática, retirado do confronto com o artigo 291.°, n° 3, que considera expressamente de boa fé aquele que adquiriu direitos com base num negócio nulo ou anulável, *se desconhecia, sem culpa, o vício do negócio* [64].

A nenhum destes argumentos, porém, pode ser atribuído grande relevo.

Atendendo, por um lado, a que a concepção meramente psicológica da boa fé conduz a resultados injustos, na medida em que favorece, inexplicavelmente, os negligentes, e considerando, por outro lado, que origina dificuldades insuperáveis de concretização em grande número de casos e que, além disso, vibra um rude golpe no esforço desenvolvido na responsabilidade civil para concretizar o *princípio da confiança* (na actuação dos outros) — *der Vertrauensgrundsatz* [65] —, deve concluir-se que o legislador não quis consagrá-la nos preceitos que em apoio dela têm sido invocados. Mais concretamente, deve concluir-se que o artigo 1260.°, quando fala em ignorância, quer referir a ignorância *não censurável*, isto é, *não culposa* [66]. O artigo 1270.°, n.° 1, tem de ser interpretado em conformidade e, portanto, o possuidor de boa fé só pode fazer seus os

---

[64] Cfr. OLIVEIRA ASCENSÃO, *Direito Civil — Reais*, p. 104, nota 1, o qual, saliente--se, não dá demasiado valor ao argumento.

[65] Cfr. ANTUNES VARELA, *Das obrigações em geral*, vol. I, 9.ª ed., p. 601. Sobre a aplicação deste princípio à responsabilidade civil por produtos defeituosos, CALVÃO DA SILVA, *Responsabilidade...*, p. 337 e ss.

[66] MENEZES CORDEIRO, *in Teoria geral...*, p. 384 e s., faz afirmações que conduzem a esta conlusão.

248   *José Andrade Mesquita*

frutos até ao dia em que *saiba* ou *deva saber* que está a lesar um direito alheio, isto é, até ao dia em que a boa fé cessar ([67]).

Deste modo, chega-se a soluções justas e coerentes. O possuidor, relativamente aos frutos, responde sempre por todos os danos que culposamente causar, de acordo com as regras da responsabilidade civil. Quando esteja de boa fé, isto é, quando *ignore sem culpa* que está a lesar um direito alheio, não só não responde pelos danos que causar, como ainda se torna proprietário dos frutos.

É possível resolver, agora, o problema de que se partiu. Os preceitos que se ocupam da aquisição de frutos pelo possuidor não constituem excepção quer ao regime da responsabilidade civil, quer ao do enriquecimento sem causa, devendo, por conseguinte, quando for caso disso, recorrer-se às normas destes institutos para solucionar problemas de que o regime possessório não se ocupe (o que acontece, desde logo, relativamente aos lucros cessantes). Pelo que especificamente respeita ao possuidor de má fé, além de não poder apropriar-se dos frutos da coisa possuída, terá de ressarcir todos os danos que cause com a sua actuação.

23. *Conclusão*. — O titular de um direito pessoal de gozo em sentido próprio — isto é, dotado de *imediação* — pode exigir o ressarcimento dos danos que lhe sejam causados por terceiros, mesmo que o gozo não implique a detenção da coisa. A tutela aquiliana dos direitos pessoais de gozo abrange, portanto, todos os actos que afectem a *ligação imediata do titular à coisa*, ainda que praticados a coberto de um pretenso fundamento jurídico.

Quando o facto lesivo origine a *destruição irreparável* da coisa — por impossibilidade de reconstituição natural ou por excessiva onerosidade —, o titular do direito pessoal de gozo deve ser ressarcido dos danos que lhe advierem da extinção do seu direito. O concedente, por seu turno, tem direito ao ressarcimento dos danos que sofrer, tomando em linha de conta

---

([67]) *De iure constituendo*, é discutível se não deverá considerar-se de boa fé aquele que desconhece que está a lesar um direito alheio devido a *culpa leve*, restringindo-se a má fé aos casos de *efectivo conhecimento* e de *desconhecimento com culpa grave* (como preceitua o Código Civil italiano, no art. 1147, § 2.°: cfr. *supra*, nota 52, p. 243). Não parece, contudo, que a solução legal italiana seja de aplaudir, porque não se justifica privar o lesado de qualquer direito apenas porque a culpa do lesante não é grave. Pode, isso sim, com o objectivo de diminuir o montante da indemnização, aplicar-se o art. 494.°, directamente ou por analogia, atribuindo ao possuidor de má fé parte dos frutos, caso se verifiquem os requisitos que naquela norma se mencionam (nomeadamente a pequena gravidade da culpa).

as características do direito pessoal de gozo existente sobre a coisa destruída.

Em caso de *deterioração irreparável* da coisa, o titular do direito pessoal de gozo e o concedente podem igualmente exigir ao terceiro uma indemnização.

Por outro lado, no respeitante aos *danos reparáveis*, tanto o concedente como o concessionário podem requerer a reparação, assim como exigir ao terceiro lesante o montante dos danos causados.

Por último, as normas sobre frutos na posse de boa e de má fé (arts. 1270.º e 1271.º) têm aplicação quando esteja em causa um direito pessoal de gozo, devendo salientar-se que o último dos preceitos citados não consagra, segundo uma correcta interpretação, desvios aos princípios da responsabilidade civil e do enriquecimento sem causa.

ABREVIATURAS E SIGLAS:

AAFDL — Associação Académica da Faculdade de Direito de Lisboa

AGFS — Archivio Giuridico "Filippo Serafini", Società Tipografica Modenese, Modena

AT — Annali Triestini, Editrice Università di Trieste

BBTC — Banca, Borsa e Titoli di Credito, Giuffrè, Milão

BFDUC — Boletim da Faculdade de Direito da Universidade de Coimbra

BGB — Bürgerliches Gesetzbuch

BMJ — Boletim do Ministério da Justiça

CEDAM — Casa Editrice Dottore Antonio Milani

CCC de Scialoja e Branca — Commentario del Codice Civile, da responsabilidade de Antonio Scialoja e, posteriormente, também de Giuseppe Branca, Nicola Zanichelli Editore, Bolonha, e Società Editrice del "Foro Italiano", Roma

CJ — Colectânea de Jurisprudência, Palácio da Justiça, Coimbra

CPC — Código de Processo Civil, aprovado pelo Decreto-Lei n.º 44129, de 28 de Dezembro de 1961, e alterado por legislação posterior.

CRP — Código do Registo Predial, aprovado pelo Decreto-Lei nº 224/84, de 6 de Julho, e alterado por legislação posterior

DPDP — Dizionario pratico del Diritto Privato, Casa Editrice Dr. Francesco Vallardi, Milão

ED — Enciclopedia del Diritto, Giuffrè, Milão

FIt — Il Foro Italiano, Società Editrice del "Foro Italiano", Roma

GIt — Giurisprudenza Italiana e la Legge, UTET, Turim

Jus — Jus. Rivista di Scienze Giuridiche, Università Cattolica del Sacro Cuore, Milão

NDI — Nuovo Digesto Italiano, UTET, Turim

NGCC — La Nuova Giurisprudenza Civile Commentata, revista bimestral, CEDAM, Pádua

NsDI — Novissimo Digesto Italiano, UTET, Turim

PRT — Portaria de Regulamentação de Trabalho

RAF — Regime do Arrendamento Florestal (Decreto-Lei nº 394/88, de 8 de Novembro)

RAR — Regime do Arrendamento Rural (Decreto-Lei nº 385/88, de 25 de Outubro)

RAU — Regime do Arrendamento Urbano, aprovado pelo Decreto-Lei nº 321--B/90, de 15 de Outubro

RCLJ	—	Revue Critique de Législation et de Jurisprudence, Librairie Générale de Droit et de Jurisprudence, Paris
RDC	—	Rivista di Diritto Civile, CEDAM, Pádua
RDCDGO	—	Rivista del Diritto Commerciale e del Diritto Generale delle Obbligazioni, Casa Editrice Dr. Francesco Vallardi, Milão
RDCiv	—	Rivista di Diritto Civile, Società Editrice Libraria, Milão
RDCP	—	Revista de Derecho y Ciencias Politicas, Facultad de Derecho de la Universidad Nacional Mayor de San Marcos, Lima
RDES	—	Revista de Direito e de Estudos Sociais, Coimbra
RGEU	—	Regulamento Geral das Edificações Urbanas, aprovado pelo Decreto--Lei n.º 38382, de 7 de Agosto de 1951, e alterado por legislação posterior
RIFD	—	Rivista Internazionale di Filosofia del Diritto, Fratelli Bocca, Editori, Milão
RISG	—	Rivista Italiana per le Scienze Giuridiche, Ermanno Loescher, Roma
RLJ	—	Revista de Legislação e de Jurisprudência, Coimbra Editora, Coimbra
ROA	—	Revista da Ordem dos Advogados, Lisboa
RTDC	—	Revue Trimestrielle de Droit Civil, Sirey, Paris
RTDPC	—	Rivista Trimestrale di Diritto e Procedura Civile, Giuffrè, Milão
ScI	—	Scientia Iuridica, Livraria Cruz, Braga
SJ	—	La semaine juridique — Juris-classeur périodique, Editions Techniques, Paris
STJ	—	Supremo Tribunal de Justiça
Temi	—	Temi. Rivista di Giurisprudenza Italiana, Istituto Editoriale Cisalpino, Milão-Varese

TDC dirigido por Grosso e Santoro-Passarelli — Trattato di Diritto Civile, dirigido por Giuseppe Grosso e Francesco Santoro-Passarelli, Casa Editrice Dr. Francesco Vallardi, Milão

TDCC dirigido por Cicu e Messineo — Trattato di Diritto Civile e Commerciale, dirigido por Antonio Cicu e Francesco Messineo (e continuado por Luigi Mengoni), Giuffrè, Milão

TDCI dirigido por Vassalli — Trattato di Diritto Civile Italiano, dirigido por Filippo Vassalli, UTET, Turim

TDP dirigido por Rescigno — Trattato di Diritto Privato, dirigido por Pietro Rescigno, UTET, Turim

TPDCF, por Planiol e Ripert — Traité pratique de Droit Civil français, por Marcel Planiol e Georges Ripert, Librairie Générale de Droit et de Jurisprudence, Paris

UTET	—	Unione Tipografico — Editrice Torinese

BIBLIOGRAFIA

ABELLO, LUIGI, *Della locazione*, vol. I, *Locazione di cose*, reimp., *in* "Il Diritto Civile italiano", sob a direcção de Pasquale Fiore, parte 12ª, "Contratti speciali", III, Eugenio Marghieri, Nápoles, e UTET, Turim, 1908

ABERKANE, HASSEN, *Contribution à l'étude de la distinction des droits de créance et des droits réels — Essai d'une théorie générale de l'obligation "propter rem" en droit positif français*, Librairie Générale de Droit et de Jurisprudence, Paris, 1957

ALARCÃO, RUI DE, *Direito das obrigações*, Coimbra, copiog., 1977-78
— *Direito das obrigações*, texto elaborado por colaboradores, Coimbra, copiog., 1983
— e HENRIQUE MESQUITA, *Sub-rogação nos direitos do credor — parecer forense*, Rio de Janeiro, 1979
— *vide* ANDRADE, MANUEL DE

ALBALADEJO, MANUEL, *Derecho de obligaciones*, 2 vols., 8.ª ed., *in* "Derecho Civil", tomo II, Bosch, Barcelona, 1989

ALLARA, MARIO, *Le nozioni fondamentali del Diritto Civile*, vol. I, 3.ª ed., Giappichelli, Turim, 1949

ALPA, GUIDO, e BESSONE, MARIO, *Atipicità dell'illecito*, 2 vols., Giuffrè, Milão, 1977
— *I fatti illeciti, in* TDP dirigido por Rescigno, vol. 14 (*Obbligazioni e contratti*
— tomo 6.°), 1982

ANDRADE, MANUEL DE, *Teoria geral da relação jurídica*, 2 vols., Almedina, Coimbra, 1960
— *Teoria geral das obrigações*, com a colaboração de RUI DE ALARCÃO, 3.ª ed., Almedina, Coimbra, 1966

ANDRIOLI, VIRGILIO, *Revoca dell'ordinanza di sfratto in danno del secondo inquilino, in* FIt, vol. LXX, ano LXXII, 1947, parte I, c. 572 e 573

ASCENSÃO, OLIVEIRA, *As relações jurídicas reais*, Livraria Morais Editora, Lisboa, 1962
— *A tipicidade dos direitos reais*, Lisboa, 1968
— *Estudos sobre a superfície e a acessão*, separata da ScI, 1973
— *Direito Civil — Reais*, 4.ª ed., reimp., Coimbra Editora, Coimbra, 1987
— *Direito Civil — Sucessões*, 4.ª ed., Coimbra Editora, Coimbra, 1989
— *Locação de bens dados em garantia. Natureza jurídica da locação, in* ROA, ano 45, Setembro, 1985, p. 345 a 390
— *Direito autoral*, AAFDL, Lisboa, 1989

AUBRY, C., e RAU, C., *Cours de Droit Civil français d'après la méthode de Zachariæ*, tomo VI, 5.ª ed., actualizado por ÉTIENNE BARTIN, Imprimerie et Librairie Générale de Jurisprudence, Paris, 1920

254   *José Manuel de Andrade Mesquita*

BARASSI, LODOVICO, *Le obbligazioni (con speciale riguardo ai contratti)*, Giuffrè, Milão, 1934
— *I diritti reali limitati, in particolare l'usufrutto e le servitù*, Giuffrè, Milão, 1947
— *La teoria generale delle obbligazioni*, 2.ª ed., 3 vols., Giuffrè, Milão, 1948
— *Proprietà e comproprietà*, Giuffrè, Milão, 1951
— *Diritti reali e possesso*, 2 vols., Giuffrè, Milão, 1952

BARBERO, DOMENICO, *Il diritto soggettivo, in* FIt, ano LXIV, vol. LXIV, parte IV, 1939, c. 1 a 42
— *La legittimazione ad agire in confessoria e negatoria servitutis*, 2ª ed., Giuffrè, Milão, 1950
— *Sistema istituzionale del Diritto Privato italiano*, 3.ª ed., 2 vols., UTET, Turim, 1951
— *L'usufrutto e i diritti affini*, Giuffrè, Milão, 1952
— *Guerra e pace fra l'"interno" e l'"esterno" del diritto soggettivo (ritorno polemico sul concetto), in* Jus, nova série, ano III, fasc. I, Março, 1952, p. 326 a 354

BARCELLONA, PIETRO, *Frutti (Diritto Civile), in* ED, vol. XVIII, 1969, pp. 204 a 237
— *Frutti e profitto d'impresa*, Giuffrè, Milão, 1970

BASSANELLI, ENRICO, *Note introduttive allo studio della locazione dei fondi rustici, in* "Scritti Giuridici in memoria di Ageo Arcangeli", vol. II, Pádua, CEDAM, 1939, p. 611 a 647
— *Impresa agricola, in* "CCC de Scialoja e Branca", Livro quinto, arts. 2060--2246, 1943

BAUDRY-LACANTINERIE, G.,
— e CHAUVEAU, MAXIME, *Les biens*, 3.ª ed., 1905, vol. VI
— e WAHL, ALBERT, *Du contrat de louage*, tomo I, 3.ª ed., 1906, vol. XX
— e DE LOYNES, *Du nantissement, des privilèges & hypothèques et de l'expropriation forcée*, tomo I, 3.ª ed., 1906, vol. XXIV
Nota: Os volumes indicam a ordem do "Traité théorique et pratique de Droit Civil", Librairie de la Société du Recueil J.-B. Sirey et du Journal du Palais, Paris, no qual todas estas obras se incluem.

BECQUÉ, EMILE, *Suretés réeles*, 1ª parte, *in* "TPDCF, por Planiol e Ripert", tomo XII, 2.ª ed., 1953

BESSONE, MARIO: *vide* ALPA, GUIDO

BETTI, EMILIO, *Teoria generale delle obbligazioni*, vol. III, 2 — IV, 1955, Giuffrè, Milão

BIANCA, MASSIMO, *Diritti personali, in* NsDI, vol. V, 1960, pp. 729 a 733
— *Inadempimento delle obbligazioni, in* "CCC de Scialoja e Branca", arts. 1218--1229, reimp. da 1.ª ed., 1967
— *La vendita e la permuta, in* "TDCI dirigido por Vassalli", vol. VII, tomo 1.º, 1972
— *L'obbligazione, in* "Diritto Civile", vol. 4, Giuffrè, Milão, 1990

BIONDI, BIONDO, *Le servitù prediali nel Diritto Romano*, Giuffrè, Milão, 1946

BONFANTE, PIETRO, *Scritti giuridici varii*, vol. II, *Proprietà e servitù*, UTET, Turim, 1926
— *Corso di Diritto Romano*, vol. II, *La proprietà*, secção 1.ª, Attilio Sampaolesi
— Editore, Roma, 1926

BRANCA, GIUSEPPE, *Servitù prediali, in* "CCC de Scialoja e Branca", arts. 1027-1099, 3.ª ed., 1963

Direitos Pessoais de Gozo 255

— *Istituzioni di Diritto Privato*, 6.ª ed., Zanichelli, Bolonha, 1982

BRASIELLO, UGO, *Anticresi con patto di compensazione ed estinzione anticipata, in* "Studi in onore di Antonio Cicu", vol. II, Giuffrè, Milão, 1951, p. 515 a 523

BREGLIA, MARIO, *Il negozio giuridico parziario*, Luigi Pierro — Editore, Nápoles, 1916
— *Questioni controverse in tema di contratto parziario*, RDCDGO, vol. XX, 1922, 1.ª parte, p. 457 a 495

BRUGI, BIAGIO, *Della proprietà*, vol. I, in "Il Diritto Civile italiano", por Pasquale Fiore, parte IV, I, Eugenio Marghieri, Nápoles, e UTET, Turim, 1911

BUSNELLI, FRANCESCO DONATO, *Sulla tutela "esterna" del diritto di credito, in* NATOLI, *L'attuazione del rapporto obbligatorio*, vol. IV, p. 203 a 279, Giuffrè, Milão, 1964
— *La lesione del credito da parte di terzi*, Giuffrè, Milão, 1964

BUSSANI, MAURO, *Locazione finanziaria, in* RDC, ano XXXII, 1986, n.° 6, Novembro--Dezembro, 2.ª parte, p. 585 a 616

CABERLOTTO, ENRICO, *Anticresi, in* NDI, vol. I, 1937, p. 485 a 507

CABRAL, RITA AMARAL, *A eficácia externa da obrigação e o n.° 2 do art. 406.° do Código Civil*, Livraria Cruz, Braga, s. d.

CAMPOS, LEITE DE, *Nota sobre a admissibilidade da locação financeira restitutiva ("lease--back") no Direito Português, in* ROA, ano 42, Setembro-Dezembro, 1982, p. 775 a 793
— *A locação financeira na óptica do utente, in* ROA, ano 43, 1983, p. 319 a 346

CARNELUTTI, FRANCESCO, *Appunti sulle obbligazioni, in* RDCDGO, vol. XIII, 1915, 1.ª parte, pp. 525 a 569, e 617 a 629
— *Diritto e processo nella teoria delle obbligazioni, in* "Studi di Diritto Processuale in onore di Giuseppe Chiovenda", CEDAM, Pádua, 1927, p. 221 a 341
— *Obbligo del debitore e diritto del creditore, in* RDCDGO, vol. XXV, 1927, 1.ª parte, p. 295 a 326
— *Lezioni di diritto processuale civile — Processo di esecuzione*, vol. II, CEDAM, Pádua, 1931

CARRARA, GIOVANNI, *I contratti agrari, in* "TDCI dirigido por Vassalli", vol. 10.°, tomo 2.°, 3.ª ed., 1954

CARRESI, FRANCO, *Precario (Diritto Civile), in* ED, vol. XIII, 1966, p. 558 a 560

CARVALHO, ORLANDO DE, *Direito das coisas*, Centelha, Coimbra, 1977

CASTAÑEDA, JORGE EUGENIO, *El derecho de las obligaciones. Sección Quinta. Efectos de las obligaciones, in* RDCP, ano XXVI, n° II, p. 209 a 344, e ano XXVII, n.os II--III, p. 243 a 318

CATAUDELLA, ANTONINO, *Sul contenuto del contratto*, Giuffrè, Milão, 1966

CHAMPAUD, CLAUDE, *Le leasing, in* SJ, ano de 1965, I, 1954, n.os 1 a 53

CHAUVEAU, MAXIME: *vide* BAUDRY-LACANTINERIE, G.

CIAN, GIORGIO, *Antigiuridicità e colpevolezza. Saggio per una teoria dell' illecito civile*, CEDAM, Pádua, 1966

CICU, ANTONIO, *Corso di diritto agrario*, Giuffrè, Milão, 1937
— *L'obbligazione nel patrimonio del debitore*, Giuffrè, Milão, 1948

COCO, GIOVANNI SILVIO, *Locazione (Diritto Privato), in* ED, vol. XXIV, 1974, p. 918 a 997

COELHO, F. M. PEREIRA, *Obrigações*, copiog., Coimbra, 1967
— *O enriquecimento e o dano*, separata da RDES, anos XV e XVI, Almedina, Coimbra, 1970

256 *José Manuel de Andrade Mesquita*

— *Arrendamento. Direito substantivo e processual*, copiog., Coimbra, 1988
COELHO, LUÍS PINTO, *Lições de direitos reais*, publicadas por M. J. Lopes Cardoso, M. L. Miranda Santos e Clemente Rogeiro, Tipografia das Oficinas de S. José, Lisboa, 1945
COMPORTI, MARCO, *Contributo allo studio del diritto reale*, Giuffrè, Milão, 1977
— *Le servitù prediali, in* "TDP dirigido por Rescigno", vol. 8 (Proprietà — tomo 2.°), 1982, p. 153 a 243
CORDEIRO, ANTÓNIO MENEZES, *Direitos reais*, 2 vols., *in* "Cadernos de ciência e técnica fiscal", n.° 114, Imprensa Nacional — Casa da Moeda, Lisboa, 1979
— *Da natureza do direito do locatário, in* ROA, ano 40, 1980, p. 61 a 136, e 349 a 415
— *Direito das obrigações*, 2 vols., AAFDL, Lisboa, 1980
— *Direitos reais — sumários*, copiog., Lisboa, 1984-1985
— *Da boa fé no Direito Civil*, vol. I, Almedina, Coimbra, 1985
— *Teoria geral do Direito Civil*, 1.° vol., 2.ª ed., AAFDL, Lisboa, 1989
COSTA, MÁRIO JÚLIO DE ALMEIDA, *Direito das obrigações*, 7.ª ed., Almedina, Coimbra, 1998
COTTINO, GASTONE: *vide* GRECO, PAOLO
COVIELLO, NICOLA, *Manuale di Diritto Civile italiano (parte generale)*, 4.ª ed., Società Editrice Libraria, Milão, 1929
DABIN, M. JEAN, *Une nouvelle définition du droit réel, in* RTDC, vol. 60.°, 1962, p. 20 a 44
DALMARTELLO, ARTURO, *Appunti in tema di contratti reali, contratti restitutorii e contratti sinallagmatici, in* RDC, ano I, 1955, p. 817 a 860
DE CUPIS, ADRIANO, *Il danno — Teoria generale della responsabilità civile*, vol. II, 3.ª ed., Giuffrè, Milão, 1979
DE LOYNES: *vide* BAUDRY-LACANTINERIE, G.
DE MARTINI, DEMETRIO, *I fatti produttivi di danno risarcibile*, CEDAM, Pádua, 1983
DE MARTINO, FRANCESCO, *Possesso. Denunzia di nuova opera e di danno temuto, in* "CCC de Scialoja e Branca", Livro terceiro, *Della proprietà* (arts. 1140-1172), 4.ª ed., 1966
DE NOVA, GIORGIO, *Il tipo contrattuale*, CEDAM, Pádua, 1974
— *Analisi critica del progetto Unidroit sul "leasing", in* RDC, ano XXX, 1984, n.° 5, 2.ª parte, p. 532 a 539
— *I nuovi contratti, in* RDC, ano XXXVI, 1990, n.° 4, 2.ª parte, p. 497 a 518
DEIANA, GIOMMARIA, *La tutela del locatario per le molestie di fatto (appunti per uno studio), in* AT, vol. XVI (Serie III, vol. II), Fasc. I-II (Janeiro-Junho), 1945, p. 219 a 294
— *Surrogazione dell'indennità alla cosa in usufrutto, in* RDCDGO, ano XLIV, 1946, 1.ª parte, p. 315 a 348
— *In tema di conflitto tra due locatari dello stesso immobile, in* GIt, vol. XCIX, 1947, parte I, secção 2.ª, c. 167 a 180
— *L'articolo 1380 del Codice Civile ed il conflitto tra diritti di credito, in* AT, vol. XVII (Serie IV, vol. I), secção 1.ª, 1947, p. 5 a 81
— *In tema di conflitto fra conduttori, in* GIt, vol. CI, 1949, parte IV, c. 1 a 15
— *Considerazioni sul diritto di godimento del conduttore, in* "Studi in onore di Antonio Cicu", vol. I, Giuffrè, Milão, 1951, p. 227 a 244

DELLE SEDIE, CORRADO, *Subingresso del comodatario nei diritti del comodante?*, in GIt, vol. CXVII, 1965, parte I, secção 2.ª, c. 361 e 362

DELVECCHIO, FRANCO, *Godimento di alloggi: locazione, comodato, contratto atipico*, in RTDPC, ano I, 1947, p. 628 a 643

DEMOGUE, RENÉ, *Les notions fondamentales du Droit Privé — Essai critique*, Librairie Nouvelle de Droit et de Jurisprudence, Paris, 1911

DEMOLOMBE, C., *Cours de Code Napoléon*, vol. IX, *Traité de la distinction des biens*, t. I, A. Lahure, Éditeur, Paris, 1881 (há uma edição da Imprimerie Générale, Paris, s. d.)

DERRUPÉ, JEAN, *La nature juridique du droit du preneur a bail et la distinction des droits réels et des droits de créance*, Librairie Dalloz, Paris, 1952

DI MAJO, ADOLFO, *Delle obbligazioni in generale*, in "CCC de Scialoja e Branca", arts. 1173-1176, 1988
— e FRANCARIO, L., *Proprietà e autonomia contrattuale*, Giuffrè, Milão, 1990

DÍEZ-PICAZO, LUIS, *Fundamentos del Derecho Civil patrimonial*, vol. I, 2ª ed., reimp., Tecnos, Madrid, 1986

DISTASO, NICOLA, *Diritto reale, servitù e obbligazione "propter rem"*, in RTDPC, ano VII, 1953, p. 437 a 475

DUARTE, RUI PINTO, *A locação financeira (Estudo jurídico do "leasing" financeiro)*, Editora Danúbio, Lisboa, 1983

DUCLOS, JOSÉ, *L'opposabilité (essai d'une theorie générale)*, Librairie Générale de Droit et de Jurisprudence, Paris, 1984

ESMEIN, PAUL: *vide* PLANIOL, MARCEL

FADDA, CARLO, *Servitù*, Lorenzo Alvano, Libraio-Editore, Nápoles, 1913

FALZEA, *L'offerta reale e la liberazione coattiva del debitore*, Giuffrè, Milão, 1947

FARIA, JORGE RIBEIRO DE, *Direito das obrigações*, 2 vols., reimp., Almedina, Coimbra, 1990

FARJAT, GÉRARD, *Droit privé de l'économie. 2 — Théorie des obligations*, Presses Universitaires de France, Paris, 1975

FEDELE, ALFREDO, *Il problema della responsabilità del terzo per pregiudizio del credito*, Giuffrè, Milão, 1954

FERRARA, FRANCESCO, *Trattato di Diritto Civile italiano*, vol. I, parte I, Athenaeum, Roma, 1921

FERRARA jr., FRANCESCO, *La teoria giuridica dell'azienda*, reimp. da 2ª ed., Giuffrè, Milão, 1982

FERRARINI, GUIDO, *La locazione finanziaria*, Giuffrè, Milão, 1977
— *La locazione finanziaria ("leasing")*, in "TDP dirigido por Rescigno", vol. 11, 1984, p. 3 a 24

FERRI, LUIGI, *L'autonomia privata*, Giuffrè, Milão, 1959

FERRINI, CONTARDO, *Manuale di Pandette*, 3.ª ed., Società Editrice Libraria, Milão, 1908

FERRUCCI, ROMEO: *vide* NATOLI, UGO

FIORENTINO, ADRIANO, *Deposito*, in "CCC de Scialoja e Branca", arts. 1754-1860, 1959, p. 54 a 136

FRAGALI, MICHELE, *Affitto in generale*, in ED, vol. I, 1958, p. 729 a 761
— *Comodato*, in "CCC de Scialoja e Branca", arts. 1754-1860, 1959, p. 146 a 243
— *Garanzia*, in ED, vol. XVIII, 1969, p. 446 a 466

258   *José Manuel de Andrade Mesquita*

— *Anticresi, in* "CCC de Scialoja e Branca", arts. 1960-1991, 2ª ed., 1974, p. 1 a 219

FRANCARIO, L.: *vide* DI MAJO, ADOLFO

FRIGNANI, ALDO, *La convenzione di diritto uniforme sul "leasing" internazionale, in* RDC, ano XXXIV, 1988, n.º 2, Março-Abril, p. 231 a 237

FUBINI, RICCARDO, *Il contratto di locazione di cose*, 2 vols., 2.ª ed., Società Editrice Libraria, Milão, 1910

— e SEQUI, CARLO, *Locazione di cose, in* NDI, vol. VII, 1938, p. 1000 a 1054

FUNAIOLI, CARLO ALBERTO, *Intorno al concetto di realità e ai diritti di godimento su cosa altrui, in* RIFD, ano XXII — Serie II, 1942, p. 253 a 267

— *Oneri reali e obbligazioni "propter rem": a proposito della distinzione fra diritti di credito e diritti reali, in* GC, 1953, I, p. 163 a 178

— *Consegna (in generale), in* ED, vol. IX, 1961, p. 131 a 139

GABOLDE, GABRIEL: *vide* PLANIOL, MARCEL

GABRIELLI, GIOVANNI, *Fra tipicità e atipicità del contratto: locazione o servitù irregolare?, in* RDC, ano XXXVI, 1990, n.º 3, Maio-Junho, 1.ª parte, p. 359 a 392

GALGANO, FRANCESCO, *Diritto Privato*, 5.ª ed., CEDAM, Pádua, 1988

GALLO, PAOLO, *L'arricchimento senza causa*, CEDAM, Pádua, 1990

GANGI, CALOGERO, *Le obbligazioni*, Giuffrè, Milão, 1951

GERI, LINA BIGLIAZZI, *L'usufrutto — Appunti delle lezioni*, Giuffrè, Milão, 1977

— *Usufrutto, uso e abitazione, in* "TDCC dirigido por Cicu e Messineo", vol. XI, tomo 1, 1979

GHEZZI, *Cortesia (Prestazioni di), in* ED, vol. X, 1962, p. 1048 a 1055

GINOSSAR, *Droit réel, propriété et créance — Élaboration d'un système rationnel des droits patrimoniaux*, Librairie Générale de Droit et de Jurisprudence, Paris, 1960

GIORDANO, ALESSANDRO, *Collisione tra diritti personali di godimento, in* FIt, vol. LXX, ano LXXII, 1947, parte I, c. 1020 a 1028

GIORGI, TITO: *vide* PACIFICI-MAZZONI, EMIDIO

GIORGIANNI, MICHELE, *Contributo alla teoria dei diritti di godimento su cosa altrui*, I, Giuffrè, Milão, 1940

— *L'obbligazione (la parte generale delle obbligazioni)*, reimp., Giuffré, Milão, 1951

— *Diritti reali (Diritto Civile), in* NsDI, vol. V, 1960, p. 748 a 753

— *Obbligazione (Diritto Privato), in* NsDI, vol. XI, p. 581 a 614

— *Inadempimento (Diritto Privato), in* ED, vol. XX, 1970, p. 860 a 890

— *Riflessioni sulla "tipizzazione" dei contratti agrari, in* "Studi in onore di Gioacchino Scaduto" — Diritto Civile, vol. I, CEDAM, Pádua, 1970, p. 531 a 542

— *L'inadempimento. Corso di Diritto Civile*, 3ª ed., Giuffrè, Milão, 1975 (entre nós é de mais fácil acesso uma edição de 1959, para a qual também se remete)

— *vide* NICOLÒ, ROSARIO

GIOVANOLI, MARIO, *Le crédit-bail (leasing) en Europe: développement et nature juridique*, Librairies Techniques, Paris, 1980

GIOVENE, ACHILLE, *Per una teoria del negozio giuridico rispetto ai terzi, in* RDCDGO, vol. XIV, 1916, 1.ª parte, p. 589 a 603

— *Il negozio giuridico rispetto ai terzi*, 2.ª ed., UTET, Turim, 1917

Gomes, Orlando, e Varela, Antunes, *Direito econômico*, São Paulo, Saraiva, 1977

Gonçalves, Cunha, *Tratado de Direito Civil, em comentário ao Código Civil português*, vol. VIII, Coimbra Editora, Coimbra, 1934

Gorla, Gino, *La compravendita e la permuta*, *in* "TDCI dirigido por Vassalli", vol. VII, tomo 1.º, 1937

Greco, Paolo, e Cottino, Gastone, *Vendita*, 2.ª ed., *in* "CCC de Scialoja e Branca", arts. 1470-1547, 1981

Greco, Ruggero, *Concessione "ad aedificandum" ad efficacia reale e ad efficacia obbligatoria*, *in* Temi, ano XLIV (ano XXIII da nova série), 1968, p. 340 a 352

Guarino, Antonio, *Locazione*, *in* "TDC dirigido por Grosso e Santoro-Passarelli", vol. V, fasc. III, Milão, 1965

Hedemann, Justus Wilhelm, *Derechos reales*, *in* "Tratado de Derecho Civil", vol. 2.º, tradução castelhana por Diez Pastor e Gonzalez Enriquez, Editorial Revista de Derecho Privado, Madrid, 1955

Hugueney, Pierre, *Responsabilité civile du tiers complice de la violation d'une obligation contractuelle*, Librairie Nouvelle de Droit et de Jurisprudence, Paris, 1910

Jhering, Rudolf von, *Œuvres choisies*, tradução francesa por O. de Meulenaere, vol. II, Chevalier-Marescq et Cie, Éditeur, Paris, 1893

Jorge, Fernando Pessoa, *Direito das obrigações*, AAFDL, Lisboa, 1975/76

Juglart, Michel de, *Cours de Droit Civil avec plans de devoirs et études de questions pratiques*, Tomo I, 2.º vol., *Biens — Obligations*, 8.ª ed., Éditions Montchrestien, Paris, 1974
— *vide* Mazeaud

La Rosa, Pavone, *Responsabilità civile*, *in* RTDPC, ano IV, 1950, p. 1054 a 1073

Larenz, Karl, *Lehrbuch des Schuldrechts*, vol. I, 14.ª ed., 1987; vol. II/1, 13.ª ed., 1986, e vol. II, 12.ª ed., 1981, todos da C. H. Beck'sche Verlagsbuchhandlung, Munique
— *Allgemeiner Teil des deutschen Bürgerlichen Rechts*, 7.ª ed., C. H. Beck'sche Verlagsbuchhandlung, Munique, 1989

Le Gall, Jean-Pierre, *L'obligation de garantie dans le louage de choses*, Librairie Générale de Droit et de Jurisprudence, Paris, 1962

Lener, Angelo, *La comunione*, *in* "TDP dirigido por Rescigno", vol. 8 (Proprietà — tomo 2.º), 1982, p. 247 a 334

Lima, Pires de, Anotação ao Acórdão do STJ, de 4 de Maio de 1956, *in* RLJ, ano 89.º, p. 278 a 282
— *Do usufruto, uso e habitação*, separata do BMJ, nº 79, 1958
— *Das coisas*, separata do BMJ, nº 91, 1960
— e Varela, Antunes, *Código Civil anotado*, vol. I, com a colaboração de M. Henrique Mesquita, 4.ª ed., 1987; vol. II, 4.ª ed., 1997; vol. III, com a colaboração de M. Henrique Mesquita, 2.ª ed., 1984; todos editados pela Coimbra Editora, Coimbra

Lopes, Luiz, *Os contratos de parceria e o futuro Código Civil*, separata da ScI, tomo XV, 1966, n.º 78, Março-Abril, p. 142 a 157, e n.ºs 79-80, Maio-Agosto, p. 306 a 324
— *Do contrato de parceria pecuária*, edição do autor, 1965

Los Mozos, Jose Luis de, *Derecho Civil (metodo, sistemas y categorias juridicas)*, Editorial Civitas, Madrid, 1988

260 José Manuel de Andrade Mesquita

LOUREIRO, JOSÉ PINTO, *Tratado da locação*, vol. I (1946), e vol. III (1947), ambos da Coimbra Editora, Coimbra

LUCCHINI, EMANUELE, *Fallimento dell'utilizzatore e disciplina del contratto di "leasing"*, *in* NGCC, ano VI, 1990, n.º 6, Novembro-Dezembro, p. 483 a 490

— *La risoluzione del contratto di "leasing" finanziario, in* RTDPC, ano XLV, 1991, n.º 2, Junho, p. 491 a 509

LUFINHA, ANTÓNIO RODRIGUES, *A posse de boa-fé para efeitos de prescrição*, separata do vol. VIII do suplemento ao BFDUC, Coimbra Editora, Coimbra, 1949

LUMINOSO, ANGELO, *La tutela aquiliana dei diritti personali di godimento*, Giuffrè, Milão, 1972

MACHADO, J. BAPTISTA, *Introdução ao Direito e ao discurso legitimador*, 2.ª reimp., Almedina, Coimbra, 1987

MANDRIOLI, DINO, *"Commodum repraesentationis", in* RDCiv, ano XX, 1928, p. 417 a 472

— *Locazione di cose, in* DPDP, vol. III, parte II, 1934, p. 268 a 378

— *Diritti personali, in* NDI, vol. IV, 1938, p. 868 a 871

— *Diritti reali, in* NDI, vol. IV, 1938, p. 879 a 883

MARCADÉ, V., *Explication théorique et pratique du Code Napoléon*, tomo VI, 5.ª ed., Librairie de Jurisprudence de Cotillon, Paris, 1852

MARQUES, DIAS, *Direitos reais (parte geral)*, vol. I, Lisboa, 1960

— *Prescrição aquisitiva*, vol. II, Lisboa, 1960

— *Noções elementares de Direito Civil*, Centro de Estudos de Direito Civil da Faculdade de Direito da Universidade de Lisboa, 1973

MARTINEZ, PEDRO ROMANO, *O subcontrato*, Almedina, Coimbra, 1989

MARTY, GABRIEL, e RAYNAUD, PIERRE, *Droit Civil*, II, 2.º vol., *Les biens*, Sirey, Paris, 1965

MASI, ANTONIO, *Inadempimento (premessa storica), in* ED, vol. XX, 1970, p. 858 a 860

— *Il possesso e la denuncia di nuova opera e di danno temuto, in* "TDP dirigido por Rescigno", vol. 8 (Proprietà — tomo 2.º), 1982, p. 425 a 519

MAZEAUD, M. HENRI; MAZEAUD, LÉON, e MAZEAUD, JEAN, *Leçons de Droit Civil*, tomo III, vol. 2 — *Principaux contrats*, 1.ª parte, 6.ª ed., 1984, e 2.ª parte, 5.ª ed., 1980, ambas por MICHEL DE JUGLART, Éditions de Montchrestien, Paris

MENDES, CASTRO, *Teoria geral do Direito Civil*, vol. I, AAFDL, Lisboa, 1978

MENGONI, LUIGI, *Conflitto tra locatari possessori successivi (art. 1380, comma 1.º, c. c.), in* RTDPC, ano II, 1948, p. 696 a 703

— *L'oggetto della obbligazione, in* Jus, nova série, ano III, fasc. I, Março, 1952, p. 156 a 186

MESQUITA, J. ANDRADE, *Suspensão do pagamento da renda e questões conexas, in* Boletim do Conselho Nacional do Plano, n.º 20, 1990, p. 175 a 204

MESQUITA, MANUEL HENRIQUE, *Direitos reais*, copiog., Coimbra, 1967

— *Obrigações reais e ónus reais*, Almedina, Coimbra, 1990

— *vide* ALARCÃO, RUI DE

— *vide* LIMA, PIRES DE

MESQUITA, MIGUEL, *Apreensão de bens em processo executivo e oposição de terceiro*, Almedina, Coimbra, 1998

MESSINEO, FRANCESCO, *Le servitù (artt. 1027 — 1099 Cod. Civ.)*, reimp., Giuffrè, Milão, 1949

Direitos Pessoais de Gozo   261

— *Manuale di Diritto Civile e Commerciale (codici e norme complementari),* vol. III, 9.ª ed., Giuffrè, Milão, 1959

— *Contratto (Diritto Privato — Teoria generale), in* ED, vol. IX, 1961, p. 784 a 979

Miccio, Renato, *La locazione, in* "Giurisprudenza sistematica Civile e Commerciale" dirigida por Walter Bigiavi, UTET, Turim, 1967

Mirabelli, Giuseppe, *È la locazione una vendita di godimento?, in* "Scritti giuridici in memoria di Marcello Barberio Corsetti", Giuffrè, Milão, 1965, p. 505 a 534

— *Dei contratti in generale, in* "Commentario del Codice Civile", Livro IV, tomo 2.º, 2.ª ed., UTET, Turim, 1967

— *Dei singoli contratti, in* "Commentario del Codice Civile", Livro IV, tomo 3.º, 2.ª ed., UTET, Turim, 1968

— *La locazione, in* "TDCI dirigido por Vassalli", vol. VII, tomo 4.º, 1972

— *Il "leasing" e il diritto italiano, in* BBTC, ano XXXVII, 1974, 1.ª parte, p. 228 a 260

Montel, Alberto, *Il possesso, in* "TDCI dirigido por Vassalli", vol. V, tomo 4º, 2ª ed., 1962

— *Detenzione (Diritto Civile), in* NsDI, vol. V, 1960, p. 554 a 568

— *Frutti (Diritto Civile), in* NsDI, vol. VII, 1961, p. 666 a 672

Mosco, Luigi, *Onerosità e gratuità degli atti giuridici con particolare riguardo ai contratti,* Casa Editrice Dr. Francesco Vallardi, Milão, 1942

— *I frutti nel diritto positivo,* Giuffrè, Milão, 1947

Natoli, Ugo, *Il conflitto dei diritti e l'art. 1380 del Codice Civile,* Giuffrè, Milão, 1950

— *La proprietà. Appunti delle lezioni,* vol. I, 2ª ed., reimp., Giuffrè, Milão, 1980

— e Ferrucci, Romeo, *Della tutela dei diritti, in* "Commentario del Codice Civile", Livro VI, tomo I, UTET, Turim, 1959

Natucci, Alessandro, *La tipicità dei diritti reali,* 2.ª ed., CEDAM, Pádua, 1988

Nicolò, Rosario, *L'adempimento dell'obbligo altrui,* Giuffrè, Milão, 1936

— *Istituzioni di Diritto Privato,* I, Giuffrè, Milão, 1962

— e Giorgianni, Michele, *Usufrutto (Diritto Civile), in* NDI, vol. XII, 2.ª parte, 1940, p. 778 a 801

Oppo, Giorgio, *I contratti di durata, in* RDCDGO, ano XLI, 1943, 1.ª parte, p. 143 a 180, e 227 a 250

Pacifici-Mazzoni, Emidio, *Istituzioni di Diritto Civile italiano,* vol. V (*parte speciale*), 4.ª ed., com notas de Giulio Venzi e Tito Giorgi, Casa Editrice Libraria "Fratelli Cammelli", Florença, 1913

Palermo, Antonio, *Usufrutto, uso-abitazione, in* "Giurisprudenza sistematica Civile e Commerciale", dirigida por Walter Bigiavi, UTET, Turim, 1966

Palermo, Gianfranco, *La superficie, in* "TDP dirigido por Rescigno", vol. 8 (Proprietà — tomo 2.º), 1982, p. 3 a 38

— *L'usufrutto, in* "TDP dirigido por Rescigno", vol. 8 (Proprietà — tomo 2.º), 1982, p. 99 a 140

Perris, Corrado, *Comodato (Contratto di), in* NDI, vol. III, 1938, p. 403 a 408

Persico, Giovanni, *Anticresi (Diritto Civile), in* ED, vol. II, 1958, p. 531 a 542

Pinto, Mota, *Cessão da posição contratual,* reimp., Almedina, Coimbra, 1982

— *Direitos reais,* apontamentos recolhidos por Álvaro Moreira e Carlos Fraga, Almedina, Coimbra, s. d.

262 José Manuel de Andrade Mesquita

— *Teoria geral do Direito Civil*, 3.ª ed., Coimbra Editora, Coimbra, 1985
— *Uma nova modalidade jurídica de financiamento industrial: o "Leasing"*, in RDES, ano XII, n.º 4, 1965, p. 103 a 110

PLANIOL, MARCEL, *Traité élémentaire de Droit Civil*, tomo I, 6ª ed., Librairie Générale de Droit & de Jurisprudence, Paris, 1911
— e RIPERT, GEORGES; ESMEIN, PAUL; RADOUANT, JEAN, e GABOLDE, GABRIEL, *Obligations*, 2.ª parte, vol. VII do "TPDCF, por Planiol e Ripert", 2.ª ed., 1954

POLACCO, VITTORIO, *Appunti sulle locazioni di cose*, in RISG, vol. IV, 1887
— *Le obbligazioni nel Diritto Civile italiano*, 2.ª ed., Athenaeum, Roma, 1915

PROVERA, GIUSEPPE, *Locazione — Disposizioni generali*, in "CCC de Scialoja e Branca", arts. 1571-1606, 1980

PUGLIESE, GIOVANNI, *Usufrutto, uso e abitazione*, in "TDCI dirigido por Vassalli", vol. 4.º, tomo 5.º, reimp. da 1.ª ed., revista e corrigida, 1956
— *Diritti reali*, in ED, vol. XII, 1964, p. 755 a 776

RADOUANT, JEAN: *vide* PLANIOL, MARCEL

RAGUSA, GIUSEPPE, *A proposito di concessione in godimento dei banchi di vendita del mercato e delle celle frigorifere sottostanti*, in GIt, vol. CVII, 1955, parte I, secção 1.ª, c. 45 a 50

RATTI, UMBERTO, *Sul diritto di godimento del locatario*, in "Studi di diritto commerciale in onore di Cesare Vivante", vol. II, Roma, Società Editrice del "Foro Italiano", 1931, p. 489 a 508

RAU, C.: *vide* AUBRY, C.

RAYNAUD, PIERRE: *vide* MARTY, GABRIEL

RESCIGNO, PIETRO, *Obbligazioni (nozioni)*, in ED, vol. XXIX, 1979, p. 133 a 211

RIBEIRO, JOSÉ DE ALMEIDA, *Natureza jurídica do direito do arrendatário*, in ROA, ano 8.º, n.ºs 1 e 2, 1948, p. 165 a 200

RIGAUD, LOUIS, *La théorie du droit réel et de l'obligation et la 'Science juridique pure'*, in RCLJ, 1925, p. 423 a 439
— *El derecho real*, tradução castelhana por J. R. Xirau, Reus, Madrid, 1928

RIPERT, GEORGES: *vide* PLANIOL, MARCEL

RODOTÀ, STEFANO, *Il problema della responsabilità civile*, Giuffrè, Milão, 1967 (reimp. da edição de 1964)
— *Note critiche in tema di proprietà*, in RTDPC, ano XIV, 1960, p. 1252 a 1341

RODRIGUES, MANUEL, *A posse — estudo de Direito Civil português*, 2.ª ed, Coimbra Editora, Coimbra, 1940

ROGUIN, ERNEST, *La règle de Droit*, F. Rouge, libraire-éditeur, Lausanne, 1889

ROMANO, FRANCESCO, *Diritto e obbligo nella teoria del diritto reale*, Morano, Nápoles, 1967

ROMANO, SANTI, *Diritti assoluti*, in "Frammenti di un dizionario giuridico", Giuffrè, Milão, 1947, p. 52 a 63

ROPPO, ENZO, *O contrato*, tradução portuguesa por Ana Coimbra e Januário C. Gomes, Almedina, Coimbra, 1988

SACCO, RODOLFO, *L'arricchimento ottenuto mediante fatto ingiusto*, UTET, Turim, 1959
— *Possesso (Diritto Privato)*, in ED, vol. XXXIV, 1985, p. 491 a 519
— *Il possesso*, in "TDCC dirigido por Cicu e Messineo", vol. VII, 1988

SALEILLES, RAYMOND, *Étude sur la théorie générale de l'obligation*, 3.ª ed., Librairie Générale de Droit & de Jurisprudence, Paris, 1914

SALIS, LINO, *La superficie*, in "TDCI dirigido por Vassalli", vol. IV, tomo 3.º, 2.ª ed., 1958

SANTORO-PASSARELLI, FRANCESCO, *Teoria geral do Direito Civil*, tradução portuguesa da 8.ª ed. de "Dottrine generali del Diritto Civile", por Manuel de Alarcão, Atlântida Editora, Coimbra, 1967
— *Diritti assoluti e relativi*, in ED, vol. XII, 1964, p. 748 a 755
— *Variazione penalistica sul "leasing"*, in RTDPC, ano XL, 1986, n.º 2, Junho, p. 373 a 376

SATTA, SALVATORE, *Doppia locazione novennale e trascrizione*, in GIt, vol. CII, 1950, parte I, secção 1.ª, c. 335 a 338

SAVATIER, M. RENÉ, *La théorie des obligations en droit privé économique*, 4.ª ed., Dalloz, Paris, 1979

SCUTO, CARMELO, *Teoria generale delle obbligazioni con riguardo al nuovo Codice Civile*, 1.ª parte, 3.ª ed., Libreria Internazionale Treves di Leo Lupi, Nápoles, 1950

SEQUI, CARLO: *vide* FUBINI, RICCARDO

SERRA, VAZ, *Anotação ao Acórdão do STJ, de 21 de Maio de 1976*, in RLJ, ano 110.º, 1977-1978, p. 169 a 176
— *Anotação ao Acórdão do STJ, de 29 de Janeiro de 1980*, in RLJ, ano 114.º, 1981-1982, p. 20 a 24
— *Dação em cumprimento, consignação em depósito, confusão, e figuras afins — Estudo de política legislativa*, separata do BMJ, n.ᵒˢ 39, 40 e 41, 1954
— *Penhor. Penhor de coisas — Penhor de direitos*, separata do BMJ, n.ᵒˢ 58 e 59, 1956
— *Excepção de contrato não cumprido*, separata do BMJ, nº 67, 1957
— *Consignação de rendimentos*, separata do BMJ, nº 65, 1957
— *Objecto da obrigação — a prestação — suas espécies, conteúdo e requisitos*, in BMJ, n.º 74, Março, 1958, p. 15 a 283
— *Responsabilidade patrimonial*, separata do BMJ, n.º 75, 1958
— *Exibição de coisas ou documentos*, in BMJ, n.º 77, Junho, 1958, p. 227 a 251
— *Direito das obrigações (com excepção dos contratos em especial). Anteprojecto*, separata do BMJ, 1960

SILVA, JOÃO CALVÃO DA, *Cumprimento e sanção pecuniária compulsória*, Separata do vol. XXX do suplemento ao BFDUC, Coimbra, 1987
— *Responsabilidade civil do produtor*, Almedina, Coimbra, 1990

SILVA, MANUEL DUARTE GOMES DA, *O dever de prestar e o dever de indemnizar*, vol. I, Lisboa, 1944 (existe uma edição posterior, repaginada, s. d.)
— *Curso de direitos reais*, lições organizadas pelos alunos António Ponte e António Protasio, AAFDL, Lisboa, 1955

SIMLER, PHILIPPE: *vide* WEILL, ALEX

SOUSA, MIGUEL TEIXEIRA DE, *O concurso de títulos de aquisisão da prestação. Estudo sobre a dogmática da pretensão e do concurso de pretensões*, Almedina, Coimbra, 1988

TABET, ANDREA, *Locazione (in generale) (Diritto Civile)*, in NsDI, vol. IX, 1963, p. 996 a 1036
— *La locazione — conduzione*, in "TDCC dirigido por Cicu e Messineo", vol. XXV, 1972

264   *José Manuel de Andrade Mesquita*

— *La locazione di beni strumentali (leasing)*, in BBTC, ano XXXVI, 1973, 2.ª parte, p. 287 a 297

TAMBURRINO, GIUSEPPE, *Comodato (Diritto Civile)*, in ED, vol. VII, 1960, p. 994 a 1006

— *Le servitù*, in "Giurisprudenza sistematica Civile e Commerciale", dirigida por Walter Bigiavi, UTET, Turim, 1968

TARTUFARI, ASSUERO, *Del possesso considerato nella sua nozione in quanto riguarda soggetti ed oggetti*, edição póstuma por LUIGI TARTUFARI, UTET, Turim, 1898

TEDESCHI, VITTORIO, *L'anticresi*, in "TDCI dirigido por Vassalli", vol. 9.º, tomo 3.º, fasc. 1.º, reimp. revista da 1.ª ed., 1954

TELLES, INOCÊNCIO GALVÃO, *Dos contratos em geral*, 2.ª ed., Lisboa, 1962

TERRÉ, FRANÇOIS: *vide* WEILL, ALEX

THON, AUGUST, *Norma giuridica e diritto soggettivo — Indagini di teoria generale del diritto*, tradução italiana por Levi, CEDAM, Pádua, 1939

TILOCCA, ERNESTO, *La distinzione tra diritti reali e diritti di credito*, in AGFS, vol. CXXXVIII (vol. VII da sexta série), fasc. I, 1950, p. 3 a 26

TRABUCCHI, ALBERTO, *Istituzioni di Diritto Civile*, 28.ª ed., CEDAM, Pádua, 1986

TRIFONE, FRANCESCO, *La locazione: disposizioni generali e locazioni di fondi urbani*, in "TDP dirigido por Rescigno", vol. 11, 1984, p. 433 a 643

TRIMARCHI, PIETRO, *Istituzioni di Diritto Privato*, 8.ª ed., Giuffrè, Milão, 1989

TROPLONG, M., "Le Droit Civil expliqué suivant l'ordre du Code", *De l'échange et du louage (commentaire des titres VII et VIII du livre III du Code Napoléon)*, 2 vols., 3.ª ed., Charles Hingray, Libraire-éditeur, Paris, 1859

— "Le Droit Civil expliqué suivant l'ordre du Code", *De la contrainte par corps en matière civile et de commerce. Du nantissement, du gage et de l'antichrèse (commentaire des titres XVI et XVII, Livre III)*, Meline, Cans et Compagnie, Bruxelas, 1848

VARELA, J. M. ANTUNES, *Das obrigações em geral*, vol. I, 5.ª ed., 1986, e 9.ª ed., 1996; vol. II, 7.ª ed., 1997, todos da Almedina, Coimbra

— *Direito das obrigações*, vol. I, 1977, e vol. II, 1978, ambos da Forense, Rio de Janeiro

— *vide* GOMES, ORLANDO

— *vide* LIMA, PIRES DE

VENEZIAN, GIACOMO, *Dell'usufrutto, dell'uso e dell'abitazione*, in "Il Diritto Civile italiano", dirigido por Pasquale Fiore, parte V, *Delle servitù*, vol. I, reimp., 1907, vol. II, reimp., 1913, ambos de Eugenio Marghieri, Nápoles, e UTET, Turim

VENZI, GIULIO: *vide* PACIFICI-MAZZONI, EMIDIO

VISCO, ANTONIO, *Trattato delle case in locazione*, 6ª ed., "Leonardo da Vinci" Editrice, Bari, 1959

VIVANTE, CESARE, *Trattato di Diritto Commerciale*, vol. III, *Le cose*, 4ª ed., Casa Editrice Dottore Francesco Vallardi, Milão, 1914

VON TUHR, ANDREAS, *Tratado de las obligaciones*, tradução castelhana por W. Roces, vol. II, Reus, Madrid, 1934

— *Derecho Civil. Teoria general del Derecho Civil aleman*, vol. III^2, tradução castelhana por Tito Ravà, Editorial Depalma, Buenos Aires, 1948

WEILL, ALEX, e TERRÉ, FRANÇOIS, *Droit Civil — Les obligations*, 3.ª ed., Dalloz, Paris, 1980

— Terré, François, e Simler, Philippe, *Droit Civil — Les biens*, 3.ª ed., Dalloz, Paris, 1985

Wahl, Albert: *vide* Baudry-Lacantinerie, G.

Wieacker, Franz, *História do direito privado moderno*, tradução portuguesa por A. M. Botelho Hespanha, Fundação Calouste Gulbenkian, Lisboa, 1980

Zatti, Paolo, *L'immissione nel possesso dei beni dell'assente*, *in* RDC, ano XV, 1969, 1.ª parte, p. 243 a 305

ÍNDICE

Parte I
Direitos pessoais de gozo: noção, tipos e estrutura

Capítulo I
A categoria dos direitos pessoais de gozo

Págs.

1. Conceito de direito pessoal	9
2. Poderes em que se consubstancia o gozo de coisa alheia	12
3. Efectivação do gozo de coisa alheia: a imediação	13
4. *Cont.*: gozo directo e indirecto; frutos naturais e civis	14
5. *Cont.*: paralisações funcionais	16
6. *Cont.*: o pretenso gozo de direitos	19
7. Imediação e gozo	21
8. Impossibilidade de direitos de gozo sobre coisas consumíveis pertencentes a outrem	23
9. Conclusão	25

Capítulo II
Descrição sumária de alguns tipos

10. Nota preliminar: o princípio da autonomia privada	27
11. A locação	28
12. A concessão de alojamento a trabalhadores	34
13. A locação financeira ou *leasing*	38
14. O comodato	46
15. As servidões irregulares	50
16. As superfícies irregulares	57
17. A anticrese ou consignação de rendimentos	60
18. A parceria pecuária	69
19. A parceria agrícola	73
20. A tradição da coisa objecto de um contrato prometido	74
21. A curadoria definitiva	77
22. A entrada com o uso e fruição de bens para uma sociedade	79

Capítulo III

A estrutura dos direitos pessoais de gozo

23. Nota preliminar 83

SECÇÃO I

Enquadramento dos direitos pessoais de gozo no campo das relações creditórias

24. O gozo como consequência de uma prestação positiva efectuada por outrem 85
25. O gozo como consequência de uma prestação negativa efectuada por outrem 94
26. *Cont.*: o gozo como situação meramente factual 102
27. *Cont.*: o radicalismo de CARNELUTTI 106

SECÇÃO II

Enquadramento dos direitos pessoais de gozo no campo da *realidade*

28. Nota introdutória 111
29. O direito real como poder directo sobre uma coisa 112
30. O direito real como poder absoluto 113
31. Teses mistas 116
32. Definição de direito real 117
33. Impossibilidade de subsumir os direitos pessoais de gozo aos direitos reais 131

SECÇÃO III

O direito pessoal de gozo como *tertium genus*

34. O direito pessoal de gozo como direito imediato sobre uma coisa 133
    a) Imediação e aquisição de frutos 139
    b) Imediação e acessão 145
    c) Imediação e momento em que o direito pessoal de gozo surge 148
35. O direito pessoal de gozo como direito estruturalmente relativo 155
36. *Cont.*: o problema da inerência 163
37. Conclusão: complexidade dos direitos pessoais de gozo; núcleo central e zona periférica; direito pessoal de gozo em sentido amplo e em sentido estrito 165

Direitos Pessoais de Gozo 269

Parte II

A tutela aquiliana dos direitos pessoais de gozo

Capítulo I

Fundamento da tutela aquiliana
dos direitos pessoais de gozo

1. Autonomia do problema relativamente à violação de direitos de crédito ..   171
2. Actos de terceiros que podem causar danos ao titular de um direito pessoal de gozo   172
3. Fundamentação positiva da tutela aquiliana dos direitos pessoais de gozo. Nota preliminar   175
4. O *commodum repraesentationis*   176
5. *Cont.*   179
6. A sub-rogação   180
7. A sub-rogação do credor ao devedor ou acção sub-rogatória   182
8. O enriquecimento sem causa   184
9. A eficácia da anticrese relativamente a terceiros   186
10. A norma do artigo 407.º   191
11. *Cont.*: a norma do artigo 407.º, última parte (remissão para o registo).....   202
12. O recurso à tutela possessória por parte dos titulares de direitos pessoais de gozo   205
13. O artigo 1037.º, n.º 1, última parte   209
14. O artigo 1133.º, nº 1, última parte   216
15. O artigo 1125.º, nº 1..   217
16. O artigo 10.º, n.º 2, al. *b*), do Decreto-Lei n.º 149/95, de 24 de Junho....   219
17. Conclusão   219

Capítulo II

Âmbito da tutela aquiliana
dos direitos pessoais de gozo

18. Nota prévia. Danos causados antes de o concessionário iniciar o gozo da coisa   223
19. Ataques juridicamente fundamentados e ataques meramente factuais ou materiais (lesões de direito e lesões de facto)...   225
20. Factos danosos que afectam, simultaneamente, o concedente e o concessionário: a danificação irreparável da coisa   227
21. Factos danosos que provocam a deterioração reparável da coisa   229
22. Uso e fruição abusiva da coisa por um terceiro...   233
     a) A aplicação dos artigos 1270.º e 1271.º aos direitos pessoais de gozo   234
     b) O sentido da primeira parte do artigo 1271.º..   235
     b') O sentido da segunda parte do artigo 1271.º   237

c) A indemnização dos danos não tutelados pelas normas possessórias sobre aquisição dos frutos 240

d) A boa fé possessória 242

23. Conclusão 248

Abreviaturas e Siglas 251

Bibliografia 253

Índice 267